Anita Mui

1963.10.10 – 2003.12.30

U0106989

最後的蔓珠莎華

梅艷芳的演藝人生

| 增訂版 |

李展鵬｜卓男

主編

「如果有一日，我離開了舞台，

有多少人會記得梅艷芳這個人？

我只希望，大家在某一晚抬頭望向天空，

看見其中一顆星星時，

會想起曾經有個很熟悉的名字，

一個曾經為你們帶來一點歡樂的人，

她的名字叫梅艷芳。」

—— 一九九五年四月《一個美麗的迴響演唱會》

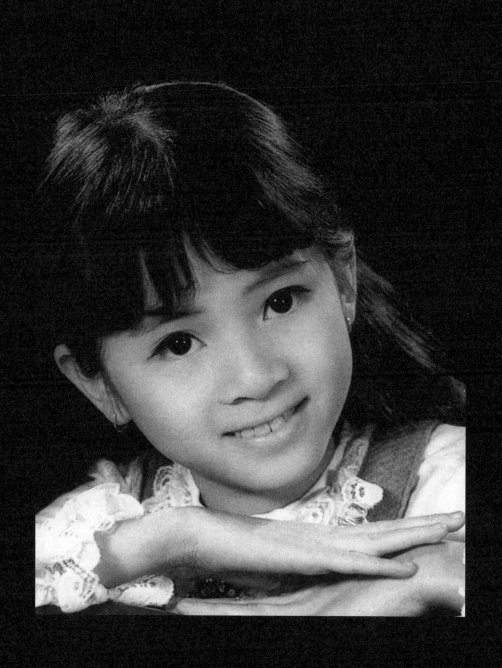

增訂版序

十年後續寫香港故事
——李展鵬

距離《最後的蔓珠莎華》初次出版，一晃眼已是十年。

這十年來，世局有巨大變化，香港亦已滄海桑田。不變的是，香港人仍對梅艷芳執著。九年多前，星光大道豎立梅艷芳銅像；多年來，紀念梅姐的活動不斷，二〇二一年的電影《梅艷芳》超級賣座之餘，更引起巨大的社會效應；《最後的蔓珠莎華》亦長賣長有，以至現在有機會推出增訂版。

在這個增訂版，我們加了好幾個重要訪問，以填補原版的不足。

劉培基是一手打造「百變梅艷芳」的人，他跟梅姐亦師亦友；這個訪問既關於形象設計，也訴說兩人恍如兄妹的情誼，是了解梅姐人生的重要素材。連炎輝是梅姐相交廿年的好友，他們一起信佛，他也親眼見證她一生最深刻的愛情；這個訪問令我們得知梅姐不為人知的往事。潘偉源為梅姐寫下不少經典歌詞，其中不乏大膽的情慾題材；這個訪問帶我們重訪廣東歌盛世的文字創作。

梁樂民及吳煒倫是《梅艷芳》的導演及編劇，從籌備到製作，他們花了五年時間重現梅姐一生；他們從兒時記憶，談到電影的創作與製作，再談到梅姐之於香港的代表性，內容真摯動人。另外，這本書也新增了幾篇評論，探討《梅艷芳》的社會文化意義。

研究香港流行文化的資深學者吳俊雄說：「重拾梅艷芳的故事，就是了解香港流行文化世界，亦是了解香港故事。」在今天，忠實地講香港故事，是為歷史負責，為下一代負責，意義不小。願這本增訂版的內容，令香港故事更真切、更多元、更豐富。

最後，感謝江欣燕小姐、陳泳霖同學及 Wendy Loh 為這個增訂版提供的協助。

序一

重訪梅姐，重訪香港
——李展鵬

記憶從來不是靜止的，它有無限的可能性。編這本書，我重訪了梅艷芳的過去，重溯了香港流行文化的歲月，並同時重組了對於香港這個城市的了解。

編一本梅艷芳專書的念頭，在心裡醞釀多年。在她去世後的十年來，內地出版了好幾本關於她的書，但大多只是新聞的拼湊，甚至把緋聞當作真事來寫，可能弄巧成拙令大眾誤解梅艷芳。其實，無論是談演藝成就或社會意義，梅艷芳絕對值得有一本嚴肅的著作。然而，這本書該怎麼寫？

《最後的蔓珠莎華》這本書最後採用的角度，可說是因學者吳俊雄的一句話而起。長年研究香港流行文化的他幾年前受訪時曾說：「坐著研究梅艷芳的歌詞容易，但要研究她背後的華星唱片公司就不同了。」他的意思是，研究港式歌影文化，除了做文本分析，還要了解作品背後的故事、製作環境、生產過程。這句話令人靈機一觸，一本關於梅艷芳的書，何不從她生前的工作拍檔、好友、徒弟、家人，去了解這一代巨星的幕後故事？

於是，我們用盡辦法聯絡梅艷芳演藝生命中的重要人物，走進他們的回憶，努力重組一個立體的梅艷芳。這個過程有幾重意義：首先，當然是去了解梅艷芳的演藝人生；另外，我們也從她的故事去透視二十世紀八、九十年代的廣東歌與香港電影；最後，我們希望這本書可以從流行文化的角度去呈現香港。梅姐當然是很獨特的，但她亦有普遍意義。她之所以被稱為「香港的女兒」，就是因為她的人生、她的成就、她的精神，代表了這個城市。

我是七十後，二十多年來一直以歌迷影迷的距離看梅艷芳，自問對於偶像的一切知之甚詳。然而，在過去一年裡，我卻撿拾了好些以往無緣看到、無從得知的碎片：原來她自己改過《孤身走我路》的歌詞，原來許冠文當年是這樣指導她

演出的，原來《心仍是冷》的合唱版是有特別理由的，原來梅艷芳早在二十年前已關注香港藝人在內地市場的生存，原來《似水流年》的副歌是黎小田寫的，原來台灣金馬獎救了《胭脂扣》這部電影……這些內容不只讓我們走近梅艷芳的演藝人生，也讓我們看到香港歌影界一群響噹噹的人物當年如何合作共事，如何寫下香港流行文化的光輝一頁。

更動人的，還數書中眾人眼中的梅艷芳真性情：她教倫永亮化妝卸妝，她會為了電影拍攝現場的小員工出頭，她會捨棄名貴轎車而跟工作人員一起坐旅遊巴，她曾因為一個只有一面之緣的歌迷去世而唸經，她在病入膏肓的時候竟記掛著別人的病況，她在社會有大事發生時第一時間行動。劉天蘭說她有 big heart，從這本書可知，她的一顆 big heart 是在演藝上追求卓越，在愛情上無怨無悔，在友情上不求回報，在社會上無私奉獻，她對人、對世界始終懷有一份大愛。

香港曾經出過不少巨星，但不是所有巨星都留下一種精神。細讀梅艷芳的故事，你會發現「梅艷芳精神」是怎樣一回事。這種精神，是專業態度，是對公義的執著，是對朋友的愛護，是對世界的慈悲。她的故事展示了香港這城市的某些良好特質：兼容並蓄、大膽創新、精益求精、熱心公益、是非分明。

在那些整理稿件的深夜裡，我時而思潮起伏，時而眼睛濕潤。我欣賞梅艷芳廿多年，但原來她還有那麼多動人故事與美好特質，是我以往不知道，或只是略知一二的。重訪過去，我的記憶更加豐盈。然後，我從她身上看到那個曾經精彩的香港，那個迸發過許多火花的香港。一個人，反映了一座城市。

陶傑曾撰文《記憶是一種權力》，他說：「一個社會，自動失憶，是自己放棄了做人的權利。」他強調，拒絕失憶，了解歷史，世界的進步才有可能，否則我們只會淪為奴隸。陶傑的觀點，正正是米蘭昆德拉的小說《緩慢》的主題：「我們這個時代被遺忘的渴望纏繞，為了滿足這個渴望，它獻身於速度的魔鬼。」

在今天這個浮光掠影的互聯網時代，社會講求「潮」與「In」，資訊更新的速度史無前例地快，我們遺忘的速度也是如此。當每天資訊如此氾濫，當男神女

神貨如輪轉，我們何必在乎什麼經典？何必嘮嘮叨叨地叫新一代回望過去？但願梅艷芳的故事可以令我們稍稍放慢腳步，看看香港來時路，看看社會與文化的變遷脈絡。梅艷芳的人生，以及她所代表的香港故事，並不是博物館的文物，而是可以成為今天香港的思考資源與前進動力，並為香港未來提供一種可能性。

這本書得以順利出版，要感謝不少朋友。李照興、鄭政恆與李政亮幾位作者的文章，令這本書更有思考厚度。協力單位芳心薈的 Eva、Francine、張琳及 Patrick 等朋友的熱心幫助，是這本書不可或缺的。另外，還有 Jovi、Alan、Timothy、Danny、Eddie 等人的仗義協助。當然，我們也感謝每一位受訪者，是你們對梅艷芳的真心，造就了這本動人的書。

序二

緣起：為她做一件事
——卓男

處於二〇一四的甲午年，回頭一看，在那個社會及政治環境都相對風平浪靜的八、九十年代，香港曾經有過這麼一位刻苦謙遜、重情重義、仗義敢言又成就非凡的天王巨星，她猶如俠女般的作風與風範，叫人崇敬景仰，她，就是梅艷芳。我常在想，這個堅持自己又敢於表態的人，如果今天她仍健在，她會說什麼、做什麼呢？彷彿她的說話、她的舉止，全都可以成為我們每一代香港人學習的榜樣。

《最後的蔓珠莎華》一書緣起於二〇一一年年中。認識多年的好友李展鵬從澳門來香港，我們一貫相約喝咖啡短聚聊天。當時他將一本《梅艷芳‧海報集》送給我，我才知道原來他是忠實的梅迷，追隨了梅姐多年，近年跟幾位志同道合的活躍歌迷，積極為梅姐籌辦各類紀念活動，好讓更多人記得及認識她的貢獻。我們從《海報集》聊起，奇怪梅姐在香港演藝圈成就卓越非凡，又是八、九十年代香港流行文化的標誌性人物，為何多年來沒人為她著書立論，將她的事跡好好記錄下來？由於我有多年編輯電影雜誌的經驗，展鵬隨即提議不如我們合編一本有關梅姐的書。能為梅姐做一件事，我當然欣然答應，這是我的榮幸，相信也是我和她之間的緣份。

回溯一個三十年前的往事。當時我大概唸小六，某個晚上我夢見梅姐。夢裡的她束著爽朗短髮，穿著白色寬闊襯衫，和我走在黃昏的海灘上，有點像《邁向新一天》的 MV。夢中的她沒唱歌，我們只輕鬆地散步聊天，臨走前，她給我留了個聯絡電話，著我有空找她。夢醒後我第一時間記下號碼。很真實的夢，讓我這個小女孩忘了一整個上午，很想印證有沒有「夢境成真」這回事。結果，中午回家試撥號碼即醒悟那不過是夢一場。然而，這個夢令我直覺相信，我和她會有緣的；只是沒想到，我們的緣份結在她離世多年以後——為她編一本屬於她的書。我相信，二〇〇三年每位出現在《梅艷芳經典金曲演唱會》或二〇一三年《梅

艷芳‧10‧思念‧音樂‧會》的人，不管是協力的還是表演的，他們都是抱著同樣的心態：為她做一件事，讓她快樂、讓她安心，讓她無憾、讓她自豪。我和展鵬編輯《最後的蔓珠莎華》時也是抱著這樣的心。

在籌備本書的三年多裡，我們多次反覆調整編輯方向。一開始希望從文化研究的角度出發，找樂評人、影評人、學者撰文賞析梅艷芳在歌、影及流行文化各方面的成就及相關的現象。不過在邀稿的過程中，我們發現評論人除了翻聽、重看梅姐的歌、影作品及舞台演出以作基本的文本討論，就只能依賴報章雜誌上那些過於花邊性的、流於表面性的資料作表象延伸分析，真實的、準確的、第一手的原始資料卻非常匱乏。且看看近年內地出版的好幾本有關梅姐的書，也盡是流於將各種不盡不實的新聞、傳聞、緋聞拉雜拼湊成文，參考價值其實不高。因此，我們慢慢將編輯方向調整，改以人物專訪為主線，希望透過採訪多位在音樂、電影、演藝公職上曾與梅姐有直接接觸的重要工作伙伴及朋友，記錄每個他們與梅姐合作及相處時的細節，好讓這第一手且最真確、珍貴的資料，成為往後研究及書寫梅姐的演藝人生、藝術成就，以至香港歌影視流行文化的參考基礎。梅姐在演藝圈廿餘年，曾經緊密合作過的人士不下數百人，這次我們先行專訪其中十九位她演藝生命中的好友伙伴，希望往後有機會跟她更多的好友進行訪談，將這項具意義的記錄工作做得更圓滿。

本書取名為「最後的蔓珠莎華」，箇中蘊含幾重意義。首先，《蔓珠莎華》是梅姐八十年代的名曲；二，蔓珠莎華是彼岸花的梵語稱謂，顏色緋紅嬌艷，耐寒耐熱耐乾，越是生長在艱難的地方，越是格外突顯她的生命力頑強，這正好對照梅姐從荔園小歌女努力攀登成為樂壇天后，以至後來孤身抗戰癌魔那種遇強越強的堅韌生命力，即使在最困難的環境中依然長得鮮紅、冶艷、奪目。三，蔓珠莎華是佛經傳說中的「天界之花」、「接引之花」，她自願開遍黃泉路上，給離開人界的靈魂安慰及指向輪迴，優美純潔，是佛眼中的一株好花。這株善良的花，不就是在人間四十年來慈悲為懷，熱血熱腸的梅姐嗎？

梅姐一直是我非常欣賞的藝人、時代女性。她在舞台上奔放豪邁的歌舞，她在電影裡哀怨纏綿的神韻，她在鏡頭後為同僚、為公義、為弱勢所費的心神，這樣一

位香港土生土長的女中豪傑，怎得叫人忘記？鄭丹瑞說她是上天掉下來送給香港演藝圈的一件寶物；劉天蘭口中可以用自己的生命去正面影響更多生命的善心天使，一件又一件她與被訪者之間相處的軼事，拼湊出這位傳奇天后真實又精彩的人生。

張學友曾說：「希望一百年後不管樂壇或娛樂圈，梅艷芳的名字沒有被人忘記或抹走」，我在編輯這書的過程中，深深感受到她精彩的事跡，一定不獨只流傳在娛樂圈，更會流傳香港每個角落——她無私無我的精神，她與香港社會一同起飛的經歷，這一訣留芳頌，一定會一直傳揚下去。今天梅姐以一本書與我們結緣，這個緣，會隨著這書在每位讀者的手上流轉，一直連綿延續下去，不生不滅。

目錄

Part One
台上艷光四射

Part Two
戲裡芳華流傳

Part Three
路途千迴百轉

Part Four
留下傳奇夢幻

Part Five
心中追憶無限

Part Six
附錄

Part One
台上艷光四射

Interview

「舞台豐富了我的一生。
　其實，我是個自卑感很重的人，
　只有在舞台上才能拾回一點自信。」

　　　　　　　　── 一九九一至一九九二年《告別舞台演唱會》

Interview 01

雙劍合璧震撼一個時代
——劉培基

在八十年代，當多數女歌星以高貴大方的形象示人，劉培基為梅艷芳設計了壞女孩、妖女及淑女等多個劃時代的大膽造型。當時，百變梅艷芳在樂壇所向披靡，還影響了廣東歌文化；從此，形象成了歌星不可忽視的元素，後起的女歌手亦走上百變之路。

驀然回首，劉培基表示他這些創作不是有意識的。當時是他的創作高峰期，而梅艷芳則是白紙一張，又對他有十足的信任，再加上華星唱片給他十足的自由度，種種因素使得他們留下許多經典。

劉培基是學師仔出身，梅艷芳是小歌女出身，他們後來合力定義了一整個時代的香港流行文化。因此有人說，他們的故事就是香港故事。

梅艷芳初出道時，有人認為她形象老土，甚至有點「娘」味？你當時對她的感覺是怎樣的？

當時，華星的蘇孝良打給我，想我為她設計服裝參加東京音樂節。初認識她，我不覺得她「娘」，只是覺得她的髮型有點老氣。沒辦法，她家境不好，也只能這樣，她也盡了力去打扮。如果那是個又有錢又巴閉的女人，我可能會批評她的穿著，但我自己也是貧苦出身，我不會這樣去看她。

你什麼時候開始有想法要為她設計大膽破格形象？

其實我自己也是沒意識的。那個年代，香港女歌手上台都穿很美的晚禮服，我為汪明荃及葉麗儀設計的服裝也是如此。梅艷芳唱《風的季節》得獎，有徐小鳳的影子。我想，如果她又穿高貴服裝，一方面對我來說沒難度，另一方面，她也擺脫不了徐小鳳的感覺。後來，我帶她去尖沙咀把長髮剪短，那個髮型師叫 Andy。

她當時才二十歲，是白紙一張，空間無限；我當時三十二歲，正是創作高峰期。但是，後來為何會設計那些形象？我也不知道，這也許是緣份。有人問我怎樣設計妖女造型，我其實只是叫她示範一下怎樣表演新歌，她擺了些動作，我就有構想，沒傷什麼腦筋，也沒有刻意要突破，就這樣設計了。

梅姐每一張唱片都有不同形象，你通常是聽多少首歌之後開始設計？

我只聽一首主打歌。其實，我平時聽男高音，聽管弦樂團，不太聽流行曲。她去世之後，我才慢慢聽她的歌。當時一聽到《壞女孩》，我就想起六十年代的壞女孩、飛女形象，我親眼見過當時女星 Irene Ryder 等人穿著迷你裙及高靴子、拿著煙斗，在彌敦道過馬路，好靚好有型。這就是壞女孩形象的靈感來源。

我也參與她的封面設計。例如我建議《赤的疑惑》不要用大頭照做封面，而是去強調氣氛。雙封套也是我發明的，《似火探戈》有兩款封面。我認為反正有銷量，可以多些變化。

説到《壞女孩》，這首歌當時被香港電台禁播，社會議論紛紛，甚至有批評聲音，你們會驚訝或者擔憂嗎？

不會，我什麼都不怕。我捱過苦，曾被欺負，曾經沒東西吃，什麼都經歷過；梅艷芳性格跟我一樣，我們加起來真是膽大包天，兩人都不知道「怕」字怎樣寫。做創作不可以船頭驚鬼船尾驚賊；認定了，有信心，就去做。我們性格非常合拍。很多事情，我們很少講，但很有默契。我也從來不用跟華星交代任何事情，有很大自由度。我跟梅艷芳甚至不覺得是在工作，只是想做到最好。

當時，你為她設計的服裝有時很大膽，她看到會有什麼反應？

我每次的創作，她事前都完全不知情，往往是在拍攝封面照的時候才知道。也許因為我當時已有點名氣，也可能因為我有點氣場，她一直很尊重我。那麼多年來，她從來沒有質疑，不會像一般女人會去問「靚唔靚㗎？得唔得㗎？」其實我不太能受氣，如果有人挑戰我，或者表示懷疑，我就會叫她找第二個。不是我不可以被挑戰，而是我沒時間在某一件衫上花太多時間，作太多解釋。但她很信任我，否則我們的合作也不能有這成績。這完全是默契。

例如《烈焰紅唇》，我一聽就覺得這首歌很刺激。當時，我陪她去台灣出席金馬獎，她得獎之後，我們去東京拍唱片封面。她化好妝後，我才拿那件性感的「菠蘿釘」出來，她只是嘩了一聲，也沒説什麼。她換好衣服出來，有點不好意思，但我鼓勵她，跟她説是配合新歌，她埋位拍照，效果就出來了。

為了拍攝《妖女》封面，我一早從西伯利亞借來一塊老虎皮，她一埋

位，把腳踏上去，感覺又出來了。我們合作多年，從第一套到最後一套衫，她都接受我的設計。但無論如何，我一定會向她解釋每套衫的mood。

為了配合不同形象，我也幫她找化妝師，給照片他們參考，告訴他們大概要怎樣，連士良就是我介紹的。當時的演唱會及唱片拍攝都會試妝。

談到《烈焰紅唇》，她是極少數在舞台上表現性感的香港女歌星。那不一定是露，而是一種感覺。

我不會八卦去打聽她的感情事，但我認為，一個女歌手要演繹得好，一定要知道什麼是七情六慾，在台上才會好看，才有 sex appeal。所以，我從來都贊成她拍拖，年輕人拍拖不是罪。而且我跟她說，唱某些歌時要把舞台當成一張床。

有時，我聽人說某個女歌手唱得怎樣怎樣好，但是，梅艷芳只要上台唱一個字已經贏了其他人，就是輕輕的哼「呀～」。她能夠表現那種性感。

你設計的服裝經常讓她露腿。除了《烈焰紅唇》造型，就算是大長裙也會露腿。可否談談這個意念？

她的雙腿真的很美很性感，我見到都嚇一跳。由於她很瘦，她第一次見我不敢被我看她的身材，而當時也沒看到她的腿。到了拍《赤の疑惑》封面時，我們在海邊放火，後來又怕不夠料，就叫她涉水。我跟她一起下水，大家都濕了身；她即時脫了裙子，讓助手幫她抹腿，我就這樣見到她的腿。我做時裝設計，對這個很敏感。但我當時沒說話，怕被人說我鹹濕。

這麼美的東西，當然一定要用。例如在一九九五年的演唱會，她露腿在鋼琴上跳舞，真的很美，她是第一個把鋼琴當作舞台的女歌手。前

陣子看內地節目,有個女歌手竟然說她是第一個用鋼琴做舞台的人。但幸好歷史是有記錄的,這是香港人的文化。

你的設計很巧妙,唱片造型跟演唱會造型會稍有不同,例如梅艷芳頭上的水果在演唱會時變了羽毛,而一九九五年演唱會的妖女造型又變得輕巧許多。大家既認得出這些形象,但又有許多變化。

我當時真的很疼她,做得很用心,每次都要令人意想不到。同一個形象,雖然看起來變了,但那感覺仍在。她一九九五年復出,準備先在內地一些城市開演唱會。我最初拒絕為她設計,介紹了設計師給她。後來我去了看廣州站,覺得她的服裝不太理想,但沒有說什麼。隔了一段時間之後,我接到她電話,想我為她的香港演唱會設計服裝,我還是答應了。這一次我不做百變,而是強調梅艷芳是摩登女性,是一直在進步的。我把她當成模特兒來設計服裝,又叫她當時男友趙文卓帶她健身、曬太陽。這個演唱會反應很好。

我要求很高,設計演唱會服裝還有其他考慮。例如我會把服裝拿上舞台試燈,看看效果。我應該是第一個這樣做的設計師,我要知道穿那套衫在台上哪一個位置是最好看的。我跟吳慧萍合作過製作梅艷芳演唱會,我們都有很高要求,而且永遠準時,合作很愉快。

你設計好形象之後,有沒有就她的舞台表演給予意見,還是由她自由發揮?

不需要給她意見,都是她自己發揮的。我們可說是各自各精彩。她的示範動作令我有設計構思,有時則是我的設計帶動了她。例如她在一九八七年演唱會唱《妖女》時的服裝有長布綁在她手上,她就抬高手跳舞去表現這設計。服裝會教你如何動,它會給你感覺。

梅姐的形象亦剛亦柔,有時很中性,你何時發現她這種特質?

《似水流年》的男裝背後有故事。當時聽了這首歌,我嚇了一跳。黎

小田説她唱得很好，這當然是對的，但一個才二十出頭的女孩唱「望著海一片」，太像怨婦了！怎麼辦呢？因為在這之前，她已把頭髮剪短，於是我就想到用男裝，參考的是女星瑪蓮德烈治。她事前也估不到。我在封面拍攝現場給她大衣，叫她站在車旁，跟她説女人不一定需要愛情，可以自己愛自己。她聽得很感動，幾乎哭了。

同時，這些設計亦跟她的特質有關。她的性格很豪爽，在我了解她之後，就知道她可以穿男裝。她的性格跟我的設計是互相輝映。

當時香港歌壇向日本借鏡，但你的設計似乎沒有明顯的日本元素，就連日本梅迷都覺得她很有特色，跟日本女歌星不同。

是的，那時日本文化在香港影響力很大，但我的作品沒有日本元素。尤其梅艷芳已經翻唱不少日本歌，如果我的設計再有日本風就不行了，所以一定要創作不同的東西。

梅姐曾表示，她很喜歡看時裝表演及時裝雜誌，吸收很多養份。她平時有沒有跟你討論時裝？

我平時給她看很多東西。她很喜歡來我家吃飯，我給她看書、雜誌及錄影帶，講很多故事給她聽，又向她介紹三十年代的嘉寶及瑪蓮德烈治等女星。我帶她去倫敦巴黎買時裝，一起看街上的女人，她們只穿白恤衫牛仔褲，很簡單。我問她覺得怎樣，她說她們好有型，我就說這是自然流露的性感。我們在這方面交流很多。

香港八十年代經濟起飛，亦深受西方文化影響，這個時代環境會否為你的設計提供更大空間？

當時做設計空間大，壓力也很大。所有大牌子的設計師都來了香港，例如 Armani 及 Valentino 等。如果我幫梅艷芳做的設計輸給別人，那倒不如去買，去 Joyce Boutique 不就好了？所以我要爭氣，有自己特

色。我代表香港做了很多設計，設計過 Snoopy，貿易發展局也常常找我代表香港。我希望香港人珍惜我跟梅艷芳兩人的創作。香港不會再有第二個梅艷芳，也沒有第二個像我這樣的設計師。我們兩人的這種關係，也不會再有了。

梅姐的形象及舞台表演影響了一整代香港女歌星，她們開演唱會也有形象設計，平時不跳舞也會排舞。你怎樣看曾經創造這風潮？

我好幸運，在舞台上遇到梅艷芳，我們的雙劍合璧令到其他女歌星束手無策。當時，她們一知道有梅艷芳同場，就會想：「死喇，今晚阿梅會穿什麼？會怎樣出場？會唱什麼歌？我在她之前或之後出場？」她們一方面期待，一方面害怕。真的，如果有女歌星在《烈焰紅唇》之後出場，可以怎樣吸引目光？難道脫光嗎？

有人問，如果沒有我，梅艷芳會不會紅？她當然會紅，因為她唱得很好。但是，沒有我就不會有百變形象，我肯定沒有其他設計師為她設計妖女裝、男裝及《烈焰紅唇》的「菠蘿釘」。

我跟她是前世有緣。我做了她的設計師之後，有些人會不喜歡，因為我沒時間接其他工作。當時我太忙了，在香港有多間時裝店，在東京也開了店，工場有四十幾個師傅，每年要設計兩季時裝。還好，她九個月才出一張新唱片，兩年才開一次演唱會。

很多人說梅姐是東方麥當娜，你有什麼看法？

我覺得沒有問題。大家不是說她抄襲麥當娜，只是說，美國有個麥當娜很紅很大膽，我們香港也有個這麼紅這麼大膽的女歌星，兩人的表演都有很多可能性。而且，百變梅艷芳有自己的特色、自己的元素。例如那妖女裝，是連麥當娜都沒穿過類似的服裝。

除了唱片及演唱會，她平時出席記者會或者上電視的衣服，你有沒有參與？

我不會參與。但有時她買了一堆衫，又或者剛從意大利購物回來，如果剛好我去她家吃飯，她就會給我看，我會給意見，但不會刻意叫她怎樣穿。她有時挑得不錯，有時也會挑錯，但人沒完美，或者我不喜歡但歌迷會喜歡。而且，我也從來不會叫她去我店買東西。只是，有時她真的買得太貴了，曾經用十幾萬買一條絲巾，太過份了。我們吃過苦，不應該這樣花錢。我當時罵她，不准她用這絲巾，她就沒用過。我有時對她很嚴厲的。

你為她設計眾多經典造型，但有沒有哪一次是不滿意的？

她在第一個演唱會唱《蔓珠莎華》時，裡面穿紫色釘珠的低胸晚禮服，外面是紅色披風。這套衫是美的，但問題是我想顯得她有身材，胸圍位置造得有點硬，以致她在台上動的時候，衣服的胸部位置沒有跟著她動，結果是人有人郁、衫有衫郁，我嚇了一跳，心裡暗叫糟了，只好叫她第二晚不要動太多。

另外，因為歌迷跟我說未見過梅艷芳穿粉紅色，我就為她一九九○年的演唱會造了一條淺粉紅的裙。其實我不喜歡這顏色，因為覺得它沒性格。我身為設計師，本來不應該對任何顏色有抗拒，但我真的很討厭那條裙。

你從沒參與她的電影造型，你覺得她的電影形象如何？有哪個令你印象深刻？

其實她有些電影也曾經找我做造型，例如《英雄本色 III 夕陽之歌》。但因為我沒法跟場拍攝，只好婉拒。我平時七點多就起床，很早回到辦公室，但拍片時常要通宵，我沒法兼顧。雖然徐克說不用我跟場，但我一定要看現場穿出來的效果，否則我會沒信心。所以，我只好跟徐克說對不起。

其實，我看的香港電影不多。不過，她好幾部電影的造型我都很喜歡，

例如《川島芳子》及《胭脂扣》。還有《東方三俠》，她在裡面真的很有型；杜琪峯說得對，她一出場就有俠氣。楊紫瓊是我很好的朋友，但如果講俠氣，梅艷芳真的更勝一籌。

《鍾無艷》的服裝也非常出色，很多細節都做得很用心，布料及設計都很好，是有創造性的古裝。余家安的設計真的很好，我每次見到他都讚他。片中，梅艷芳的造型好，張柏芝及鄭秀文的造型也很好，我超級喜歡。當我見到別人的作品好，我也會欣賞，也會大讚。

梅姐對你很尊重，你有時也對她嚴厲，你們私下的相處的情況是怎樣的？

她把我當成哥哥，我們很疼對方。但認識那麼多年，我幾乎從不對她和顏悅色，直到二〇〇三年知道她病況，我對她的態度才變好。我以前常常罵她，因為她太講義氣，太容易信人，又隨便幫人，真的氣死人。

她二〇〇二年開演唱會，而且自己做老闆；我很生氣，很不認同。你做歌星收歌酬專心表演，有什麼要求向製作公司提出，他們一定會配合的，何苦要做老闆？她是聽信了某些人。那陣子我在泰國，氣得不聽她電話。果然，香港十場演唱會再加各地巡迴，她仍然要賠錢，但其他人卻有錢賺。後來，我答應幫她設計一套衫，她在後台一見到我就抱著我痛哭。當晚她穿這套衫上台，亦很感觸地多謝我。那一次，她真的很傷心很辛苦，有段時間甚至不肯見人，我一直很不想提起這個演唱會，因為我覺得她後來患癌是跟這個演唱會有關。

你跟她合作多年，有沒有什麼形象是你想試但未有機會試的？

她生前沒有，但她走後，有時見到某些東西，我會想：我一定會給她穿這種風格。當時，我已經盡心盡力，也沒有遺憾了。她最後的演唱會有 Dior 贊助服裝，但她仍叫我設計一頭一尾的兩套衫。她說想穿婚紗，以及一套有壓場效果的金色開場服。但她當時太蒼白了，穿金色不好，而且全金色也不是我的風格，所以我選用紅色與金色搭配，為

此還飛去泰國買布。我為她度身時,她身體很差,是躺在床上的,當時何太(何冠昌太太)也在旁邊。

無論她跟什麼人合作過,她最信任的仍是我。沒辦法,我們一起成長,太了解對方。結果,那個演唱會大家談論的都是一頭一尾的兩套服裝。

你為她設計的形象中,最喜歡的是哪一個?

是她最後演唱會的婚紗。那頭紗是神來之筆;一個沒有新郎的新娘,一抬起頭,我們就看到她,就好比她為自己揭開頭紗。而除了設計,那婚紗裡面有太多感情,太多她的故事。對於這婚紗,我是很有深刻的傷痛。一個這麼好的女人最後沒有歸宿,穿上這婚紗跟歌迷說再見,這不是可以用設計的角度去衡量的。

如今這婚紗已成為香港文化博物館的常設展品,是香港本土文化的重要部分,你有什麼感覺?

我只有一聲嘆息。這些服裝,我一直保存得很好,我很珍惜這些曾經。有段時間,我移居廣州及泰國,但我仍租了倉去保存。後來,文化博物館做我的作品展,我就把這些服裝全部捐給他們。有些歌星的服裝是不能下台的,只可遠看。但我造的衫上得了台,也下得了台,你近看就是高級訂製,經得起近距離的觀看,不是普通的舞台服裝。它們都是用料最好,手工最好,這是我學師的時候學到的手藝。

舞台上,我跟梅艷芳的合作可說是獨一無二。在香港,沒有其他設計師與歌手的合作有這種效果。我是最後一個,梅艷芳也是最後一個了。

其實,你跟梅艷芳的故事對於大家研究香港文化是非常重要的。

爾冬陞曾經說,劉培基跟梅艷芳的故事就是香港故事。我們家境都不好,我是學師仔,她是小歌女,但這兩個貧苦出身的人迸發出那麼大的力量,那是一種香港精神,不是簡單的事。

我非常非常掛念她。我們之間，真的是「有今生冇來世」。我跟她是
真心對待，在一個那麼商業的社會，我們純粹是為了把表演做到最好。
我沒有辜負自己這一生，沒有遺憾。我沒有辜負我的職業，也沒辜負
我所愛的一個妹妹。

一九九〇年百變梅艷芳夏日耀光華演唱會

Interview 02

八十年代造星工程

——黎小田

香港有梅艷芳這樣的天王巨星，黎小田一定是其中一位功勞最大的「造星者」。當阿梅仍在歌廳唱歌，黎小田邀請她參加新秀歌唱大賽；梅艷芳很多經典歌曲，從《心債》、《似水流年》、《壞女孩》到《夕陽之歌》，都由黎小田監製，至於《飛躍舞台》、《胭脂扣》等金曲，更是黎小田親自作曲。

黎小田講阿梅的成名史，同時也在講一段跟新秀、華星、TVB、改編歌等互相緊扣的香港流行音樂史。「五年之後，不會再有廣東歌。」回想阿梅的輝煌時代，黎小田感慨預言。

梅艷芳參加新秀歌唱大賽，其中一個原因是受到你的鼓勵。你是怎樣認識她的？

當時因為要辦新秀，我到處問朋友有誰唱得好。有人跟我說，灣仔的華都舞廳有兩姐妹唱得不錯，叫我去聽聽，我就去了。我聽了阿梅唱歌，覺得很不錯，她的聲音很像徐小鳳。我對她說，你來參加比賽吧。她說她會怕醜，問我可不可以跟姐姐一起去。我就說沒所謂。

後來她才跟我說，原來她小時候上過我的節目《家燕與小田》，她跟姐姐梅愛芳一起來的。當時她年紀很小，上節目唱粵曲。我記得第一屆新秀有兩千多人參加，她唱的是徐小鳳的歌，而且她從試音、面試到上台比賽都是唱同一首歌，就是《風的季節》。她又說，她的聲音以前不是這樣的，是唱壞了，生了繭，才變了聲。

當時在歌廳見到她，會不會已經覺得這個人有冠軍相？

也沒有，我們就是想找多些人來參加，因為是第一屆嘛。是到了比賽那天，我們才看到她的潛質優厚。當時，每一個評判都覺得她很特別。

那時候，你是不是已經準備為第一屆的新秀冠軍監製唱片？

是呀，我們的目的就是選新人出唱片。我從麗的轉到無綫的華星，當時沒什麼合約歌手。華星第一張唱片是群星雜錦碟，陳淑芬找了何守信及肥姐等一些藝員去唱，第二張專輯就找了陳美齡，之後華星就開始找新人了。

梅艷芳的第一張唱片不是個人大碟，而是只佔一半。當時怎會有這樣的構思？

這張唱片一半是梅艷芳，一半是小虎隊。當時男歌星吃香，三個男孩子很有吸引力，又唱又跳。而梅艷芳最初主要唱慢歌，比較憂鬱。這樣一快一慢，可以平衡，所以就構思這張一人一半的唱片。

當時讓她唱慢歌，是不是想用比較有把握的方式捧她？

當時其實沒有想那麼多，就是想找些好歌給她唱。

形象方面呢？有特別考慮嗎？

華星在她身上投資了很多錢，也找來楊凡為她拍封面照。但是，當時沒什麼包裝的觀念，我們認為最重要的是她唱得好。到了她的第二張專輯《赤的疑惑》，也不算包裝得很好，她穿長裙在沙灘拍照，不是很特別，後來才有了劉培基為她設計形象。那時，最重要的是歌好聽，例如《赤的疑惑》。現在總是講包裝，以前不是這樣的，主要是賣歌。到了後來，就是歌要好聽，又要包裝。

第一張唱片有《心債》，第二張有《赤的疑惑》，以一個新人來說，成績算不錯了？當時你有預計她會成為天之驕女嗎？

是的，唱片賣得很好。而且，由於華星屬於無綫旗下，歌手可以唱電視劇主題曲，《心債》（《香城浪子》主題曲）的反應就很不錯。她唱得很好，華星也一定會繼續幫她出唱片，但其實也沒預計有一日她會成為樂壇的天之驕女。

日本歌當道的年代

作為她早期唱片的監製，你其實沒有寫很多歌給她，反而改編了很多日本歌。

那時候流行改編日本歌，張國榮、譚詠麟也一樣。陳淑芬跟日本大洋公司有聯繫，拿版權容易。我們聽了一些日本歌覺得好，就改編為廣東歌。另一方面，這樣其實可以節省開支，只是給一點版稅，不用給作曲費及編曲費，比較便宜。

那個年代其實不是很多人作曲，後來商台推動本地創作，情況才改變。改編還有一個好處，就是如果一首歌改成了廣東版，就會有一個指令，電台不會再播原曲。當時為了宣傳，唱片公司要常常請電台的人吃飯，看哪個 DJ 有空就約他。曾經有唱片公司甚至送了一間屋給 DJ，所以後來有廉政公署介入。

當時唱片公司跟電台的關係是怎樣的？

那時候，歌紅不紅要靠電台的。如果歌很好聽，但是電台不播也沒辦法，所以才要請 DJ 吃飯，甚至有時連打歌的次序都是電台決定的。雖然我們也有選定主打歌，但電台可能有不同的想法，有時差別很大。

你當時是怎樣揀選一些日本歌給阿梅的？

她要聽，我也要聽，唱片公司上上下下都要聽。一聽到一首好歌，我們就問阿梅，她說改吧，我們就改，例如《愛將》及《夢伴》等等都是改編歌，後期有一些很搖滾的歌也是改編的。

阿梅的第三張唱片《飛躍舞台》開始有不少快歌，而且她剪短頭髮，形象有點硬朗中性，甚至有些歌詞帶點情慾味道。怎麼會有這樣的改變？

其實整張唱片的概念是關於舞台表演的。唱片封套是用了 illustration 的手法去做，不是直接用照片。因為主題是舞台，所以我寫了一些快歌。我們一直強調做 show 前三首歌一定要是快歌，先吸引觀眾，然後才是慢歌。慢歌是給歌手休息一下，可以靜下來說幾句話。這張唱片有不少快歌，整張唱片的歌曲排序聽下來就像聽演唱會一樣。例如《留住你今晚》就是講今晚的演唱會要把你留住。唱片中，講情慾的歌也有一些，當時很多英文歌也是講這些的。

從《飛躍舞台》開始，似乎阿梅慢慢注重形象了？

應該是的，但我一直強調的是 simple is beautiful。歌星上舞台要弄得

很華麗，這跟我的想法不同。我喜歡簡單，歌唱得好聽就行。

當時是不是要特別開會，討論用什麼形象跟歌曲搭配？

歌曲跟形象是分開開會的，差不多同一時間製作，有時是在歌曲製作之後討論形象。我當然是主要負責音樂，很少參與討論形象。我記憶中，開會最多的就是《蔓珠沙華》那張唱片。裡面有電視劇《香江花月夜》的六首歌，我幫鄧偉雄改歌詞改得很辛苦，因為歌詞效果不理想。他之前填的《圓月彎刀》紅了，又在無綫當監製，所以就讓他填詞，但之後要幫他改。

阿梅最初出道給人的感覺已很成熟，她也唱了不少滄桑味濃的歌。有人說她的低沉聲線是因為她看西城秀樹演唱會叫破喉嚨造成的？

她聲音很特別，我們盡量找滄桑的歌給她唱。當然不是叫破喉嚨，那種喊啞的，很快就會好。她是因為以前生病，或者是小時候唱太多，聲線才變成這樣。

不為藝人緋聞緊張

早期阿梅的歌已很紅，同時又有很多不利傳言。

是呀，她成長的環境複雜，於是傳媒就說她吸毒、紋身，其實有紋身又如何？不過後來也證實了她沒有。我們不會為這種事緊張的，那是私生活。而且，當時的記者也不會總是寫負面報道。

雖然有負面新聞，她的唱片仍然一直賣得不錯吧？有哪幾張賣得最好？

不只是不錯，是賣得非常好。但我不知道每一張的銷量，我只是在意歌的質量，不太理會銷量。我就只是大概知道，哦，這張賣得不錯。

《飛躍舞台》之後的《蔓珠莎華》這張唱片有不少經典，例如《似水流

年》。當時是怎樣找到喜多郎這首歌的？

《似水流年》這首歌本來沒有 chorus，於是由我再寫一段加上去。當時華星的高層蘇孝良說這隻歌夠簡單，但簡單過頭，只有一段，叫我多寫一段。雖然作曲人沒有我的名字，不過我沒有什麼所謂。

這首歌今天聽也不覺得過時，簡約而動人。

所以我才說 simple is beautiful，最好的就是最簡單的。現在的歌這麼複雜，你記得幾首？有時歌詞塞滿了歌，都不知道在講什麼。我寫的曲子都是簡單的，《胭脂扣》也是。我的宗旨是，為什麼迪士尼的歌這麼好聽？不過是卡通歌曲而已。就是因為簡單才好聽。

阿梅形象百變，音樂也很多元化，這似乎從一些早期唱片已經看得出來？

她是很多元化的，而且當年也有不少機會，我們曾經把她推到日本。她很喜歡日本文化，再加上她性格容易接受新事物。當時日本流行曲文化接近香港，還沒有流行韓國歌。

《蔓珠莎華》之後，就是破了銷量紀錄的《壞女孩》大碟了。這張唱片有英文歌、日本歌及國語老歌改編，也有原創歌，很多元化。

是的，整張專輯有很多好歌，不是只賣《壞女孩》，《夢伴》也很受歡迎的，還有《不了情》。這首歌的詞是我們找鄧景生寫的，他後來又寫了《胭脂扣》。這張唱片每首歌都好聽，所以銷量就自然好了。當時我們慢慢選歌，不是隨便塞幾首歌進去。但是，《壞女孩》成了禁歌，在廣州開演唱會也不能唱。不過可能就是因為不能唱，所以更多人買。

其實，如果沒有那些改編歌，會不會比較難造就她的百變？

可能是的。當時很多外國歌很好聽，而我們又可以拿到版權，所以就

成事了。到了後期，是有可能拿不到一首歌的版權。

快歌為配合舞台表演

你喜歡她唱慢歌，所以製作《壞女孩》、《妖女》這些快歌，是純粹為了配合她工作上的需要嗎？

是的，是配合工作需要而已。我個人喜歡慢歌，浪漫一點的，纏綿的。我要平衡一張專輯，例如要有五首快歌，五首慢歌這樣子，不可以十首都是快歌或慢歌。阿梅走紅之前以慢歌為主，後來快歌的比重越來越大，是因為她重視舞台表演，快歌很重要。但如果是聽唱片，只有慢歌也可以。

你選的歌，她會不會不喜歡？

沒有。反而她在形象上比較多個人意見。有時如果不喜歡某個形象，她會吵。因為她的唱片銷量好，我們還可以將歌送去日本做混音，例如《假如我是男人》。所以阿梅唱片製作費是頗高的。

幫阿梅監製的多張唱片中，有沒有哪一張是得意之作？

我很喜歡《夢裡共醉》，整張唱片都是唱電影、舞台劇裡的歌，如《夢裡共醉》及《豪門怨》等，而我自己亦喜歡舞台劇。這張唱片是比較classic 的，但好像賣得沒有她其他唱片那麼好。那唱片封面像相架，很經典的，品味比較高，唱片裡的《不如不見》也很好聽。她的唱片中，我覺得《赤的疑惑》跟這張《夢裡共醉》是最好聽的。後來，例如以巴西作主題那張（《In Brazil》）都只是一般，因為她越來越多快歌，其實她唱慢歌最好聽。到了後期，我有時覺得她似乎喜歡拍戲多過唱歌。就像《夢裡共醉》這張唱片，就是我們確定了唱片的主題，再由劉培基想形象的。

從《烈焰紅唇》開始，阿梅唱片的原創歌曲數量增加了。

那時候我聽到好歌，就會放在唱片的第一首，比如倫永亮寫的《烈焰紅唇》，我覺得這首歌會流行。我沒什麼私心的，重要的是覺得好聽。當時我們給阿梅這麼多不同類型的歌，而她的表現也很令人滿意。

甚至連兒歌也有。

《IQ 博士》本來是給她姐姐唱的，後來她唱不了，就由阿梅來唱。我們那時候需要全能歌手，吸引不同的聽眾，不是只有年紀大的，是連小孩子也想吸引。那時不是很流行唱兒歌，但我們也想嘗試，所以才會有《IQ 博士》，讓她的聽眾層更廣泛。

你寫給她的歌中，哪一首是你特別滿意的？

很多呀，例如《人在風裡》。後來 Laura Fygi 來香港，特別選了這首歌在演唱會中唱。

曾經的 Dress to Kill

她的形象很受歡迎，但是也有人接受不了，是嗎？

是的，當時也有人不喜歡她的形象。她初出道時，我記得《號外》有一期選「Dress to Kill」，好像刊登了她穿了一件橫條紋衣服的照片，說她穿得不好看。當時的《號外》不是很 buy 她，也許因為她讀書不多，不是很 intellectual，英文不好，《號外》buy 較 intellectual 的人嘛。阿梅是到了很後期才上《號外》封面的。

那你會不會不喜歡阿梅的某些形象？

也有，但不記得了。不過，她用她的形象與台風演繹我的歌，我覺得首首都不錯，很少不喜歡的。

當時阿梅有沒有跟哪個填詞人特別有火花？

我沒有找特定的填詞人，主要是看歌曲題材。如果比較勵志的，我就給鄭國江老師，如果要浪漫一點，就找潘源良，要有趣一點，就找黎彼得。我知道什麼類型的歌給什麼填詞人寫。現在來來去去都是那幾個填詞人，太小圈子，不多元化。有些新人，新到你不敢給他填，填了也不能用。當年我也試過叫黃霑填了詞，但最後沒有採用。又例如《胭脂扣》，我寫好曲之後，請李碧華填詞，她的詞寫得很漂亮，但是跟音樂不太配，我想改也改不到，最後沒有用。所以她很恨我。後來才找鄧景生，他皮膚黑黑的，但很有文采，他是成龍的編劇。單看他的外形，你不會想找他填詞。但是他寫得不錯，有文采。

阿梅的聲線低沉，是否很難找人跟她合唱？

是的，因為她聲音低沉，男的要唱高八度，才聽出來是一男一女合唱。她的聲音已經這麼低了，如果男的再唱低音來配合，男女聲線聽來就差不多。

跟阿梅合作時，她在音樂上的主導性強嗎？

她有自己的意見，但主導性不算強，可能到了倫永亮做監製的時候不一樣吧。

你私下跟她多來往嗎？她的性格如何？

我們除了一起工作，或者有時一起燒烤，私下的往來比較少。我的宗旨是，你來錄音，唱好歌就行了。至於性格，阿梅是很正義，愛抱打不平。我跟阿梅有完全不同的性格，我不是很喜歡玩，也不喜歡人多。例如，她會很豪爽地跟大家乾杯，我不行的。可能是因為我年紀大一些，我不會一下喝完的。

梅艷芳獨領風騷

在你眼中，對比同期的女歌手，阿梅有什麼不同之處？

同期其實沒有什麼人可以跟她競爭，她算是獨領風騷。她在舞台上很有魅力，可以鎮得住場面。其他的女歌手，有些人太柔弱，鎮不住場面。壓得住場面的人一走出來，觀眾就可以感覺到氣場，阿梅就是這種。

你覺得阿梅的舞台魅力是天生的還是後天訓練出來的？

我相信是累積的。一開始在紅磡開演唱會，每個人都會發抖。阿梅的壓台感，是她經驗累積的結果。

你當時曾擔任阿梅的巡迴演唱會音樂總監，你覺得她的現場演繹如何？

她很嚴肅的。我們有整隊樂隊，比較正式，沒現在這麼隨便，只要帶碟帶助手就行了。以前不是這樣的，現在只顧賺錢。

阿梅的很多經典唱片都是由你監製，後來為何沒有再合作？

那是我在華星的第十年，後來我離開了。我開了另一間唱片公司，想back up 亞視，但梅艷芳留在華星。這公司經營沒多久，後來轉型拍戲了。

總的來說，在唱歌方面你怎麼評價梅艷芳？

其實她跟徐小鳳很像，不過她比徐小鳳摩登。徐小鳳的唱法比較舊式，會每個字都吐得很清楚。到了後來，唱歌不一定要咬字太清楚，是英文歌的唱法。阿梅摩登一點，而且她的 range 也闊，從低到高都行。

在梅艷芳走紅之後，香港多了些有動感的女歌手，注重形象，而且某些歌詞也很大膽。你同意她改變了一代香港女歌手的面貌嗎？

當時沒這麼想，但現在回頭看，肯定是有的。當時我們埋首做音樂，其實沒想那麼多。

在你眼中，阿梅在唱功方面有沒有不足？她在工作上有沒有什麼缺點？

她沒有假音，如果有就更好了。至於缺點，應該就是遲到吧。她錄音總是會遲到。不過女歌星多數會遲到的。

很多人都說香港再也出不了第二個梅艷芳，你對此有什麼看法？

因為現在廣東歌不好聽，我覺得五年之後不會再有廣東歌了。新歌都不好聽，每個人都喜歡舊歌，舊歌歌詞也有意思，旋律簡單。而且，阿梅的時代沒那麼多歌星，競爭沒那麼大；加上當時香港的流行文化的影響遍及全世界，有中國人的地方都會知道梅艷芳。香港流行什麼，唐人街就流行什麼，包括電影和唱歌。現在，則只能在深圳某個村登台宣傳。

廣東歌的沒落還有沒有其他原因？

是市場問題。你看看內地歌手唱得那麼好，只是欠缺包裝而已。廣東歌不會再有了，五年以後都是聽國語歌了。現在可以買數字電視機頂盒，收看全中國的電視節目和電影，可以看《中國好聲音》，而且，網絡太厲害了。廣東歌市場萎縮，沒有錢製作。《中國好聲音》有三億廣告費，你沒得比較的。

一九八七至一九八八年百變梅艷芳再展光華演唱會

Interview 03

大娛樂家的台前幕後
——倫永亮

《烈焰紅唇》、《黑夜的豹》、《一舞傾情》、《心仍是冷》、《封面女郎》、《何日》、《情歸何處》……很多梅艷芳的經典金曲，都出自倫永亮之手。在她二十一年的音樂生涯中，倫永亮是她合作得最緊密的創作人。

音樂上，他讓她告別了早期大量改編日本歌的階段，而建立了一個 Canton-Pop 的品牌；舞台上，他開創先河在她的演唱會中把舊歌重新編曲，突出了她的舞台表演；電影中，他寫的歌跟她的演出相結合，成了被懷念的經典畫面；私底下，原來阿梅曾啟發他信佛，教他化妝卸妝，甚至企圖為他張羅登台服裝。

在倫永亮眼中，梅艷芳一方面是 Diva，是大娛樂家；而另一方面，她也是個真心誠摯的朋友。「她身邊的每一個人都受她影響。」他說。

當年你從美國回港參加亞太流行曲創作大賽並得獎,之後很快就幫梅艷芳寫歌。為何有這合作的機緣?

我在一九八七年第一次幫阿梅寫歌,叫《無淚之女》,收錄在《裝飾的眼淚》大碟裡。當時監製是黎小田,我寫好歌就交給他,沒有機會見到阿梅錄音,也沒參與製作過程。我當時應該見過她,但還未熟絡。我自己很喜歡這首歌,後來黎小田跟我說阿梅也很喜歡。小田是華星很多歌手的監製,包括張國榮、羅文、阿姐(汪明荃)等。小田人很好,再叫我幫阿梅的下一張唱片寫一首快歌一首慢歌,於是我就寫了《烈焰紅唇》及《孤單》,而《烈焰紅唇》有很好的成績。

八十年代中期你從美國回來時,正是阿梅事業的高峰期,當時對她有什麼印象?

她當時已非常紅了。我很記得第一次見她真人是在海城夜總會,她在台上表演。當時我也有份唱,唱完我就回到觀眾席,梅艷芳是壓軸歌手。我在台下看她,她的台風很厲害,簡直是目不暇給,我從未見過一個人的台風可以這麼吸引,有一種吸引力讓你的眼睛離不開她。第一次見她,印象就很深刻。

你們私下的初次接觸是怎樣的?

我們同屬華星唱片公司,一九八六年底公司辦了一次聖誕派對,人不是很多,只有兩圍枱,那是我第一次跟阿梅聊天。她說看過我在《歡樂今宵》表演,她提醒我,男歌手在台上不用太多動作,我很記得這句話。事實上,有時候我在台上有太多手勢,會影響演出。後來我們見面的機會也不多,之後我就寫了《無淚之女》及《烈焰紅唇》,當時我們還未熟絡。到了八七年底、八八年初,她演出很多 show,小田又很 nice,他知道我會彈琴,就叫我去幫手。有份彈琴我非常開心,就這樣開始熟悉阿梅。她很喜歡玩,每晚做完 show 會叫大家去她房

間玩一些集體的「兒童遊戲」，我們就這樣熟了。

當年有沒有預期《烈焰紅唇》這首歌在二三十年後仍被大家記得？

沒有，但我的確很喜歡《烈焰紅唇》。我當時剛從美國回來，從小在那邊受到很多 R&B 音樂的影響。《烈焰紅唇》的結構有點複雜，比如 baseline 低音的處理、編曲的處理，都跟當時的歌有所不同。當時香港歌手改編了很多日文歌，例如《夢伴》也是，非常成功，但我發現小田也有把英文歌 Strut 改編成《壞女孩》，我就想到阿梅也可以唱偏 R&B、比較西方的歌，所以開始構思《烈焰紅唇》，這首歌已經沒有日本歌的感覺。

很多事情都有天時地利人和，我一直覺得，一首歌能不能流行要配合有很多元素，歌基本上要好，但最重要的是宣傳和包裝。我記得第一次在電視上看到阿梅唱這首歌，真的嚇死我，她穿低胸的衣服，在當時來說是很前衛的，從沒有一個香港女歌手以這樣的姿態出現，而且 MV 也拍得很好，成為一時佳話。這首歌為我的創作歷程打開一道大門，因為有《烈焰紅唇》，之後很多歌手找我寫歌。那時也沒有想過有一日會成為阿梅的監製。

你最初幫她寫的幾首歌中，《烈焰紅唇》很朗朗上口，但是《無淚之女》及《孤單》又相對比較另類，明顯地嘗試新鮮元素。

是的，我自己去年（2013 年）搞演唱會也想唱《孤單》，每個創作人都一定有很多滄海遺珠。《孤單》比較偏 blues，但歌的氣氛跟那時的廣東歌格格不入，所以沒有做主打歌，但阿梅很喜歡，她覺得孤單是離不開她的。還有一首是《魅力在天橋》，是我幫她寫的第二首歌，同樣在《烈焰紅唇》那張唱片。那是一次突發事件，阿梅當年開演唱會，其中一部份想要跳西班牙舞，所以需要一首新歌。《魅力在天橋》就是比較西班牙風格的。

迸發新火花

幫阿梅寫歌，似乎一定要配合她的舞台演出，是嗎？

我想是的，雖然早期我不是很刻意這樣做，我只是憑著自己的喜好去寫。至於寫什麼詞，就是監製小田負責的。小田很厲害，叫潘偉源（《烈焰紅唇》填詞人）寫一個寂寞女人的情慾渴望，《黑夜的豹》中又是很野性很 aggressive 的女人。這些歌都是小田和公司的決策，想打造梅艷芳成為性感女神，做得很成功，之前沒有女歌手走這條路線。

你寫歌的時候，會不會想到阿梅會怎麼跳，怎樣隨著節奏舞動？

有。例如我為《黑夜的豹》編曲的時候，就已經開始想她會怎樣表演了；當然我不知道她實際上怎樣跳，但就知道她一定會有動作。到了後來，我擔任她的監製，彼此間的溝通很好。她完全知道我的歌為什麼這樣寫，我也會事先去想像她如何演繹這首歌。到她在台上演繹新歌，我就很興奮。她很聰明，知道我的想法。

黎小田離開華星，由你接手做阿梅監製是不作第二人選的吧？

我想是的。但對我來講，始終是受寵若驚。我在一九八七、八八年已開始幫林憶蓮監製，有一定成績，他們應該認為既然我在華星，為什麼不找我做監製？這就是機緣。

跟新的監製合作，阿梅是不是也有期待？

我不知道她有沒有期待。她在音樂上比較被動，作為一個好的歌手，她知道在音樂方面要依靠監製的經驗與眼光，所以在選歌方面，她差不多百分百交給我去作主。我記得除了《耶利亞》，那首歌是童安格的，她給我聽，說她很喜歡，而我聽了也覺得適合。在這方面她會有參與，編曲就不會了，至於寫什麼歌詞，她也給我們很高自由度。製

作《封面女郎》時，我們合作得很愉快。我還記得每次錄完一首歌她都會跳舞，很開心。她很喜歡《封面女郎》這首歌，也喜歡林振強的歌詞，不過總是說很高音。我覺得這首歌很有 energy，我喜歡這一首多過《黑夜的豹》。

在《封面女郎》之前，我已經幫她在《淑女》一碟監製了《黑夜的豹》及《一舞傾情》兩首歌，她已經跟我交過手了。我不會在錄音室大吼大叫，反而會給一些有建設性的意見，可能因為這樣，她選了我做《封面女郎》的監製。《淑女》這張唱片其實一共有五個監製，我後來成了她的固定監製，也是一種際遇，而那張唱片也很好聽，《朝朝暮暮》及《轉走舊時夢》等歌曲都很好。

你幫阿梅第一張監製的唱片是《封面女郎》。黎小田做監製時比較多改編歌，你接手之後原創歌就越來越多。

其實也有改編歌，但就不改編日本歌了，因為大家開始覺得日本歌有點悶。阿梅知道我聽很多英文歌，我猜，她起用我是希望不用再唱一些有點過時的歌。有些歌她不太喜歡唱，例如《赤的疑惑》，她開始想玩一些古怪的音樂。我想，每個歌手都希望跟新的監製有新的火花，《封面女郎》就是這樣，我也不知道自己是怎麼想出這首歌的編曲的。她後來說《封面女郎》很難唱，副歌的音 set 得很高。我跟她說，你唱過《黑夜的豹》及《烈焰紅唇》，還有什麼歌難倒你？你有 energy，又有聲量。結果，她唱得很好。那張唱片裡，阿忠（陳澤忠）寫的《心窩已瘋》帶點英國地下音樂的風格，我寫《心仍是冷》時想著美國黑人組合 DeBarge 的歌，有很多和音。全張唱片是比較西化的，改變了她的方向。

天生的表演者

你是刻意從日本風格改為比較西化的路線？

是的。舉個例，為什麼很多外國歌手會找 David Foster 寫歌？他是我的偶像，他寫了很多歌給很多不同歌手，但每一首歌都有他的風格。這麼多年來，我也希望可以樹立自己的風格。所以我跟阿梅彼此都有一個目標。

你滿意自己在阿梅的音樂上作出的改變嗎？

我滿意。當時她已經要轉變了，每張唱片都追求突破。到目前為止，沒有任何一張唱片令我們覺得有遺憾。

跟阿梅合作要配合形象及舞台表演，會不會比較有難度？

不會，反而是最容易的。她的聲音很滄桑，我覺得她唱慢歌比快歌更好，所以嘗試給她寫深刻的慢歌，例如《心仍是冷》，但她在舞台上的震懾力實在太大了，我又嘗試寫很多不同類型的快歌。她實在太厲害了，我每次寫好一首快歌給她，她聽了之後，就會即時告訴我會怎樣表演，她的洞悉能力很強，根本不需要編舞。慢歌方面，我有好好幫她想過，因為我想她有多一些精彩的慢歌。她早期的慢歌比較中國化，例如《心債》及《似水流年》，到了後期我寫《情歸何處》就有所不同。

寫歌的時候，要考慮她的形象嗎？

完全沒有，大家都很有默契，幾乎不用討論的。其實最高的監製應該是劉培基先生（Eddie），他會給整件事一個概念，例如他一收到《封面女郎》這首歌，就想到幫阿梅造唱片封套那條裙。排歌方面，我排第一稿，公司排第二稿，選出最 strong 的歌排第一，最後就請示劉培基先生。

所以在形象以外，Eddie 也會參與音樂部份？

是的，他也會聽。我們做監製有時太主觀，需要不同人的意見，而 Eddie 眼光很好，有很多主意，他會幫我們作調整，例如把《Jungle Jungle》的歌名改為出街的《慾望野獸街》。所以，每一個成功的藝人背後都有這樣一個人，Eddie 是她永遠的好朋友，教了阿梅很多東西，對她很多啟發，就像林憶蓮背後有許願及李宗盛。

無人能及的滄桑味

你寫了那麼多歌給她，有沒有哪一首特別喜歡，或特別有感情？

有，是《路…始終告一段》，我很喜歡這旋律。這首歌我只寫了一兩個小時，我寫歌就是這樣，可以很快，也可以幾天也寫不出來，這就是所謂的靈感。我寫這首歌時，已經知道她會唱得很好，因為她有那種滄桑感，我想不到有另一個歌手可以唱到這首歌的味道。我寫歌就是這樣，會寫給特定的歌星，有些人會問我有沒有新歌，但我不會有倉底貨，我要知道是寫給誰才能寫。

當時我要為電影《川島芳子》（1990）寫歌，但其實沒看過這部電影，他們把故事及畫面都告訴我，我是憑自己的感覺與思考去創作，歌詞則由林振強寫。嘩，我覺得阿梅唱這首歌是好到飛起！之前，《何日》已經是很好的嘗試，阿梅唱得很有韻味，那首歌也很奇怪，沒有 plug 但不脛而走，很受歡迎，還拿了金馬獎。其實阿梅應該多唱這類型的歌。《路…始終告一段》是《何日》的延續版，這首歌很厲害，雖然旋律很簡單，但是講出了每個人的人生觀。後來林振強走了，我們要出唱片紀念他，我也選了這首歌來唱，我在自己的專輯裡也翻唱了這首歌。

至於不是我寫的歌，我很喜歡《似水流年》，但是多聽幾次就覺得尾

段好像 repeat 得太多。我真的很喜歡 Dick Lee 寫的《為什麼是你》，這是我自己在家都常常聽的。趙增熹的《愛我的只有我》寫得好，阿梅也唱出那種 sentiment，還有《無名氏》我也很喜歡。

阿梅唱得好，你認為會不會跟她的經歷有關？

一定有，一定有，一定有！一個歌者的演繹能力是完全跟她的人生經歷掛鈎的。例如我聽過很多年輕人彈琴，是聽不出內涵的。唱歌也是，像年紀很小就出道的 Charlotte Church 很厲害，技巧很好，但聽不到 magic。一個人的經歷越多，你的演繹就會流露出來，有就有，沒有就沒有。有些人的人生太快樂，唱一輩子都不會有 magic。

阿梅聲音中的滄桑感似乎很少人唱到。

沒有，真的沒有。我曾經覺得劉雅麗唱得很好，但是阿梅的歌聲是很神奇的。好像 Sammi 唱《女人心》唱得好，也有一份滄桑，是很女人的味道，但阿梅的版本是既有女人味，又有一種豪邁，我不想用「江湖」這個詞，但那是另一種境界，是一種深層的滄桑。又好像《夕陽之歌》，我覺得這首歌不是慘，也不是滄桑，是唱出了女中豪傑的感覺，這首歌開頭是滄桑的，後來則有女人的豪氣。其實，她是沒有歌唱得不好的。

後來，我沒有做她的監製，但我覺得《艷舞台》也很好。《芳華絕代》的 MV 給我印象很深刻，她跟哥哥都有種 sex appeal，兩個人都那麼靚，而且聲音也很夾。但我不太喜歡阿梅的國語碟，我不明白《放開你的頭腦》在搞什麼，但《愛上狼的羊》不錯，《床前明月光》也不錯。

是不是台灣的監製並不太了解她？

我很大膽的說，也許當時台灣的音樂比我們差。我們已經很大膽地玩很多音樂了，當時香港在錄音、編曲方面很精彩很多元化，但當時台

灣仍困在一個舊模式。不過,現在香港及日本都不行,在過去這幾年韓國已經超越了我們,他們唱 rap 很好聽,錄音技術也比我們好很多。

那麼在你監製的唱片中,哪一張特別喜歡?

我覺得最完美的是《鏡花水月》,裡面每一首歌我都極度喜歡。不過最滿意的,是我幫阿梅最後一次監製的《變奏》。這張唱片的概念是華星提出的,當時華星的總經理吳雨想讓阿梅翻唱一些舊歌,也開了兩三次會。但是舊歌有很多,是三十年代的還是六十年代的?我本來有點抗拒,因為實在太過時了。後來我轉念一想,這是很大的挑戰,因為阿梅很適合唱老歌,後來我就選了一些讓我有改編餘地的歌,玩得很開心。

例如《檳城艷》的歌詞其實並不是老土,而只是簡單,我想了很久,用不同方式重新為《檳城艷》編曲,很有滿足感。那時陳潔靈聽完跟我說,很多人不明白這張唱片其實提升了這些歌的價值,令他們有另一種味道。另一首是鄧麗君的《東山飄雨西山晴》,是阿梅自己選的,她唱得很好。我們還多做了一兩首歌,但是沒有出版,例如《百花亭之戀》,也是阿梅選的。Eddie 給這張唱片起了一個很好的名字,叫《變奏》,我真的很佩服他。

《鏡花水月》整張唱片在音樂上非常有連貫性。

第一,我很喜歡這張唱片的錄音,我好像是帶了去新加坡做 mixing,還是去了美國做 master,總之錄音技術有大躍進。風格方面,真的就是 R&B 了。有一首《為什麼是你》是 Dick Lee 所寫,他是一個讓我佩服到五體投地的作曲家,一個好的作曲家是有 magic 的,而他的音樂已經不是東方的了。《鏡花水月》是阿梅錄得最投入的一首歌,不知道她當時是在拍拖還是剛分手,我只是很記得她一收到歌詞就打電話給我,問我什麼時候要錄音。這首歌是講一個人渴望有一段驚天動

一九九一年世界巡迴演唱會

樓梯走到紅館的天台,然後再從另一條樓梯走到後台,要走八到十分鐘。她很辛苦,每次回到後台都累得要命,但仍然保持笑容。我總是跟她說,快點卸妝回家睡覺吧。她也會跟我講,今天又拉肚子,昨天又發燒之類。

那時候,她已經很虛弱了。開會時總有一大群人,金廣誠、謝霆鋒、草蜢、何韻詩、許志安、李進等。我也沒什麼機會問她病情,一開完會她就去睡覺了。她入院之後,我也有去看她。她身邊有很多朋友在醫院悉心照顧她。

當時,我雖然知道她情況嚴重,但現在醫學這麼發達,在我心底裡面仍然有一個希望,就是她做完演唱會以後,不要做其他事,快去醫病。怎知道她還去了日本,在寒冬中拍廣告,我猜是因為她答應了別人吧。

所以說最後的演唱會沒有太多排練?

是的,好像排了三次,每次四個小時。那次我們請了上海交響樂團,我跟指揮都有共識,大家都知道阿梅狀況不好,盡量不給她任何壓力。其實,她的體能是不能應付的,但她很厲害,上了台看來精神奕奕,但某些時候,原來她要在後台吸氧氣。當時,我沒有進入她在後台的房間,很多朋友在裡面,應該有醫生在陪她。

後來我也明白,她是想在舞台上跟大家說再見。她人生中知己很多,但沒有情人。她唯一最有把握、最有信心的,就是她在舞台上的工夫,這是她的寶藏,所以她選擇在台上跟大家分享。用佛家的角度來看,這就是結緣。她藉這個機會跟大家結緣,希望可以啓發大家思考。

當時有沒有人勸她不要開這個演唱會?

我想,每個人都勸過她,不過她一意孤行。當初,我也完全不明白,認為她應該專心治好病。但是,後來我知道她未必有這樣的機會了。

大家都知道她的心意之後，就一呼百應地幫她，因為這是她臨走前的最後心願。

她入院後，你去醫院看她時的情況如何？

我盡量説一些鼓勵的話，叫她振作一點。她都欣然接受的，因為她信了佛，而在佛家的觀念裡，沒有真正的生，沒有真正的死，只是我們太執著了。對佛教徒來説，死不是真正的滅亡，只不過是到另一個境界去。所以，阿梅是明白的。我唯一不喜歡的是在過去十年裡，有人仍為她哭哭啼啼，這樣對逝者不好，令她有執著，放不下，她不會走得開心的。

阿梅去世超過十年，很多人仍然很懷念她。你覺得她留下了什麼？

她的存在真的很有價值，她是 Diva，一個百分百的大娛樂家、大歌星。而且，在日常生活中，每個認識她的人都受她影響，她時常幫身邊的朋友。初出道時，我沒錢買舞台上的服飾，就半開玩笑地問她能不能找草蜢借衣服，她聽了就當真，就幫我找衣服，但我當然説不用了。

而且，我自己也跟她一起參與很多善事。有一次在多倫多登台，才知道她在那邊開了一間老人院，她説，跟那些老人家一起玩是很開心的。她是熱血兒女，很多人都受益於她。以我所見，她真的沒有敵人。

她還曾經幫我化妝。巡迴演唱時，她不帶化妝師，是自己搞定的。有一天上台之前，我看她化妝看得很入神，她就在旁邊笑，説女人化妝可以很厲害的。然後她問我化了妝沒有，我説化了，她就説不可以這樣子上台，就立即坐過來幫我化妝，當時她自己的妝也只是化了一半。那一天，我發現自己的樣子跟平時有很大分別。

其實，我的弱項是包裝自己。有一次在她家，她看了看我的臉，説我的卸妝方式一定不對，就把我捉到她的房間，叫我在她面前卸妝，我

只好照做。她一看就大叫，說我做得不對，難怪我皮膚不好。於是，她教我用卸妝水，教我洗臉，監督著我要重複三次，但我覺得麻煩，又不肯。在她房間，我們僵持了很久。從很小的事，你知道她是怎樣的一個人。後來，雖然我仍然沒有重複三次卸妝的步驟，但我真的很感激她。她很關心我，除了她之外，已沒有其他人這樣去關心別人了。

她去世十年，你的心情是怎樣的？

剛剛說過，我總是在 facebook 上看到很多人寫「永遠掛念你」這樣的話，這其實是不好的，會令她有所依戀，造成不好的「力」。

已經十年了，人誰無死呢？雖然很可惜，但死亡是無法預測的，我們也要接受。當然，如果她還活著，其實還可以為香港做很多事，我很希望她可以競選特首哩，哈哈。

Interview 04

她愛歌迷愛得瘋狂
——許志安

許志安的歌唱事業，跟梅艷芳結下不解之緣。他的事業起點《將冰山劈開》，是由她指定合唱；後來，梅艷芳收他為徒，他跟她走遍世界演唱；事業高峰期，他得到的最受歡迎男歌手獎項，由她親自頒發。

安仔眼中的阿梅對徒弟好，愛歌迷更是瘋狂。對他來說，梅艷芳是亦師、亦友、亦家人。今天，這個好徒弟這樣答謝師父：「以我們的關係，我已經不是要對她說多謝，而是要做到最好給她看，這才是真正的尊重。」

一九八六年你在新秀歌唱大賽得獎後，很快就有機會跟梅艷芳合唱《將冰山劈開》。當時是她點名要找你的？

是的。當時我還在讀中六，趁暑假參賽，之後升中七，準備考大學。我還記得錄《將冰山劈開》那一天，我是穿著校服去的。一進錄音室，我先見到草蜢，他們說這首歌的原曲是英文歌 *In the Heat of the Night*，又把歌播給我聽，教我怎樣唱。我當時真的好緊張，也很期望見到主角梅姐。後來這首歌很受歡迎，又得到十大金曲。

事後我問師父為何會選中我，她說當時要找一把有新鮮感的聲音，她在新秀中留意到我，覺得我的聲線好，一聽到我開腔唱歌就決定用我。因此，完全是師父提拔我出道的。後來我亦知道，這首歌原來草蜢亦試唱過，但效果不太理想，他們才來找我。師父真是我的伯樂。

後來，你們一起走埠登台，合作機會更多了，更成了師徒。

當時我們熟絡了，師父一直很照顧我們。到了一九九〇年她舉行告別舞台巡迴演唱會，就帶了我、草蜢三子及譚耀文五個人去走埠。做歌星那麼多年，我從來未見過有人帶五個嘉賓做巡迴。這樣飛全世界，五個人要五張機票，還有其他食住費用，預算好大。但由於她當時打算告別舞台，是最後一次巡迴，而五個人她都疼愛，捨不得丟下任何一人。我們當時真的去了很多地方登台，到後來我自己做巡迴演唱，也走了很多地方，但還是沒有當年那麼多。我很感謝她帶我去了那麼多地方。

其實在巡迴之前，我們已時常一起出去玩。我是華星一份子，她又是大姐姐。有人見到我們就會說：「阿梅你帶徒弟出來了？」合作過程中，從舞台表演到做人處世，她都教了我很多。由合作到熟絡，我們關係一直好好，後來就正式變成了兩師徒。

你跟她在舞台上多次合作，感受最深是什麼？

我感受最深的是在巡迴演唱會中，無論是第六站還是第十站，她都一直保持心中的火。同一首歌，她無論唱了多少次，都仍然有好像第一次唱的熱情。她去每一個地方唱，都能帶出新鮮感覺，她用心、用熱情去對待每個地方的歌迷。

我曾經問她，你如何投入一首快歌之中，那麼揮灑自如地演出？她就說，天下間沒什麼是天生的。她唱快歌時，我們見到的只是她在舞台上舉手投足的魅力，但其實很多人不知道，她家裡有一面大鏡子，她有時幾天不外出，在家播著歌曲，對著鏡子練舞步動作，久而久之，就練成了梅艷芳風格。從她身上，我學到成功不是必然，人要付出努力才有收穫。

後輩榜樣

你在待人處事方面，有沒有受她影響？

我一直學習她的一種做事態度，就是她從來不是光說，而是會坐言起行，例如她會不斷提拔新人。我自己就是受她恩惠的一個，出道時唱《將冰山劈開》為人認識，後來我的《女人之苦》找她合唱，雖然她當時已不活躍，但我知道她一定會答應。而且，她在 MV 的表現真的很厲害、很專業，全場工作人員都被震懾，真的很難學得來。所以，我有首歌《情人甲》找衛蘭合唱，希望年輕歌手有多點機會，之前我也擔任許廷鏗演唱會的嘉賓，這都是因為師父當年給我機會，現在我也學她，盡量多幫新人。

你跟梅姐先後合唱過五首歌，有《將冰山劈開》、《我肯》、《笑看風雲變》、《女人之苦》及《先謊夜談》，跨越了她的不同音樂時期。可以談談你們每個階段的合作嗎？

其實每首歌都可以引證不同年代、不同感覺的梅艷芳。《將冰山劈開》

跟《我肯》是一個階段，她唱快歌很有霸氣及爆發力。很多人唱快歌給人感覺是「咪係一首快歌囉」，很多時候未必壓到首歌。梅艷芳唱得有霸氣，令首歌很有 message 及動感，充滿力量。以上這兩首歌，我跟她是分開錄音的，但她也會來到錄音室給我很多意見。到了合唱《笑看風雲變》時，則是我第一次跟她一起錄音，當時我不太敢跟她面對面，但投入了之後，感覺非常好，她也把我帶進了一個氣氛中，很難忘。我們的合唱歌中，我最喜歡這一首。

其實，梅艷芳的歌路很貫徹她的百變形象。她的快歌很好，已經不用說了，她的慢歌亦唱到每個人心坎裡。我覺得她的慢歌比快歌更出色。很多人注意她唱快歌時的百變演出，但她的慢歌如果找別人來唱，就很難有那種韻味。好像《女人之苦》，是非她莫屬的歌。找她合唱時，我說：師父，我有首歌想找一個女人 symbol 跟我合唱，去道出做女人的難處，我真的找不到其他人去唱。

二〇〇一年你得到 TVB 的最受歡迎男歌手，由梅艷芳親手頒給你，造就了一個經典畫面。你當時心情如何？

我自己當然很開心。我後來問師父事前是否知道得獎人是我，原來她不知道。她告訴我，當時 TVB 邀她做頒獎嘉賓，她問他們是不是要整蠱她，又開玩笑說：「如果不是許志安或劉德華得獎我不頒的，你知㗎可？」TVB 工作人員說他也不知道，但又說「應該不會令她難做」，很搞笑。其實，雖然她做頒獎嘉賓，但我從未想過得到這麼重要的獎項，事前我也沒問過她。後來重看片段，她當時真的很開心。她見證一個新人一步步聽她說話及教誨，而終於做出成績，身為師父，她應該很欣慰。作為她的徒弟，我也因為沒有辜負她而開心。其實，以我們的關係，我已經不是要對她說多謝，而是要做到最好給她看，這才是真正的尊重。而我一直也很盡力。

你們一班朋友私下也經常聚會，常常去她家看足球賽。你是她家的常客

嗎？感情是不是好像家人？

是的。有一次，我去她家看球賽，但我們支持不同隊伍，她不斷為她捧的一隊吶喊，最後是我捧的一隊輸了。我睇到嬲嬲地，就走了。她在樓梯口攔住我，問我發生什麼事，我說沒什麼，就離開了。雖然好像不歡而散，但完全沒影響我們的關係。我覺得，真的只有家人才有這種很直接的情緒表達，是發自內心的行為。一件那麼小的事，令我看到我們的關係很 pure，很真，很簡單。當年，我們有不少歡樂時光，我也是她家的常客。後來有段時間，我減少了夜生活，比較少去夜店，但沒有影響我們的感情，我們用其他方式交流，也多了談心，畢竟大家都長大了，成熟了。

你也是她最後一次演唱會的嘉賓，當時知道她已病得那麼嚴重了嗎？有沒有勸她放棄演唱會？

當時已知道她病情嚴重，只是沒想過嚴重到那種地步。演唱會前一起開會，我們也問她身體能否負擔，但她愛歌迷愛得瘋狂，拼了命也要唱。當時，我也勸過她休養，但她說這可能是最後機會，想把最好一面留給觀眾。聽了之後，我就想：好吧！那就全力撐她去做吧！她的確是為了歌迷去做。在我見過的歌手中，她特別愛歌迷，她對歌迷很真心。

演唱會期間，她在台上仍然充滿力量，她是完全的奉獻。但每一晚演唱會結束後，她都非常疲累，好似打完一場硬仗般。我看在眼裡，雖然很心疼，但亦很明白她。雖然心酸，但當時唯有跟她同一陣線，抱持同一想法才行。我們一群歌星朋友每晚安排時間出席，甚至準備萬一她不能支撐，我們就衝上台。當時由於需要不同嘉賓，有時臨時叫我唱一首歌，我就會上台。她最後的演唱會，是我們一群愛她的人為她做的一件事，真的很難忘。

後無來者

眾多梅姐的歌曲中，你喜歡哪一首？她的舞台演出，又有哪一次令你印象最深？

我最喜歡《胭脂扣》，那個 mood 真的很好。這首歌不是普通慢歌，是要有人生歷練的歌聲才可駕馭，她真的唱得非常有韻味。至於舞台演出，我很記得跟她做巡迴演唱會時，好像是唱《一舞傾情》，還有陳小春伴舞。每一次她唱這歌，我都站在舞台旁邊，像小粉絲靜靜聽她唱。我近距離看她演唱，她每一次的演出都不一樣，那畫面令我很難忘。

你怎樣評價梅姐的地位？對於香港再出不了梅艷芳這種巨星，你有什麼看法？

四個字：後無來者。她真的天生屬於舞台。她的骨架很好，不只撐得起歌衫，還能穿出韻味。她真的是娛樂圈的寶藏。電影方面，我很喜歡看她演喜劇，她的演出很詼諧，我們都喜歡看她開心，看她搞笑，《鍾無艷》就很好。而台下的她有時亦很搞笑。我覺得她很人性化，她在台上光芒四射，但台下是一個很可親的人。至於她在香港的代表性，亦是難以取代。她小時候已踏足舞台，在香港娛樂事業最蓬勃的時代成名，她的唱片賣了好幾百萬張。可以説，在過去幾十年，她在每個時代都有代表性。她真的見證了香港的興衰。

Interview 05

用歌詞打開情慾大門

——潘偉源

潘偉源是香港八、九十年代樂壇甚具代表性的寫詞人，寫下《祝福》、《一生何求》及《蔓珠莎華》等金曲。他參與了、也推動了當時廣東歌的轉型：強勁節奏的歌曲大行其道，大膽的情慾內容也出現在歌詞中。而梅艷芳正是這場變革的代表人物。

潘偉源為梅艷芳寫過二十多首歌，當中不少正是廣東歌轉型期的重要作品：他最早為她寫的《發電一千 volt》已有挑逗性，後來的《點都要愛》及《烈焰紅唇》充滿情慾味道，《愛將》及《淑女》則標誌梅艷芳的百變全盛期。至於後來之所以有「百變梅艷芳」的稱號，亦是來自潘偉源寫的《百變》。

潘偉源說，他跟梅艷芳總是心靈相通：她百分百理解他的歌詞，他也預知她會怎樣唱。一個百變天后、一位百變詞人，攜手締造了不少廣東歌的經典。

跟梅艷芳合作前，你對她的印象是怎樣的？

當時，看她參加新秀歌唱大賽，感覺她是個很喜歡唱歌的人，而且台風很獨特。

你為梅艷芳寫歌詞，會否事先跟監製溝通？

黎小田有時會大概講講需要怎樣的歌詞，但多數時候都是給我自由發揮。

你早期合作的女歌手形象多是斯文大方（如方伊淇），但梅艷芳形象大膽前衛。跟其他女歌手相比，為她寫歌詞的最大分別是什麼？

我認為這是時代的問題。我初入行時，香港社會比較保守，多數女歌星以受人尊敬的形象出現。我們寫歌詞也有不少禁忌，例如有唱片公司不喜歡「空」字，覺得不吉利，寫「血」又會被認為暴力。當時，我也會嘗試新主題，但他們多數不接受，走不出既有框框。

但是，為梅艷芳寫歌，我幾乎完全沒顧忌，只要適合她唱，什麼都可以寫。我跟她，可以說是互相釋放。阿梅的成功可能跟她成長環境有關，她從小在荔園唱歌，什麼都唱過，擴闊了她的眼光，不甘心困在舊有的一套。她很快意識到，如果限制寫詞人，未必有突破性的作品。她是藝術家，有她的胸襟與想法，不想被框框限制。

寫歌詞之前，你會事先知道梅艷芳的形象嗎？特別是寫快歌時，會否考量她的形象或舞台表演？

這個問題大家可以想想，是設計師為她設計好服裝才寫歌，還是寫好詞，才根據歌詞內容去設計服裝？阿梅是很好的表演者，我為她寫歌時會考慮她的舞台表演。比起其他歌手，為她寫歌詞的空間更大；她不只是唱歌，她也在「演」，有聽覺及視覺的豐富元素。

當你看到《烈焰紅唇》的性感形象以及《淑女》的白紗造型時，感覺是怎樣的？

這真是天、地、人的配合。《烈焰紅唇》的封面以及那套性感的「菠蘿釘」都很切合我的歌詞,而《淑女》的封面照片還有修女站在後面,短裙式的白紗也很能表現淑女的心境:這個女人背著「淑女」之名,但她並不想當淑女。一般婚紗是長的,你偏偏把它剪短,這是一種反叛。這些形象把我的歌詞表現得很好,創造氣氛,也引起很多聯想。

你為梅艷芳寫的歌,有跳舞節奏的《淑女》及《愛將》,也有牽涉情慾的《點都要愛》及《烈焰紅唇》,在你看來,當時是否廣東歌的轉型時期?

其實,任何有生命力的東西都會變化,廣東歌也一樣。如果你不變,就會被淘汰,就好像人的新陳代謝、生物的進化,要成長就要變化。

在青山及姚蘇蓉的時代,香港人主要聽國語歌,後來廣東歌漸漸為人接受,在市場需求下,新歌湧現;一段時間之後,大家就去發揮廣東歌的新意。梅艷芳的情況是時勢造英雄,也是英雄造時勢。她有前瞻性及包容性去接納我們的詞作,她好像開了一道門——當時,勵志、家國、愛情、古典題材都有,但有一道門還未有人打開,你一打開就是很大的領域。

在阿梅之前,其實也有人嘗試情慾題材,但往往不敢大膽宣揚。例如,我曾經為十八區業餘歌唱比賽得獎者林玉鳳寫了一首歌,叫《心泛春潮》,當時大家都不敢提。雖然這歌名好像是三級片的名字,但其實內容也沒什麼。與此同時,大家的思想又已經蠢蠢欲動;而時代的大門就剛剛好轉到阿梅面前,她有膽去大力推開它。

其實,食色性也,是人的本性,有情慾不是罪,只是看我們如何規範它。而且,我們寫詞也不可以太過界,要有尺度。《烈焰紅唇》的女主角有情慾的需求,但沒有付諸行動,她最終控制自己,「我卻為深愛你,將火冷卻又一次坐低」,是因為忠於愛情而自制。就好像那個唱片封面,阿梅雖然穿了泳衣,但不是露很多,而且她衣服上有鐵釘,

是生人勿近，這跟歌詞也是吻合。

當時香港歌壇是不是鼓勵著、甚至要求著歌手及創作人在風格上作出變化？

當時，歌壇的確是有要求，但其實詞人也要自我要求，要自強不息。歌詞是一種隨時代變化的文學創作，是很好的載體，可以用來表演；詞人應該為歌曲與歌手度身訂造，如果詞人為任何人寫詞都是一種風格，就是失職。

你為梅艷芳寫的歌，有時寫出她心聲：例如《幾多》彷彿是她的獨白，而《百變》更是她的故事，她亦因為這首歌有了「百變梅艷芳」的稱號，當時為什麼有這些構思？

《百變》是寫阿梅，也是寫我自己。作為藝人，她會因為演繹不同的歌而化身成不同形象，的確是百變。我們寫歌詞也應該是百變。流行音樂是集體創作，寫詞人應該配合歌的風格或是作曲人的要求，亦要顧及歌手的風格。我寫過很中國式的歌詞，也有很西化的歌詞，內容各式各樣我都喜歡去試。我為阿梅寫的歌詞，內容及風格都很廣泛。只是很奇怪，梅艷芳百變，大家拍爛手掌，但如果詞人百變，就被批評為隨波逐流，我不明白標準何在。

至於《幾多》也很類似，既寫阿梅的故事，也有我自己的心聲。其實我寫歌詞，往往會把自己的心聲結合歌手的形象，例如《一生何求》裡面也有我的故事。

你喜歡她演繹你的作品的方式嗎？

其實我從來沒有直接跟她討論歌詞，我都是跟黎小田溝通。但很奇妙，我跟她真的心靈相通！我寫給她的每一首歌，她都百分百理解；她未唱，我已經知道她會怎樣唱。有時候，她「加料」加得非常好，例如她在《蔓珠莎華》結尾那一聲「呀～」的「慘叫」，叫得很好聽很吸引，

還有《淑女》開頭的冷笑,她加了這些細節有畫龍點睛的效果。我覺得,她的演繹跟我的歌詞互相輝映。

有哪首歌的創作過程很難忘?

我收到《蔓珠莎華》的歌譜時,副歌部分已有人在後來「蔓珠莎華」這幾個字的地方預先填上「當天晚上」四個字,還說一定不能改。所以,一開始我已經寫晚上,「夜已輕輕跨進窗」,然後在副歌寫「當天晚上,寂寞路上卻遇上;當天晚上,因他照亮」,製作組也覺得很好。但後來收到電話,說阿梅正在錄音,又說她很喜歡歌詞,但想把「當天晚上」改成原曲的「蔓珠莎華」,於是我要重寫副歌。

但是,我當時根本不知道什麼是「蔓珠莎華」。聯絡人先說是日文,但是,是日文的什麼意思呢?他又不知道。於是他去問阿梅,才知道這是一種花。然後我就在副歌寫花的凋謝,寫了「蔓珠莎華,舊日艷麗已盡放;蔓珠莎華,枯乾髮上。花不再香,但美麗心中一再想」,才寫出這首作品。不過後來我聽說,原來「蔓珠莎華」也不是日文,而是梵文。

《蔓珠莎華》是日文歌改編。為原創歌及改編歌寫詞,創作過程會有什麼不同嗎?

寫原創歌比較容易,主要是跟作曲人溝通一下。但寫改編歌有時會面對一些特別要求,例如改編英文或日文歌,要保留原曲某一句歌詞。而且,有時候寫好詞,但最後唱片公司拿不到歌曲版權,我們就白做了。

《愛將》是廣東歌少有的反戰題材,當時為何有這構思?

以前也有這種題材的廣東歌,但在香港,可以突圍而出的反戰流行曲真是寥寥可數。我認為,《愛將》是寫反戰與和平的廣東歌裡面很有

代表性的一首。回看歷史，女性在戰爭時可以發揮男性沒有的特質，而可以扭轉世界局勢。而歌中女人可說是「為國捐軀」，為了世界和平而犧牲。

你為梅姐寫了二、三十首歌，最喜歡哪首？

很多首都喜歡。我在《淑女》寫一個不想當淑女的女人；《愛將》宣揚大愛，我特別喜歡；《蔓珠莎華》我也很喜歡。我寫的《蔓珠莎華》、《愛將》、《烈焰紅唇》及《淑女》連續四年成為全年十大中文金曲，我有幸為她寫了這些歌。另外，我很喜歡《不如不見》，她實在唱得很好，很有感情。這首歌雖然得過流行榜第一名，但應該有更好成績。

她演繹你哪首作品時的形象或舞台表演令你印象最深？

真的很難選。就算同一首歌，她每次演出都不一樣，例如她有個演唱會的《蔓珠莎華》是七、八分鐘的版本。她在舞台上重新剪輯及編排歌曲，看得出她每次都細緻思考及設計，這是她的演唱會很好看的原因。

Interview 06

一吻訂下師徒情

——彭敬慈

説梅艷芳重情重義的其中一個最好的證據，就是她對徒弟的提拔與照顧。從八十年代開始，直到她去世前的兩、三年，梅艷芳一直在收徒弟。在香港樂壇如此桃李滿門的歌手，絕對是鳳毛麟角。

彭敬慈是梅艷芳人生中的最後一個徒弟。一九九九年，他受邀參與她的演唱會，跟她又跳又演，而且在台上深深一吻。這最後的師徒情，就由這一吻而起。在 dancer 出身的彭敬慈眼中，阿梅的舞步比專業 dancer 更厲害。今天談起這位師父，除了她在舞台上的造詣令他深受啟發，他最記得的是她「珍惜眼前人」的人生態度。最好的師父教的，從來不只是技術。

你和阿梅的首次合作是在她一九九九年的演唱會，是什麼促成了你的參與？

阿梅在一九九九年開演唱會，想找個男 dancer，就找上了我。後來她跟我說，原來在這之前她看過許志安的演唱會，在那演唱會中有一 part 舞蹈，我穿上四吋高跟鞋和窄身短褲，赤裸上身。這個畫面，很接近她當時正構思的演唱會的場面，她有一 part 舞想要找個高大的男仔跟她單獨跳舞。因為這個緣份，我就跟她認識了。

那次演出很受注目呢。

是啊。那一 part 是有一大段 medley，主要是我跟她跳，而且還要演戲。做完演唱會後，傳媒的報道很誇張，其實我跟梅姐是要演一段戲，還要在台上接吻，傳媒就講到好激。

那是香港觀眾第一次認識你嗎？

對。那是第一次看到自己的名字在報紙上出現。其實參與她這個演唱會時，她還沒有說要收我做徒弟的。演唱會完成之後，短時間內再加場，又要再做。因為突然有位排舞師退出了，另外找了人代替，所以在舞蹈編排上有點轉變，也有部份要重新排過。做完這個演唱會後，她就收我做徒弟，她也覺得我唱歌 ok。

一開始時她不知道你也會唱歌的？

不知道的。那時她只知道我是一個舞蹈員。因為那次合作，我們時常見面。完成演唱會，她又請我們一班 dancers 到她家吃飯。她對工作人員很好。

你首次跟阿梅合作，而且又跳又演，當時的感覺怎樣？

最初，我們是在排舞室討論怎樣把故事呈現出來。剛剛說到，有一 part 我們要接吻，但試戲時未有真正吻下去，到了正式演出的前幾天，

我跟她要完整的排練整個部份，我就吻了她。然後她就笑著說：「嘩！你個嘅仔，我無諗過你咁夠膽錫埋㗎喍喎！」跟她合作的感覺很好，沒有不愉快事，工作氣氛亦很好，因為她有時候很搞笑的。

梅姐在什麼時候正式收你為徒的？

大約是在快到二千年的時候。我從沒想過拜她為師的，自己是什麼新鮮蘿蔔皮拜梅姐為師？真的從來沒想過呢。有一次她問我：「鍾唔鍾意、想唔想唱歌呀？」我回答說：「唱歌我都有興趣㗎！」她就說：「好啦！收你做徒弟啦！」當時情況就是這樣的，不是用很嚴肅的方式去說。可能在我們不太熟絡的時候，我在她面前不敢出聲，只有熟絡的朋友才見到我真實的一面，她應該知道我性格比較內斂，所以就用輕鬆的方式提出收徒的事。我當時非常愕然，一開始時以為她說笑而已，後來知道是真的，都不懂得興奮，反而還在疑惑：到底這是否真的呢？

舞台力量

阿梅一直都很想做 musical，因此把一些 musical 的元素加進九九年那次演唱會嗎？

是的。她想做一個類似 musical 的演唱會，不過，最似 musical 的演唱會其實是她二〇〇二年的《極夢幻演唱會》。一九九九年那次，她有心作嘗試，但始終當時觀眾可能比較難一下子接受整個 musical 類型的演唱會，所以才加插了有我參與的部份。阿梅的舞步，其實不是排舞老師排的。排舞老師通常幫她排一些快歌勁舞，慢舞全部都是她自己發揮的。那些舞步全部都是她自己創作的，和其他 dancer 跳的不一樣，所以我才如此尊敬她。我覺得自己最強的是跳舞，但我在台上感受到她的力量是比我們 professional 的 dancer 還要強。

你參加她一九九九年及二〇〇二年兩個演唱會，都是快歌有排舞老師排，

慢歌就是自己發揮？

大概的走位是排舞老師排的，但在演出過程中，我只是走過去而已，但她會用舞步去呈現出來。

作為 dancer 跟她近距離共舞，你怎樣看在舞台上的她？

她的音樂感真的很厲害，她用身體把音樂呈現出來。我們 dancer 只著重拍子，盡量做到動作整齊，但她是用整個身體去感應音樂，然後用她的身體告訴你那些樂器，那個 rhythm。她是用舞步去把音樂跳出來，而我們就只是把舞蹈跳出來。

在你成為 dancer 之前，有沒有留意梅姐的舞台演出？

我小時候已聽她的歌，第一首是《似水流年》，而且覺得她的百變造型很厲害。我本來比較少看她的電影，但認識她以後，就去找她的電影來看。在音樂及演戲兩方面，我都覺得她很厲害。

後來，你也參與她的巡迴演唱會，這過程中有沒有難忘事？

有一件事我印象很深。我和她相處時間只有不足四年，那段時間不停跟她走埠做演唱會。我曾經在後台看到她病了，綵排過程都是有人扶著她的，她亦盡量不會動太多，只是會試試聲。到正式演出，她上台都要人扶著，但是當她踏上舞台，就完全變了另一個人。她是靠意志去完成整個演唱會的。做一個演唱會其實是很累的，我們 dancer 只是跳舞，但她又唱又跳，需要很多體力。但是，她可以完全不讓你看到她生病，這令我很佩服她。

這種情況經常發生嗎？

一般人可能兩三個月病一次，她可能會多一些吧，但不算特別嚴重。有可能是因我們走埠，要坐長途飛機，有時到了目的地又是冬天，氣

候也有很大影響。我都是在外地看到她生病,在香港沒有這情況。

在你們合作那幾年,梅姐的身體是否很差?

沒有的。其實她患重病這件事,我到了很後期才知道,大概在她離開前半年左右吧。在這之前,完全不覺得她有什麼問題,很少見到她虛弱的情況。

梅姐曾在訪問提到,二〇〇二年開《極夢幻演唱會》時,她的身體不太舒服。

我不覺得呢,她當時的狀態還好,完全沒有事。「極夢幻演唱會」其實比九九年的演唱會更吃力,那個舞台又大,走位又多,跳舞的部份亦很多,非常吃力。那時我不知道她有病,亦不覺得她生病。

你在《極夢幻演唱會》已是第二次與她合作,你覺得和一九九九年那次演唱會的經驗有什麼不同?

一九九九年是第一次合作,當時我好驚。第一,我未跟她合作過,而她又是天王巨星;第二,我要在台上和她接吻,所以好驚,整個過程我不太敢出聲。到了《極夢幻演唱會》,我跟她已熟絡了,而且我還做了她的徒弟,只要她站在我身邊,我整個人都會覺得強起來。還有,大家在台上更有默契。她跟草蜢,特別是跟哥哥(張國榮),在台上非常有默契。我也是看他們演出,從中學習。那一次的合作很開心,很有團隊的感覺,草蜢、我、阿詩(何韻詩)都有參與,許志安亦有來。

是否很有大家庭的感覺?

是呀!很開心的,哈哈!有時去梅姐家吃飯,草蜢會親自下廚,那段時間真的很開心。

那幾年,有香港演唱會,又有海外巡迴,是很緊密的合作吧?

是的，很緊密。在走埠的時候，我還有機會在台上唱一首歌，唱完之後，她就會向觀眾介紹說「這位是我徒弟」。在台上跟她合唱或獨唱，這些機會讓我慢慢學習，吸收她的功力。

你在一張向梅姐致敬的大碟中，翻唱了《是這樣的》。

這歌是蔡一智監製的，但在走埠時還沒有唱這首歌，我主要唱一些國語歌，還有一群人合唱她的 medley，就是 encore 部份，和阿詩、草蜢他們一起合唱。

演藝路上提攜協助

梅姐在私底下是怎樣的一個人？

工作以外，她很照顧身邊朋友。那時走埠，我們都會提早到目的地，在當地逛街吃飯，梅姐都會跟我們一起出去玩，然後她會安排晚餐。我記得有一次我們去拉斯維加斯，她請我們所有 dancers 去看一個 show。我們都很想看那個 show，而且價錢不便宜，那個 show 是《O》。我們一群 dancers 和草蜢一起去。

你拍過不少電影，而梅姐在演戲方面亦很成功，她有沒有向你教路？

電影演出方面倒沒有，她會讓我自己去摸索。她在音樂上會教我，演戲方面，她會到現場看我演得怎樣，尤其是我拍第一、二部電影時，她會到現場探班。她常常叫我：「睇多啲戲啦！睇多啲戲啦！」

她對你的演技沒有特別提點？

也不是沒有提點，她是會讓你慢慢去摸索自己的戲路。她不會正面跟你說應該要怎樣演。她知道我要演某些角色或某類電影時，就會介紹一些相關電影給我看，我會 feel 到的，可能這就是默契吧！就好像她

和草蜢和許志在台上的默契，大家不必明言，但會明白對方。她就是用這種方式去教我。

梅姐的其他徒弟也曾談到，她不會叫你怎樣去做，而是讓你們發揮，從旁給予意見。這似乎是她和徒弟的相處方式？

我想是的，這是慢慢自然地建立出來的。所以我說我們好像一個大家庭，我們時常都見面，有些什麼活動都一齊出席，大家漸漸形成默契。

所以她在音樂上給你的意見會較清晰？

當時我簽了她的公司，在音樂上的路線要怎樣走，她有她的方向。她在音樂方面給我感覺是，相信她，跟著她的路向去行就對了！不過，她原本計劃是讓我主要發展音樂的，但當時唱片市道已經不好，而我剛好又有兩部電影要拍，一拍就拍到現在。在電影和音樂兩方面，她給我不同的引導方式。

那當時她是否直接幫你接 job 的？

是呀！有時她跟公司 Mui Music 的工作人員出外吃飯，剛巧碰到一些導演，她就會 hard sell，問那些導演「有無戲開呀？可以給我徒弟一個角色做嗎？」這些情況一定會有，很多人都會給她面子的。

你演過不少角色，有些比較 cool，有些比較怕羞。梅姐也是個多變的演員，你有沒有從中參考？你本身喜歡看她演戲嗎？

我當然喜歡她的電影，她可以演的角色很多，看她如何處理不同的角色，自己的演技也有得著。但學習之餘，也要有實踐才會知道自己的能力。至於我，當時還是新人，而且是跳舞出身，在演戲方面更是新手，還有樣貌問題，哈哈！

輕鬆交代病情

剛剛你提到，你是在她去世前半年知道她的病情，其實算是比較早知道的朋友吧？

她九月開記招宣佈病情時，我正在內地拍戲，但是大概在六、七月，她就通知身邊的徒弟及重要朋友。她叫我們去她家，告訴我們她患病這件事。她也不是一次過通知所有人的，是慢慢告知重要的朋友、身邊的親人。當時她雖然有病，但並不是去到要臥床的狀態。

她親口告訴我她病了，總是很輕鬆地說，沒事的，不必擔心。她會將氣氛緩和下來，其實大家都知道事情的嚴重性，也知道她說話是安慰我們，那我們也不要愁眉苦臉的對著她，其實大家心裡都明白。

你是什麼時候知道她的病情已經去到很嚴重的程度呢？

是在她最後那個演唱會。當時我的感覺是……她要做她的最後一個演唱會了。當時大家都問過她，以她的身體狀態，真的要做嗎？接著她又去日本拍一個廣告，可能因為突然遇到寒冷天氣，身體更傷吧！

那次演唱會中，有沒有機會看到台下的她是怎樣的？

其實我是最後一場才回來的。我當時在外地拍戲，尾場才趕回來，但我知道很多台上的朋友基本上每場都有到場。我記得，當時大家都等她從台上下來就扶著她。你也聽到她當時咬字已經不太清楚了，我也不知道是因藥物反應還是病情嚴重所致。大家都知道她的病嚴重，一直在後台護著她。做一個演唱會，又要換衫，又要上落台，其實台底是一個非常危險的地方，環境狹窄，又多柱，有時連站的地方都沒有，而且隨時會碰到頭的，所以當時大家都在護著她，一直傍著她。

她去世之前，你在醫院見到她是否已昏迷，還是有意識？

她是睜開眼的，是有反應的，但是沒有說話，是我們在她身旁對她說話而已。

最後一晚的情境是怎麼樣的呢？

最後那晚我們都在，而之前一兩天都陸續有朋友探望她，我們一群人都在那裡等消息。我忘了在多久之前，我們已經知道她快要離開的消息，所以我們都在等。沒辦法，我們做不到什麼，大家都在 stand by，在醫院陪著她。

當晚有很多人在醫院？

當然是很多人，但我們不能影響醫院的正常運作，所以一直都在安排人去見她，不能一次過太多人在裡面。人太多時，我們部份人會先行離開醫院，待一些人走後，我們再回去，待在她身邊。

留下的「珍惜眼前人」

在她臨走之前，有沒有跟你說什麼？

在臨走前那刻沒有，她已不能說話了。但在之前，她就叫我要俾心機工作，可能她知道我性格在娛樂圈裡會吃虧，所以她就叫我不要那麼牛脾氣，不要懶惰，要堅持，還有要珍惜眼前人。

梅姐在你人生中留下了什麼？

因為一個演唱會的機緣，她簡直改變了我的人生。我從沒想過自己會成為藝人，有機會拍戲、唱歌，那時我只喜歡跳舞。她對我的教誨也很重要，還有她做人處事的方式、敬業樂業的態度、對身邊的人的愛護。所以她說的「珍惜眼前人」，對我來說是很深刻的，她將「珍惜眼前人」這個訊息宣揚開去。因為有緣，大家才會遇到，既然有緣，

為何不去珍惜呢？這可能是跟她的經歷有關吧，她常把「珍惜眼前人」掛在口邊的。

所以這句說話不是在她去世前才說的？

不是的。她平時很多時候都這樣說的，有時未必是說「珍惜眼前人」這幾個字，但意思是一樣的。記得有一次，我和家人之間因某些事情弄得不太愉快，我對家人有些忿憎，她就很認真地跟我說：「珍惜眼前人！要珍惜你的家人呀！」

你和她私下都有傾心事的？

我個性比較內斂，很少主動傾心事，但她會看得出我不對勁，會主動問我。舉個例子：她看見我有點不開心，她會說：「你有啲嘢喎。」就好像朋友傾談一樣。為什麼我覺得她好像常把「珍惜眼前人」這句說話掛在口邊呢？是因為她對每個人都好，這就是她的態度。

百變梅艷芳一九九九演唱會

Interview 07

150% 的賣力演出
──鄭丹瑞

鄭丹瑞，暱稱阿旦，遊走於幕前幕後，是著名 DJ、主持人、電台總監、電影監製、導演、編劇、演員。早年擔任《勁歌金曲》主持，令他與梅艷芳結緣；合作電影《亂世兒女》（1990），讓他了解梅艷芳的感情世界。他眼中的阿梅無論在銀幕上或私底下，都是一個真性情的人，而且總是交出 150% 的努力去演出。

事隔多年之後重遇，他看到梅艷芳思量如何培育新人，為整個香港樂壇費神。「梅艷芳是天掉下來送給香港演藝圈的一件寶物。」阿旦這樣説。

你很早就在電台工作，見過不少歌星，你是什麼時候開始留意梅艷芳的？對她印象如何？

當年看新秀歌唱大賽，我作為觀眾，第一個反應就是：「嘩！呢個咩人嚟㗎？」因為她一出來，已給我一個印象——專業。令我驚訝的是，巨星如張學友、張國榮及譚詠麟等，初入行都有一段青澀期，但阿梅卻沒有，她一出來已是如此，是個巨星，真的是眾裡尋她千百度。她一出道，根本沒有所謂的適應期，沒有被人質疑過她的實力。我覺得這是香港樂壇百年一遇的巨星，她從一出道，到她最輝煌的時候，至她離開，留下了的回憶全是美好的。

當年阿梅是《勁歌金曲》常客，你們接觸的機會應該不少吧？

是的。跟阿梅合作的過程中，有兩次是我印象很深刻的，一次是電視，一次是電影。當時我主持《勁歌金曲》，有一次，阿梅去馬爾代夫拍一個音樂特輯，我亦有同行，心情十分興奮。阿梅那時已是巨星，能夠跟她一起去拍攝我非常開心。拍攝期間，每天太陽都很猛烈，而我們每天從早到晚都要拍，還要泡水。因為那是她的電視音樂特輯，所以她全程都很忙，很累很辛苦，而我就只需要偶爾拍一個 take，然後阿梅就開始拍個不停。

每天完成工作，吃完飯之後，大家就會去的士高玩。令人驚訝的是阿梅工作了一整天，竟然還有精力跳舞！原來對她來說，這是發洩及放鬆的方法，有別於一般人累了就去睡。我雖然不會跳舞，但亦不禁驚歎。她每天晚上都這樣，也不喝酒，就是喜歡跳舞，真的是 work hard，play hard。阿梅工作時一絲不苟，玩耍時亦十分盡情，這樣才不浪費那一整天。這是我第一次與阿梅如此接近。

休息室的秘密對話

後來你們在電影方面也有合作，有沒有對她有更深認識？

跟阿梅真正有傾談的機會，其實是合作電影《亂世兒女》的時候。有一次要拍通宵戲，也是最後一場戲，大部份工作人員及演員都有出席。當晚拍的是打鬥戲，又要飛來飛去，而我們就留在休息室等出場。初時十分熱鬧，但到後來所有人都被叫出去了，只剩下我跟阿梅在裡面。本來我當時已很累，但跟阿梅獨處的機會難得，我們就漸漸打開話匣子。

當時，我不知道從什麼話題開始，令阿梅將她一生的愛情故事講出來。我聽著十分感動，因為當時我們並不熟絡，但她仍很誠懇地將她的愛情故事跟我分享，她當時甚至講到眼泛淚光。我覺得她很想找機會將一些在心內藏了很久的事情跟朋友傾訴，而我亦很感激她跟我分享。我從來沒有跟任何人提起此事，包括我太太，這是我與她之間的一個秘密。至少，這讓我知道，在阿梅眼中鄭丹瑞是一個可以信任的人。那天晚上其實有點奇怪，外面很嘈吵，顯然大家都很忙，卻沒有一個人進來過，我們傾談長達一小時，令我有機會了解阿梅的感情世界。這是我與阿梅之間的一份友誼，一直以來，我都對她存著一份尊敬。

跟阿梅合作，你覺得她的演技如何？後來你們似乎再沒合作了？

阿梅擔任電影女主角的時候，我仍只是飾演小角色，所以很難評價她。不過，我倒是有個遺憾。當年開拍《小男人周記》（1989）時，本來是想找阿梅擔演其中一個角色。本來戲中已有飾演我太太的鄭裕玲，再加上鍾楚紅及李美鳳，於是，我跟導演陳嘉上商量時便提到，如果再加上梅艷芳就真是天下無敵了！後來，我們就真的去找嘉禾。但最後，不知是當時阿梅沒時間還是什麼原因，這個提議沒能實現。我是有點遺憾，沒能跟阿梅演對手戲。

阿梅可以演任何角色，不論是憂怨的、硬朗的還是幽默的，沒有什麼角色是她演不到的。而鏡頭前後的她並沒有太大的分別。她為什麼是個傳奇？是因為她沒有掩飾自己的真性情、愛與恨。她將這種感情帶到電影中，於是角色中便有了她的感情、她的特色。

優點和缺點：太真

阿梅在私底下也用這種真性情待人嗎？

阿梅的優點和缺點一樣，就是太真。有人會利用她的真去傷害她，因為她太容易相信人。就以《亂世兒女》那一次為例，她覺得我是可以信任的，於是就將心事告訴我。但假如我立心不良，我大可以將那些事告知報館，從中得利，那些事亦會成為頭條新聞。

你跟阿梅合作有領教過她的遲到習慣嗎？

我有一次等了她三個小時，哈哈。但其實這些都是意料中事，大家都習慣了。我們都會先去做一些別的事，等她到了便埋位。有時，阿梅遲到幾個小時，導演或工作人員生氣也是理所當然的，但大家似乎都順著她，不太會生氣，這到底是為什麼呢？人總有缺點吧！不可能這麼完美，又準時，唱歌好，演戲又好。當大家都習慣了，就有方法應對。假設約了她三點，大家就在三點開一個會，四點拍一些別的東西，然後五點半她差不多到了，到時候大家亦已做好自己要做的事了。等她這麼久，為什麼大家都不會翻臉？答案很簡單，因為大家都疼她，罵不出口。

後來你也轉到幕後工作了，跟阿梅仍有接觸嗎？她自組唱片公司時，你是商台高層，跟她在音樂上有交流嗎？

離開《勁歌金曲》後，我已開始和樂壇有點脫節，到了九十年代我

又移了民，之後回流在商台工作，有不少年輕的同事在前線幫忙，跟阿梅接觸的機會便很少了。不過有一次，阿梅自己開唱片公司 Mui Music，她來商台做訪問，我便去跟她打招呼。阿梅興奮地將她的計劃告訴我，她是一開口就停不了的，我們談了很久。她告訴我她很多想法。當時我很驚歎，因為阿梅其實早已可以收山上岸，她卻想捧紅一些有潛質的新人，照顧一些後輩，例如她的徒弟何韻詩。她想有系統地製作音樂捧新人，就開了 Mui Music。

另外，很多人搞唱片公司都有大老闆支持，但阿梅卻是自發。我記得阿梅跟我說，她看到香港樂壇已開始走下坡，所以她想捧一些新人，因為樂壇需要新力量。阿梅很難得，她早年一直為自己的演藝事業奮鬥，後來她卻努力提攜後進。當時我跟她說，這樣做真的不容易，因為她要做的是唱片公司總監及經理人的工作，而她本身是個巨星，必須調整自己的位置與心態。不過，我仍覺得她是可以勝任的，只是需要有些工作人員從旁協助。其實，就算不談唱歌，我們仍可學習她的為人，以及她做事的態度。而那一次，亦是我們最後一次面對面傾談了。

阿梅留在你心中的是什麼？你覺得她在香港演藝界的成就如何？

阿梅是我一直很尊敬的藝人，而這一份尊重是因為她的為人，她在我心目中是一個典範。看她最後一個演唱會的影碟時，我很心痛。她當時已時日無多，但仍然非常用心去表演。她付出的，不只是100%，而是150%。我後來才明白，為何當時她唱歌時有些地方會喘氣，會如此吃力及辛苦……

梅艷芳是天掉下來送給香港演藝圈的一件寶物，而且時間也很對，八、九十年代是香港樂壇最輝煌的時間，甚至可以說，她是把香港樂壇及影壇推到最高峰的其中一人，成為了一個傳奇。她不但影響了香港，更影響了整個東南亞，她真的是一個奇跡。阿梅享受她每一次的演出，

她天生就流著表演的血，每一次要演出的時候，她就似被上身一般。現在的香港，再也找不到這樣的人了，就連有阿梅十分之一功力的人也找不到。有三句說話是很適合形容阿梅的，「Work like you don't need the money. Love like you've never been hurt and dance like no-one is watching.」就是她對她的演藝事業的態度。

Interview 08

可一不可再的經典
——溫應鴻

梅艷芳去世前的最後一次演唱會，叫人津津樂道。然而，她的最後一張唱片也甚具意義。為紀念入行二十周年，梅艷芳邀來張國榮、張學友、林憶蓮、王菲、鄭秀文、譚詠麟、劉德華、許志安、陳慧琳及蘇永康十位歌手跟她合唱，造就了這張香港流行音樂史上只此一張的唱片。巨星好友傾巢而出，是阿梅有情有義的實證。《芳華絕代》「天姿國色，不可一世」的氣焰，在阿梅和哥哥的合作之下，更成為經典。

這張唱片由音樂人溫應鴻監製，他也是《芳華絕代》的作曲人。十多年後回首這張可一不可再的唱片，他說：「如果我現在就死，這就是我最滿意的唱片了，再沒有其他歌手可以給我這麼大的衝擊。」

最初接到《With》這個陣容鼎盛的計劃，有壓力嗎？

雖然大家沒有給我什麼壓力，但我告訴自己要做好這件事。當有困難的時候，就告訴自己：真是開心啦，有這麼多天皇巨星參與這張唱片，我們怎樣都要使出渾身解數。渾身解數不是說這張唱片有多花俏，而是要多花心思，去保護我們的歌手。這些歌手都各有歌路、音調、節奏，當大家都交出最好的一面，歌曲肯定超過一百分。說到《芳華絕代》，因為我知道我會有梅姐及哥哥，這首歌一定好勁的！巨星都在我手上，這樣還不勁？

可否談談這次合作的機緣？

譚國政是我的師兄，當時我們經常合力創作快歌。有一天他跟我說：我有個 project，應該很難做的。我估計是草蜢聯絡譚國政，可能是當時他剛好很忙，於是就找了我。對我來說，製作這張唱片是我唱片生涯的一個重要部份。我做唱片的主要原因是想透過音樂來得到我想要的喜悅感。是喜悅感而不是優越感。於是，我就是這樣接了這個 project 來做。

接這個計劃之前，你對梅艷芳的音樂有什麼印象？

接到這個 project 之後，我就再次重複聽她的《將冰山劈開》、《夢伴》、《放開你的頭腦》等歌曲，還有《赤的疑惑》、《心債》等等。多聽了之後，我就有一個感覺了，如果梅艷芳再出唱片，她的歌應該是好像《芳華絕代》這樣。如果再「兇狠」點，再推上一個層次的話，應該是跟現在還在出唱片的麥當娜差不多。當然，麥當娜的東西會去得更盡，但是梅姐的東西沒有這麼激進，沒有那麼硬朗，應該略帶一點溫柔。

是有剛有柔，有軟有硬嗎？

是的，但是又是偏硬的多一點，而硬的裡面又有溫柔。還有，她的音

樂應是高貴的，並帶有一點邪氣。在我的印象中，會有一些黑色指甲，嘴唇很紅，很辣的樣子，這樣就產生了《芳華絕代》。

用歌劇形式寫《芳華絕代》

這首歌是度身訂造的吧？

在想法上是這樣的。由於是梅姐跟張國榮合唱，在製作的過程中，我嘗試了歌劇的形式。你會發現《芳華絕代》並不是一般流行歌曲的結構，它比較像電影《情陷紅磨坊》（*Moulin Rouge*）這一類，男主角和女主角唱同一段音符，只是有些高低不同，有些變奏。因為他們要演戲，所以會有一些配曲。配曲就是說，我有對白要講，但是又不會直白地說出來，所以會加上這些配曲。我唱完，就輪到你唱，互相對答。如果你細聽《芳華絕代》就會發現，其實梅姐和哥哥是唱一樣的東西。但是，它的巧妙在於雖然是唱一樣的東西，但我不要讓你覺得是重複。

之後就是副歌的部份。副歌其實跟正歌一樣，只是它的變奏。整首歌並沒有超過三個和弦。這首歌，我用了很少的材料，作出很多的變化。這就是整首歌的構思，其實都挺簡單的，但簡單之中又很複雜。

這首歌似乎是有呼應到梅姐高峰期的一些快歌？

梅艷芳出唱片，其實你不會細心留意背後的創作人。從執行上來講，應該是以歌星的最好位置、最大利益為大前提，音樂是圍繞著歌星來做的。我不會把藝人推出去打前鋒，我會為她裝修好一間新屋，是我認為適合她的。在她安樂和舒服的同時，她還能夠展現出個人的色彩，或者說因為我的裝修技術，令她潛藏在內心的色彩都爆發出來。

《芳華絕代》這種曲風並不是當時流行的一種 melody，你是刻意逆流而上嗎？

它基本上不是一首流行歌，是一首歌劇。我的構思就是做一個簡短的歌劇，讓他們兩位來演，是一種舞台劇形式。這麼多年來，有一些歌手翻唱，網上也有人批評，說唱得不好。我覺得這不是那些歌手的問題，因為這首歌不是靠唱的，是靠演的。

梅艷芳同張國榮的 chemistry 令這首歌很有效果，這是否在你預計之中？

我做這首歌的時候，知道有兩張王牌在手。既然有這麼好的材料，我就要充份利用，把他們融合在一起。更有趣的地方是，梅姐的 key 很奇怪，不是女 key，而哥哥的 key 也不是男人 key。這首歌有點似海膽，在手上會很痛，但也很刺激，很過癮。

阿梅哥哥，怎可能不勁？

製作這首歌有壓力嗎？當時有沒有預計這首歌會變成經典？

當時是沒有想過的。但是，這首歌是梅艷芳跟張國榮合唱，怎麼可能不勁？一定是爆到癲的，冠軍啊！你給我一個梅艷芳，讓我來做音樂，如果有問題，我會成為千古罪人。

梅艷芳很喜歡 demo，所以我很快就開工做 demo 了。這時候，就開始有些壓力了。我想，他們唱這類電子音樂，好像有點不合適。有次哥哥跟我講，他不想要旋律很正常、節奏很普通的歌。他說，什麼都好，就是不要太平常。於是，我就構思了這首歌試試看，好似《情陷紅磨坊》、《歌聲魅影》（*The Phantom of the Opera*）。

是不是只有他們兩個人才撐得起這首歌？

不是其他人掌握不了，而是他們兩人是更合適的演繹者。因為張國榮、梅艷芳唱了很多年，所以，如果只是聽他們唱，未必非常有趣，但如果你讓我看他們在台上又演又唱，就很有趣了。

這首歌真的很適合舞台表演。是不是你在寫這首歌時，已經有一些畫面？

是的，就好像電影《情陷紅磨坊》：華麗的晚裝、誇張的造型，也許還有很多水晶。

這首歌的詞也很有趣，跟當時流行的歌詞很不同。你知道黃偉文會寫出「天姿國色，不可一世」這些詞嗎？

完全不知道，都是他自己寫的。收到了 Wyman 的歌詞後，我覺得很好，很有意思。歌詞中有影星，電影感很強，很特別。那時，這首歌還沒有砌音樂，在我看完歌詞之後才開始編曲。某程度上，我的編曲是根據 Wyman 的歌詞意境構思出來的。

你接手這個計劃時，是不是一開始就知道梅艷芳會與眾多巨星合唱？

是有人講過，但又沒有在開會時很認真地討論過。我只是知道最早確定的有張國榮。

除了《芳華絕代》，梅艷芳跟黃耀明合唱的《約會》也是你很滿意的一首歌是嗎？

黃耀明是很好的音樂人，真的很好！他會不斷唱不斷錄，直到有一刻說不行，就真的不行了。他也是很敬業的藝人。不只是歌星，而是音樂人。當我知道有一首歌是梅艷芳跟黃耀明合唱的時候，我就特意寫了這首歌。

阿梅憶蓮的華麗合作

要在同一張唱片為眾多歌手度身訂造寫歌，有什麼難度？

這麼大的一個 project，本來就是很難做，有這麼多歌星，涉及這麼多唱片公司。老實說，一開始我連有些歌手唱什麼 key 都不知道。那時，

很多事情不能在家裡做，一定要去錄音室做，體力上的支撐都不容易。有好幾個月，我都要日以繼夜這樣消耗體能。

梅姐跟林憶蓮翻唱的《兩個女人》是唱片中另一個驚喜。

這首是梅姐自己選的。最初聽這首歌，覺得有點老套，但細聽之下又覺得很特別。後來，我知道作曲人是大師級的鮑比達。鮑比達有幾十年的樂團經驗，他的風格是華麗的。我想，梅姐與林憶蓮都應該會喜歡這種風格。十幾年後再玩這首歌，應該有大樂隊伴奏。當時，彈琴的是杜自持，他是知名的監製與琴手，好厲害，他是有錢都未必請到的。杜自持為這首歌彈琴，可算神來之筆。結果，這首歌華麗到不得了，所有的元素都齊了。

這張唱片打破了很多唱片公司的界限，是香港樂壇團結另一種表現。

當時大家交出自己最強的東西，然後合力搞出一件很厲害的作品。雖然不知道結果是怎樣，但是很努力去做。

梅姐跟王菲合唱的《花生騷》很有意思。

這首歌裡，王菲很鬼馬，梅姐很正經，王菲很高音，梅姐很低音，有點風馬牛不相及。於是，我就把這首歌分開做編曲，再把兩個編曲合在一起，王菲一個音樂風格，梅姐一個音樂風格，是拆開了又再合起來，很好玩。所以，這首歌裡面其實有兩首歌。講編曲的話，整張唱片最厲害的就是《花生騷》，是我用了很多心思去做的。

你做這張唱片，似乎是投入了很多心血與情感？

如果我對我的歌曲、我的藝人沒有情感，我的音樂不會好到哪裡去。當創作變成流水作業，音樂也不會太好。做這張唱片，我投入了很多感情。現在我沒有那團火了，我也希望有更大的事情可以讓我醒過來，再做些事。其實，音樂同業們都要繼續努力，太流水作業就不好了。

最滿意的一張唱片

這算是你最滿意的一張唱片嗎？

如果我現在就死，這就是我最滿意的，也是我用最大力度去做的一張唱片。當時，我可以努力去做音樂，而不是周旋於「能不能做」我的音樂。以前，我考慮的是：這樣的音好不好？這樣轉音可不可以？節奏要快點還是慢點？但現在，我要考慮「這種歌詞會不會通過」這種應該是經理人考慮的事。

與梅艷芳合作過程中，對她的感覺如何？

隨和、客氣、專業。她是一個很專業的歌手，基本上她錄音跟唱現場是差不多的。她能夠給我很多時間去判斷歌曲的音樂感，我不必擔心她唱不唱得到，因為她是一定可以的。我不必擔心她會不會走音，會不會對這首歌不熟悉，會不會咬字不清。當我不必考慮這些的時候，我可以有更多時間和空間集中做好音樂。

你跟不少歌手合作過，梅艷芳有沒有什麼特別之處？

梅艷芳本身就跟其他人很不同。她的聲線好、專業性高。她的要求多，但我從不覺得她的要求很麻煩。在製作過程，有時我們也會忽略一些東西，但她卻不會忽略。她的要求，都是應該的、值得的。如果我達不到她的要求，我會覺得自己很不對。

作為監製，你對她的演繹有什麼評價？

我沒辦法評價。她出唱片多過我製作唱片，她開演唱會多過我監製演唱會，我怎麼評價？反而，是她可以教導我。比如她的細心、冷靜、有耐性、做好本分等。這些都不是她講給我聽的，而是我感受到的。她令我知道：要熱愛你的工作。

你怎麼看她的音樂歷程，以及她在香港樂壇的重要性？

我不太懂得評價。但我可以說，沒有了她，歌壇真的差了很多、弱了很多，少了一種巨星的風範與氣派，少了一種震撼力。我們不只失去了梅姐，還有哥哥、羅文。他們的離去，對香港歌壇來說都是重創。羅文去世前，我也做過他的監製，幫他做過《壞情人》。但這些巨星都去世了，對我打擊很大。難道我的音樂生涯就這樣畫上句號？我做音樂都是為了開心，是「不在乎天長地久，只在乎曾經擁有」的態度。但是，當梅姐這樣的巨星我都做過之後，我還應該做什麼呢？她去世之後，我再也沒有很努力去找一些計劃來做，因為再沒有什麼人可以給我如此大的衝擊。

有些東西，真的是一去不返了。當時，有人給我足夠的時間、金錢，以及最好的歌手去做這樣一張唱片，這在香港是很誇張的事，也不可能有很多像這樣的 project 出現。而我剛巧有機會參與，這對我的影響很深遠。做完這個 project 之後，過了十年，我到現在都沒有找到一個同等級數的唱片計劃，可以承接這個火力，讓我投入同等情緒去做。當時那種喜悅和刺激，以及我得到的支援，都很難再找到了。因此，我很懷念這張唱片。現在，做來做去都是那些東西了。

Part Two
戲裡芳華流傳

Interview

「電影是人生的縮影，

　是一個夢，

　現實生活做不到的，可以在電影中滿足。

　我是個喜歡做夢的人，

　所以我覺得電影很好玩。」

—— 二〇〇一年七月訪問

Interview 09

把百變帶進戲中
——關錦鵬

「如夢如幻月，若即若離花。」《胭脂扣》（ 1988 ）令梅艷芳得到多個影后獎座，
奠定了她演技派女星的地位。至於她跟張國榮纏綿纏繞的演出，亦為香港電影留下了
一幕幕經典。導演關錦鵬，自然功不可沒。

其後，關錦鵬為她創作《阮玲玉》（ 1992 ），她最後卻辭演了。再後來，關錦鵬又
為她度身訂造《逆光風》，又沒有拍成。種種遺憾與錯過，反而造就了《胭脂扣》的
獨一地位，成為香港電影中的經典。

除了這部傳奇的經典，對當事人來說更重要的是兩人建立的朋友關係，這份情誼延續
了十六年之久。關錦鵬甚至相信，在阿梅彌留之際，是等到他趕來見最後一面才安心
離去……

在《胭脂扣》之前，梅艷芳拍的多是喜劇，你為何會找她主演如花一角？

《胭脂扣》是我簽約嘉禾成為合約導演的第一部戲，導演本來是唐基明，但因為劇本前前後後寫了很多個版本，故延遲了很久，唐基明就退出了。嘉禾叫我接手執導這部戲，我就請邱剛健再寫劇本，一開始的卡士有梅艷芳、鄭少秋、劉德華、鍾楚紅，但因為籌備了太久，後來其他人都忙別的戲去了。

所以找阿梅演如花不是你的意思？

不是的，當時阿梅是嘉禾的合約演員，公司早就安排好了。拍《胭脂扣》前，我看過梅艷芳的戲也不多，因為要跟她合作，我就找《緣份》（1984）來看，我發現她的演出有種真摯，是如花這角色所需要的。我們第一次是約在酒店的咖啡廳見面，在場的還有邱剛健，我第一印象是覺得她長得不夠漂亮。但由於她是這部戲的必然女主角，我們後來就突出她的俗艷，而且把如花連繫她的性格——她的固執、倔強，而沒有把如花寫成一個千嬌百媚的女人。

這是阿梅第一部文藝愛情片，又要演三十年代的女人，她是如何上手的？

要她演一個三十年代的妓女，這跟她的背景差別很大，她需要時間摸索。最初一星期，她的演出有點誇張，姿態有點過火，我就叫她放慢節奏去演。她真的很厲害，很快就調整過來，投入了如花這角色。而且，她入戲很快。我很記得有一場戲，就是拍她跟十二少在房間燒籤文那場，她本來在講電話，我叫她埋位，她就掛掉電話走過來。就在她走過來那幾步的剎那間，她已經在入戲，一埋位已全然投入了。

阿梅是個執著地相信導演的演員，我們一起創造了如花這個角色。由於阿梅演如花不是我的安排，所以我跟她是一起去探索和發掘這個人物。

電影裡有哪些鏡頭與場景令你印象深刻？

這部電影有太多令人難忘的場面。電影一開始如花穿男裝唱南音，那場戲很好。十二少送床到倚紅樓那一場，梅艷芳看張國榮的眼神真是難以形容。她去觀音廟拜神那一場，她的眼神非常純淨。還有她來到現代尋找十二少的戲，演得非常悽怨，有一場講她在戲棚看表演，幻想台上的就是十二少，她演得很好。梅艷芳的演技很多變化，她把她的百變帶到電影中。

發掘文藝角色天分

如果沒有張國榮跟她演對手戲，效果會不會打折扣？

當然會不一樣。這部戲除了鄭少秋，也考慮過吳啟華，他同樣官仔骨骨，而且當時他在 TVB 拍過民初戲。梅艷芳則建議張國榮，因為她明白這部戲需要他，但哥哥當時是新藝城的合約演員，於是她就提議她去幫新藝城拍一部戲，把張國榮換過來拍嘉禾的戲。電影中的某些場面很親密，例如吸鴉片那場，哥哥揉搓她的胸，真的要很有默契才做得到。他們兩個好像兄弟姊妹，而我們三個人的默契亦不用多說的。

幕後有沒有什麼趣事？

當時我們在澳門拍妓院的戲，有一次，她前一晚有事回香港，第二天早上本來要回來拍戲，但我們從七點等到十一點都不見她，原來她前一晚喝醉了，上船又喝了杯奶茶，結果一直嘔吐。她很愛玩。我們拍完戲後，有時會喝酒猜拳，輸了會被打耳光。有一次，有個助手跟阿梅猜拳，結果我第二天發現他半邊臉的微絲血管破裂了，原來被阿梅打成那樣。

你曾透露，《胭脂扣》差一點被改得面目全非？

是的，《胭脂扣》是一個奇妙過程。這部戲一拍完，就送了去台灣參

加金馬獎。有一天，我有個做剪接的朋友跟我說嘉禾高層在剪我的戲。
我馬上去了剪接室，果然有個高層在剪，我當時還哭了，叫他不要剪。
公司更準備補戲，拍一些如花被道士收服，全身被分成十二塊的戲。
於是，我打給陳自強，跟他說，這部戲是你們找我來接手的，你們只
要動一格底片，就把我的名字除去吧。就在這個時候，金馬獎公佈提
名名單，《胭脂扣》得到幾個重要獎項的提名，公司就 hold 住不補戲，
想先看看結果。結果，這部戲得到幾個大獎，阿梅還當上影后。得獎
之後，電影在台灣試映，十分賣座。於是，才可以不補戲。

當時阿梅得獎在你意料之內嗎？阿梅在你面前有沒有很興奮？

其實在頒獎禮之前，有些消息已預計阿梅會得獎。出發去台灣前，劇
組已經在慶祝了，覺得她一定會贏。梅艷芳從不驕傲，亦不會假謙虛。
從拍片到提名，她一直為如花這個角色而驕傲，她真心喜歡這角色，
獎項反而是另一回事。阿梅跟《胭脂扣》的關係很特別，這部戲在事
業上幫了她一把，而她的演出亦幫了這部戲。

**當時，阿梅已唱了《壞女孩》、《妖女》這些流行曲，這部戲發掘了她
古典的一面。後來，她幾乎每次演唱會都有旗袍造型。**

舞台方面是阿梅的才能，跟我無關。不過，後來其他電影的確複製了
她的懷舊形象，但比較形式化。我最開心的是在《胭脂扣》之後的鐵
達時廣告用了阿梅的懷舊形象，而且拍得她很美。

沒有拍攝的電影

講到懷舊題材，阿梅辭演《阮玲玉》真的非常可惜。

拍完《胭脂扣》，阿梅又得金馬獎及金像獎影后，嘉禾就叫我再跟她
合作，我當然很樂意。我本來已看過阮玲玉的一兩部作品，後來香港

藝術中心辦阮玲玉電影回顧展，我更完整地看到她的電影，覺得她是個很厲害的演員，看完之後，我還買了她的攝影集。裡面有張她的遺照，是她出殯時所拍，拍了她的側面，我一看就說：好像梅艷芳！這張相片後來亦在《阮玲玉》最後一幕出現。

於是，我就找阿梅出來喝咖啡，把照片給她看，問她：「像你嗎？我們拍部關於阮玲玉的電影吧！」她很爽快地說：「好呀！多講一點阮玲玉的事給我聽吧。」她這個人很百無禁忌，然後我就給她很多資料。這部電影的原意，是想讓梅艷芳跟阮玲玉對話。這個構思真的令我很興奮！

後來她辭演了，你如何應對？這部戲如果由阿梅演，會有什麼不同？

這部戲在一九八九年準備開拍，但阿梅不願意上內地拍外景。我們為此談了很久，但她還是辭演了。我當時想：為什麼不是由梅艷芳來演？從一開始，整個劇本的發展都是圍繞著梅艷芳的。最初我們公佈關錦鵬跟梅艷芳再次合作，並由阿梅演阮玲玉，大家都拍手叫好，但宣佈改為張曼玉，大家都很質疑，張曼玉亦承受很大壓力，當然後來她演得很好。

這部戲如果由梅艷芳來演會是怎樣？我真的不知道。推掉《阮玲玉》時，她在歌唱方面的發展也有一點不順，但她是很有自信的人。她性格很倔強，很有承擔，辭演《阮玲玉》，她擔當得起。

她的辭演決定，有沒有影響你們的關係？

因為合作不成，我們的友情反而更穩固。拍《胭脂扣》時我們初相識，大家很想再合作，但可惜合作不成，之後我們成為更好的朋友，這不是功利的關係。我跟阿梅的感情建立在那個階段，真的很珍貴。如果沒《阮玲玉》那件事，我們的關係不一定可以這樣持續；她辭演，我尊重她，她亦理解我易角，然後變成更好的朋友。

其實阿梅推了不少戲，是嗎？

法國導演阿薩耶斯（Olivier Assayas）是我朋友，當時他拍《女飛賊再現江湖》（1996）第一個想找的人是梅艷芳。他看了《東方三俠》（1993），覺得阿梅適合演貓女。但因為阿梅怕講英文，就推了這部戲，我後來才介紹張曼玉給他認識。

後來你拍《人在紐約》（1989）等等的現代題材，為何不考慮找阿梅？

阿梅骨子裡其實並不是很 modern，如果把她放到現代紐約，她可能會無所適從。

這令我想起後來胎死腹中的《逆光風》，故事雖然在現代，但阿梅的角色是一個在歐洲與世隔絕的唐人街生活的女人。劇本中，還有一幕戲是她的角色龍二唱《胭脂扣》。

劇本中她是個與世隔絕的女人，生長在一個歐洲唐人街的黑社會家庭，她接手家族生意，也成了黑幫大姐，因此她可以保持她的生活，放縱自己。那角色很特別，她還是跛的。這個劇本，是我跟阿梅一起談出來的。裡面安排她唱《胭脂扣》，但她不是如花，她只是看過《胭脂扣》，代入了如花的角色，但她找不到人生中的十二少。整個故事是從張國榮的角色的角度去寫，因為他本身想做導演，所以劇本安排他是個導演，走進了梅艷芳的世界。

《逆光風》這劇本很有趣，阿梅要演的角色龍二更是非常特別，拍不成很可惜。這劇本你還會拍嗎？

不會了。這劇本我會收起來，還有另一部也是為張國榮、梅艷芳寫的《幸福摩天輪》也會永遠鎖在抽屜。沒有了他們，不可能拍了。

《逆光風》本來要去歐洲拍的，但後來因資金問題沒成事。其實，我也不確定這個劇本是不是很好，但因為沒拍成，《胭脂扣》才變了唯

一。這幾年，內地有人叫我排演《胭脂扣》舞台劇、重拍《胭脂扣》電影，我都拒絕了。我已離不開那個如花與十二少，不可能再拍第二個版本。

與梅艷芳的特殊關係

《阮玲玉》合作不成，《逆光風》拍不成，後來你跟阿梅的合作就只有《女人花》這首歌的 MV 了。MV 中你是否故意捕捉一個出鏡前有點落寞的阿梅？

《女人花》是關於感情的，所以我當時先跟阿梅談談愛情，那聊天的片段後來就放在 MV 的前後，而且不會突兀。拍這個 MV，我並沒有想太多，鏡頭是即興的；如果有太多預設，這就不是我跟阿梅的關係了。這就是導演及演員之間的默契，我們不介意聊天的內容被看見，那是很珍貴的。

其實，之所以有這樣的拍法，真要多得阿梅早上九點的電話。我時常凌晨三、四點上床睡覺，但早上八、九點就會接到阿梅的電話。這個時候的來電一定是她，她不是剛起床，而是還未睡。她會說：阿關，吵醒你嗎？然後我們一聊兩小時，什麼都講。例如計劃拍《阮玲玉》時，我們會討論阮玲玉的資料，我們也會講各自的感情事。我相信沒有其他導演收過她早上九點打來的電話。

我新屋入伙時，梅艷芳、劉嘉玲等人都有來，阿梅喝醉，還說以後多了個地方聚會，叫我家做「關吧」。

你跟其他演員有這種親密關係嗎？

沒有跟阿梅那麼深刻。我跟她都是自我沉溺的人，也享受這種沉溺，當全世界認為我們不對，我們會說：「那又如何？我喜歡！」我跟阿梅一樣，也不享受孤獨；我可以靜下來，但更多時候享受跟人相處。

她身邊永遠有一群朋友，她亦為家人付出很多。我跟她常常心照不宣，因為我們是同一類人。她貪玩不只是因為她愛玩，而是因為她寂寞。

你喜歡阿梅的哪些電影作品？

我喜歡《賭霸》（1991），她不介意扮醜，令人看到另一個梅艷芳，很有趣。至於《半生緣》（1997）是因為梅艷芳這個人的複雜性，而令人明白顧曼璐這個角色。我合作過的演員很多，但絕大部份都沒有再合作。但對阿梅，我不只一次想再合作，但結果成不了事，很遺憾。我相信如果有機會，一定會比《胭脂扣》更好。

是不是曾有人邀請你拍關於阿梅的電影？

她一去世，就有人請我拍她的傳記電影。我當時說不是時候，但其實只是藉口，我是不會拍的。以我跟她的感情，我很難拍，而且，也沒有人可以扮演梅艷芳。除非有個劇本是不需要有人扮梅艷芳，即是一部關於梅艷芳、但不會出現梅艷芳的電影。就像王穎導演拍過一部電影 *Chan Is Missing*（1982），那個 Chan 從頭到尾沒出現。

你有留意阿梅的歌曲及舞台演出嗎？

她的《似水流年》真的沒話說，她翻唱鄧麗君的《東山飄雨西山晴》亦很好。我對於她二〇〇二年的演唱會的最後一節印象很深，是一連串勁歌，她跟一群人跳舞，染了銀色頭髮滿場走，充滿 energy，非常厲害，真是經典。

她是獨一無二

她去世時，你在她身邊，是嗎？

她去世當晚，我是最後一個走進她病房的朋友，我相信她是要等到我

電影《胭脂扣》

來才走。當日，劉德華帶我進去，他提醒我控制情緒，他說我的哭叫會令她加倍痛苦。我進去之後不久，護士就說她走了。

那晚阿梅走了，我凌晨三點多回到家。我男友平常十一點多就會睡，但那晚他竟然等我門。我們什麼都沒說，我沒法入睡。我知道電視一定鋪天蓋地報道她的死訊，我就打開電視看。他把紙巾遞給我就進房，把空間留給我。

你在阿梅的喪禮中說，她的去世代表了一個時代的結束，當時被很多傳媒引用。

她的去世的確代表了一個時代的結束。梅艷芳是標誌性的，她去世後，我看不到後繼有人。如果今日有人拍紀錄片紀念梅艷芳，年輕人可能不能理解；應該告訴他們，香港在八十年代就有 Lady GaGa。不過，香港今日再出不了另一個梅艷芳是沒所謂的，沒有就沒有；如果今日再有，就不顯得梅艷芳可貴。我們不必去想為何今日沒有梅艷芳，梅艷芳是獨一無二的，以後最好再也不再有梅艷芳。

阿梅去世後，你在不同的訪問中都表達出對她的想念，令人很感動。

前兩年，我在蘇州成立工作室，開幕時，張叔平用了我的很多電影剪了四分鐘的片段，最後的一分半鐘，是《胭脂扣》中十二少把胭脂盒送給如花那整場戲。他們整我！看完我哭了。那一天在蘇州的這一幕很震撼，連主持人上台時眼睛都濕了。

你覺得香港人應怎樣對待梅艷芳這個 legacy？

梅艷芳是一個傳奇，一定要流傳下去。不過，她成長於六十年代的香港，現在的年輕人或許很難明白那代人的價值觀。如果我們再講阿梅如何刻苦，對現在的人是沒意義的，這些事是要有經歷過艱苦的一代人才會明白。所以，換一個角度，梅艷芳被傳頌的應該是她的 glamor

（魅力）。如果把梅艷芳的人生分開走紅前後兩個階段，前面刻苦的部份要講，走紅後的階段亦很重要。我們要強調，她是當年的 Lady GaGa，香港有個梅艷芳在八、九十年代已經做了 Lady GaGa 的事情，當時已經那麼前衛了。

Interview 10

一出場便有戲
——許鞍華

許鞍華，縱橫影壇數十年的香港首席女導演，她的電影常把女演員送上頒獎台。她跟梅艷芳的合作雖然僅有兩次，卻都是讓觀眾留下印象的作品：《半生緣》（1997）中的阿梅飾演張愛玲筆下的風塵女子顧曼璐，得到香港電影金像獎的最佳女配角；《男人四十》（2002）中的阿梅飾演一個平凡師奶陳文靖，得到長春影展及華語電影傳媒大獎的最佳女主角。

兩個梅艷芳，一個濃妝艷抹歷盡滄桑，一個淡掃蛾眉洗盡鉛華，在許鞍華的鏡頭下同樣精彩。許鞍華眼中的阿梅是個天生的好演員，在她合作過的女星中，只有蕭芳芳可以匹敵。

你跟阿梅在她最活躍的八十年代沒有合作，反而到了九十年代中期之後才碰頭。在合作之前，她在你心目中是一個怎樣的藝人？

之前不可能不知道她的存在，她的演唱會很轟動，而且那些海報往往都很震撼。後來，到了阿關（關錦鵬）拍《胭脂扣》（1988），那部戲很好看，拍攝時我有去過探班。我拍完《書劍恩仇錄》（1987）之後，他們就開始拍了。那一次探班我見到阿梅，她很斯文地坐在那裡，但沒跟她聊天，只是相對笑了一笑。她的歌我當然有聽過，因為她唱了很多電影主題曲，例如《似水流年》，印象非常深刻。

當時有沒有留意她在電影方面的表現？你對《胭脂扣》的感覺如何？

我覺得《胭脂扣》很好看，她亦演得很好。之後，我的戲沒有適合她的角色，而從一九八九年到九四年我自己都沒有什麼戲拍，更別說找她合作了。到了一九九七年我開拍《半生緣》，突然之間忽發奇想：「如果找到梅艷芳演曼璐就好啦！」其實這想法很瘋狂，因為我們預算不高，但是，我們還是試著找她，而投資方聽到這想法亦很興奮。於是，我就自己打電話找她，但她經理人說她剛好在趕拍《金枝玉葉2》，很忙很忙。終於有一天她經理人說可以在某外景場地找她，我就去了。

去到之後，阿梅跟張國榮在化妝及聊天，我就跟她講想邀請她演曼璐，她不置可否，反而張國榮在旁邊很大聲的說：「那誰演沈世鈞啊？」我說：「黎明。」之後又繼續問誰演顧曼楨及祝鴻才。突然，有副導演進來說陳可辛導演想我客串空姐，我還說：「有這麼老的空姐嗎？」最後就這樣莫名其妙地幫他們拍了一場戲。

因此，我亦無緣無故變成了當晚的演員，而阿梅就進進出出地拍戲，偶爾跟我笑一下，但始終沒有坐下來細談。不過，她拍完戲收工臨走時，過來跟我說：「我走了，不用擔心，我一定拍。」後來她就自己跟公司講，合約也很順利，她說演就演了。

走起路來，滿身是戲

她知道自己是女配角嗎？

她知道的。當時張國榮還說：「跟葛優演對手戲？葛優很好啊！」那時葛優剛剛得到康城影帝。其實，我覺得她是有點委屈的，她主要是來幫忙。她那時候才三十幾歲，本來也可以演曼楨，結果是讓她演曼璐，但她的態度還是很好。到了電影開拍時，她演的第一場戲是她走過去撥了一下妹妹的髮梢。當時我們每個人都很興奮，因為她一出場，連走路都走得比別人好，令人印象很深刻。她一進來的那場戲就演得很足，之後那場，她一邊吃麵包一邊跟她媽媽講話，口水不能沾到麵包上，她那場戲演得完全和小說的描述一模一樣。總之，她一來，工作人員的士氣就很高。

是不是不需要綵排？

這是我跟她的第一場合作，我馬上就知道她是個不一樣的女演員，她的領悟能力和入戲能力真是厲害。而且，她不需要坐在那裡下苦功或培養情緒，一開機就做到。之後又有一場戲，是她跟葛優一起演的，那場戲最後好像被剪走了。我事前跟她說：「你不要演到好像你跟他吵架，應該是抽離地諷刺他。」她就說：「我盡量演。」然後，她真的演出來了。當時我就明白，她是那種你不用跟她講細節，你只要跟她講很抽象的東西，她就可以做到。

你說她一進來就彷彿有股氣場，帶了曼璐進來，可否多談談當時的情況？

她很懂得掌握 body language，一穿上戲服就會入戲，也很上妝，能跟妝容融為一體。但是那時候，你知道的，她早上起不了床。有一次，她給劇組的檔期快要完了，我們就等她演一場戲。本來那場戲上午十點左右開始要拍，但是我們等了又等，結果她下午兩點鐘才來，那時

工作人員都睡在地上了，但是我們全部不敢生氣。我就問她為什麼會遲到，她說前一晚吃了安眠藥，藥力未過。雖然她遲到了，但她一來到現場，所有人都很關心她，而且很順利就拍完了。

後來，我在聊天時跟她講：「你是不是吃安眠藥很久了？」她說：「是呀，沒辦法。因為之前搞演唱會很忙，不吃安眠藥就睡不著，但是，有時如果吃得太多，第二天就起不來了。我也知道這個習慣會出大麻煩的，我回去一定會調養好身體再工作。」那時候，我猜她的身體不是很好，她的失眠是慢性的，她自己也意識到。但是她一直要工作，導致身體越來越不好。

你曾提到她演《半生緣》時，在開機前要臥床，就是類似這種情況嗎？

就是剛剛講到的那場。那天她來了，有人扶她上樓，我猜她在天亮時才吃了藥，到現場還是頭暈暈的，不過她還是來拍戲。她有那種魅力與風範，每個人都心甘情願等她。

對於如何演繹曼璐這角色，你們有很多討論嗎？

沒有。當時我知道她很忙，而且身體不好，所以我沒有時常找她討論戲。我們長話短說，她又這麼爽快，說行就是行，不行就是不行。我相信她答應的就一定會做好，不會有變動。不是人人都這樣的，這真的很難得，她要信得過你才行，你也要知道她信你，因為很多演員不是很相信導演的。有時候女演員會問，為什麼不拍她的手？類似的問題，阿梅是絕對不會問的，她交給你就是交給你。而且，我覺得她不只對我這樣，她對任何人都是很信任的。

拍戲時，你們的溝通是怎樣的？有什麼難忘事嗎？

她沒什麼廢話，如果演得不好就會重新來過。其實，我也沒讓她嘗試別的演法，因為她的演技真是無話可說。

過了這麼久，我也不怕跟你們講。拍這部戲期間有過兵變，有一半的工作人員都很恨我，幾乎是眾叛親離，我到現在都不知道是怎麼回事。你都知道我對人不差，但可能因為當時真的不夠錢，他們都說我做導演沒要求，但原因是根本沒錢。我跟他們講了很多次，他們不信。十幾天之後換了人，就比較天下太平了。就在當時，阿梅突然對我說：「啊，這次你面色似乎好了很多，是不是情況有了好轉？」其實她不是不知道，但她還是照常工作。她就講過這一次。她這個人就是這樣，她不會講：「哎呀，導演你好慘啊。」這對我來說已是一種支持了。

如果沒有找到她演曼璐，是不是對這部戲造成很大的困難？

她幫了我們很大的忙，令這部戲好了很多。但是，如果當時我是清醒的話，我其實不應該找她，因為當時預算已很緊張，而這種類型的戲（文藝片）又始終不是賣座片。不過，我最大的收穫是認識了這個人。有了接觸後，我對她的印象非常好。她拍《半生緣》收的片酬很低，是純粹來幫忙。

她自己也很想再演一部有很好發揮的戲，對嗎？她當年亦錯過了《阮玲玉》的演出。

她不會計較的，我猜她也沒想過《半生緣》會得獎。不過，其實我一直以來跟她不是很熟，沒什麼機會談心，但是我很欣賞她。

後來她得獎之後，你們有沒有談過？

我覺得不用了吧，得一個女配角獎對她來說不算什麼。

從傳奇人物到平凡師奶

後來拍《男人四十》，你跟阿梅的合作又是怎樣？

拍《男人四十》時，我跟她關係親近了許多。我一開始有了這個故事之後，就馬上想到她和張學友，我覺得他們演對手戲最好。尤其是梅艷芳，你可以想像她有一段很激情的過去，我又對她的演技有信心。拍攝時，我還不斷增加她的戲份，結果她演得很好。

拍攝前，我還問她會不會煮飯熨衫，她就嗤之以鼻說這些東西到時學就會了，不用練習。我有叫她練習，但是我又相信她。之後到了拍攝時，她就果然演得很好。

她看完劇本後有沒有提出加戲份？

沒有。是我自己覺得要加。

有一件事很好笑。有一天要拍早班，是一場廚房戲，前一晚十點鐘她打電話來說：「導演，你快點來救我，我在開 party，他們要灌我喝酒啊！」我就趕去找她。那時候阿梅已經喝了很多，而那些人亦叫我喝酒，我就去喝了，而且連續喝了六杯。我後來去了廁所，也忘了有沒有吐，只知道我抱著馬桶不省人事，有人敲門我才知道，原來已經凌晨兩點鐘，全部人都走了，有對年輕夫婦送我回家。回家後，我再一次醒過來是在自己家的廁所，又是抱著馬桶。我一晚抱了兩次馬桶。

到了第二天早上，我也沒有打電話給梅艷芳了，我知道她一定醒不來的。我真是沒有理性，我本來應該拉著她就走的，也不知道自己怎麼回事。我第二天跟她說，我昨晚連續兩次醒來都是抱著馬桶，她就一直在笑。

之後隔了一年，我再跟她見面。那時候我想拍《妾的女兒》，我一直都想找阿梅演那個角色，十幾年前看那本書就想找她演。我當時想找她跟發仔（周潤發），或者她跟梁家輝演的。她說她都有興趣，但最後還是沒有合作。她跟我說，下次可以在二〇〇一或二〇〇二年合作，但結果這部戲拍不成。我真的很想跟她合作拍這部戲。

《男人四十》裡有哪些戲是你印象深刻的？

最好的一場，就是她有一個特寫，同時有畫外音講起以前的事，那個特寫要由頭拍到尾。整體來講，她的表現很好。之前她在《胭脂扣》、《川島芳子》（1990）及《半生緣》等不少電影都是演比較傳奇的人物，在《男人四十》，阿梅少有地演一個平凡師奶。她真的沒話說，是一個天生的好演員。

除了她，你認為誰算得上是天生好演員？

跟她合作，有一點像跟蕭芳芳合作。很多時候只要講一些很概念化的東西，他們就可以自己演了，不用講太多細節。芳芳還是比較注重細節，要講戲，但她不需要。我對梅艷芳的這一點是感到驚訝的，因為她年紀不大，又不是演員出身，想不到她有這麼高的演戲天分。她的戲路也很廣，喜劇、反串都可以。我看了她的《何日君再來》（1991）、《審死官》（1992）、《東方三俠》（1993）及《鍾無艷》（2001）等，她都演得很好。尤其是在《鍾無艷》中，她女扮男裝很好笑，《審死官》也很好。

不過，遺憾的是我跟她少聊天。我本來還想之後有大把機會合作。

性格可愛，從不計較

要你數最喜愛的女演員，會有她嗎？

會，一定的，她的性格很可愛。我之前講了那麼多實例，你就知道我欣賞她什麼了。她什麼都不會講很多，不會計較。這真是很難得，做演員，尤其是女演員，不計較不行的。你不計較，會很容易有損失。但是，我不記得她有跟我講過任何有關排名之類的東西。

今天大家講起梅艷芳比較少提及她的電影，你是否覺得大家低估了她在

電影方面的成就？

少講不代表低估，講到了説不好才是低估吧。如果真的要評，她得到的評價一定很高。她很特別，演正面負面角色都可以，她不會拒絕某一類型的戲。她走了，我們失去了一個很好的演員。因為，我覺得她不會只是年輕的時候才演，老了也會繼續演。在《男人四十》中，她可以不化妝去演師奶，如果她可以繼續演戲，戲路應該更加廣。她對於自己可以演得好，很有自信。我覺得她在演戲方面是天才，大部份是天生的。

你講到她在《半生緣》穿上旗袍就有很好的 body language，你覺得跟她在舞台上的經驗有關嗎？

應該都有關係。這幾樣，不知道哪個是因，哪個是果。不知道是因為她演戲好，致使她舞台演出也好，還是舞台演出好致使演戲好。反正就是很好。

梅艷芳不是一般人眼中的靚女，這對她演戲有沒有幫助？會不會令她的負擔少一點？

她肯定有她靚的地方，她骨架好，又高又瘦，腿也很修長。

現在電影界很難再有梅艷芳這樣的女藝人，似乎只有八、九十年代才可以孕育出一個梅艷芳，對此你怎麼看？

這樣説吧，其實也不是八、九十年代的問題，我想，梅艷芳無論在什麼時代出現都會是很特別的，不論是二十年代，還是五十年代。

電影《半生緣》劇

Interview 11

上帝怎可帶走這天才？

——許冠文

許冠文，香港的喜劇泰斗，能導能演，代表作有《鬼馬雙星》（1974）、《半斤八両》（1976）、《神探朱古力》（1986）及《雞同鴨講》（1988）等，亦曾憑《摩登保鏢》（1981）獲香港電影金像獎最佳男主角。因為欣賞梅艷芳的舞台演出，許冠文於一九八六年邀請她參演《神探朱古力》，是她早期電影生涯中一部喜劇代表作。雖然兩人合作的電影不多，但事隔多年，兩人發起組織香港演藝人協會，再有共事機會。

在《神探朱古力》之前，梅艷芳擔正演出的電影不超過十部，但已被許冠文讚譽為極有天分的演員。鏡頭前，他看到一個演戲與唱歌都很厲害的梅艷芳；鏡頭後，他接觸的是一個為同業著想的、無私的、有愛心的梅艷芳。

「如果真的有上帝，怎麼會把這麼好的天才帶走？」許冠文如此感歎。

合作拍《神探朱古力》之前，你對梅艷芳有什麼印象？

阿梅是當時其中一個很吸引我的歌星，我覺得她很靚，很吸引，尤其是她的台風，很 sexy，所以我就留意到她。我又發現她有天后的聲音，聲底厚，音域廣。現在很多歌星的聲底都不夠厚，小小聲的。而且，她可以駕馭不同類型的歌，能做到收放自如，全因音域及聲底都夠，她不同那些雞仔聲，真是很難得。

你似乎特別欣賞她的台風。

是的，她的台風非常吸引我。後來我才知道為什麼她這麼厲害，為什麼她唱歌時姿勢這麼好看，擺 pose 好像在跳芭蕾舞。有人曾跟我說她以前是跳舞的，但後來認識她，才知道她不是練跳舞，而是看著模特兒練習。她經常留意模特兒的姿態，甚至欣賞那些舞蹈家，有時又會參考芭蕾舞，參考最漂亮的 pose。我之所以最喜歡看她表演，是因為她在舞台上無論是走動或擺姿態都非常好看，她不僅僅是唱歌好。這是剛開始我對她的印象。

當時剛好《神探朱古力》開拍，就選她當女主角了。這算得上是我最喜歡的一部電影。

那時私下跟她認識嗎？

不認識，但後來在一次有黎小田在場的飯局中見到她。當她知道要在《神探朱古力》飾演香港小姐，一時說有信心，但過一會又說自己太男性化，演不了那麼斯文的角色。我就跟她說，你可以的。因為，我看她的舞台演出，她動的時候可以很厲害，斯文的時候也可以很斯文，幅度很大。當時我不知道她甚至可以演風塵女子，但後來就知道了。看她唱歌，動作表情可以由很小變到很大氣，這種人通常戲路很廣，能做到收放自如。因此我跟她說，你一定可以。

她又問我，她能不能演喜劇。我說，你一定可以。因為我見到她唱輕鬆快歌時，動的樣子很有喜感。雖然那時她還沒演喜劇，但我知道如果她要演一定可以演好，所以就選了她。戲中，她演出的方法我很喜歡。

後來她成了香港少有的喜劇女演員。當時，她的演出有沒有達到你預期的效果？

比我預期的還要好，因為她是個聰明人。當時我想，她這麼有天分，我就嘗試不教她演。我只跟她說我想像中的那個女孩大概是怎樣，然後動也不動，不作示範，她要自己找演繹的方式。結果，她的演出往往超出了我想像。她用自己的方式講台詞和做動作，就和對手擦出火花，因為演戲的最好方式是依靠直覺反應。兩個演員之間，你眼睛看我多一點，我講話就更生動，是一個互動的過程。所以和她演對手戲的人都很佩服她，她會臨場發揮，掌握好時間、姿勢、眼神，一切都是新鮮的，就可以跟對手擦出火花，所以和她演戲很好玩。很多演員是要導演叫他怎麼演戲，他就會照你的要求去演，機械式的，沒什麼火花。在電影中，阿梅有很多演法，都是她自己想的。

難得的多面女演員

電影中，演港姐的她有不少生動的表情與肢體動作，全都是她自己設計的？

是的。有時候，有些新演員看到導演怎麼演，就會照著導演的方式，失去了自己的風格，所以對著阿梅我一動也不動，就連走位也不作示範。我只是跟她說，你從這裡大概走到那裡，這樣她就會有很多發揮的空間。後來，我在其他電影中看到她演出，不管是嚴肅的劇情片，還是喜劇她都演得很好。其實，演喜劇比劇情片更難，因為演劇情片只要演得真就行了，但喜劇還多一個要求，既要真又要引人發笑，如果人家不笑就慘了。有時看到一些演員演戲，誇張到你不敢相信，太

離譜了。有時就算演得再真，觀眾不笑也沒用，所以喜劇要難演一點。阿梅是很難得的女演員，可以演喜劇的，後來在很多電影的演出都很厲害。

她後來演的《審死官》（1992）及《鍾無艷》（2001）也為人津津樂道。你怎麼形容阿梅喜劇的演繹方法？

好的喜劇演員既有神采，又能引人發笑，而阿梅兩樣都能做到。她演劇情片演得很好就不用講了，要知道，很多女演員是可以演劇情片但不能演喜劇的，她則兩種都能演。她既演得好笑又演得自然。她演文藝片的時候，她就收起搞怪的一面，這真的很難得。

《神探朱古力》是阿梅第一部現場收音的電影，她在聲音方面掌握如何？

我覺得非常好，阿梅跟我差不多，都是屬於講話的聲音都有戲的人。

是的，但當時很多電影都是配音的。

不行的，很難找到這樣的人幫你配音，自己的感情在聲音裡面，找其他人怎能配合到呢？我的戲都是現場收音的，現在也是，可以的話一定要現場收音，除非沒辦法。

拍戲的過程中，有沒有什麼趣事？

一些危險的場面，她其實很害怕。有一場戲，她要在車頂上，她跟我談了很久，想找一個替身，但是，我始終都要拍到她在車頂上的樣子，她戰戰兢兢地上到車頂，車要開很慢才能拍好。那晚還下毛毛雨，在西貢，在車頂上拍攝使她更加害怕。

阿梅很怕拍早班戲，你們需要遷就她嗎？

她經常熬夜，我跟她不同，我不是夜鬼，我們拍戲也很早，早上九點就九點，很準時，但她總是遲到，我總是提醒她最好準時到，後來有

我在場的，她多數很準時。跟她熟絡了之後，我都會遷就她，有她的戲份可以遲就盡量遲，先拍別的部份，不過後來她越來越準時了，因為拍戲是幾十個人的事。讓幾十個人等你三小時，就很奇怪，她也知道的。

你的另一部作品《歡樂叮噹》（1986）也曾找她客串。

《歡樂叮噹》是在《神探朱古力》之前拍的。當時，因為我非常喜歡她，所以就算不能讓她演主角，也想找她來客串。很巧，阿梅演的就是樂隊中的歌星，她很給我面子。

《歡樂叮噹》有件有趣的事。電影中有一首歌，黎小田已經作好曲，本來是我跟阿梅合唱。我對自己的聲音完全沒信心，但黎小田說可以，就逼著我去了錄音室。阿梅是不用練的，我唱了一遍以後跟她說，我的聲音實在太差了，不應該來錄音，還是你一個人唱完吧，她就叫我盡力再試，後來見我面有難色，就很小心地說，如果你真的不喜歡，還是不要唱了。我就跟黎小田說對不起，就這樣，我就錯過了跟阿梅合唱的緣分。現在回憶起來，如果換了是現在我就一定肯唱了，因為這是我和她的回憶，共同有過一首歌，很甜蜜。過了這麼久，這個帶子不知道小田有沒有收起來？

《歡樂叮噹》有幾首歌都是她唱的。而我跟她的那首歌，到現在年紀大了才知道是難忘的回憶。人生中，是否曾經擁有，真是差很遠的。你回憶一個人時，有一首歌跟她一起唱過，那是一世的記憶。

在電影以外，你眼中的阿梅是個怎樣的人？

不如我先講一講我對她的印象，應該沒人聽過的。有時候我們一起喝酒，當氣氛很好的時候，她也會對我傾訴心事。我說，你時常跟男朋友吵架，不如你試試不要找太帥的男友，帥哥通常都是花心的呀。她之後就講了她的名句，她認為帥的男人花心，醜的男人一樣花心，不

如找帥哥。她講完這些話就笑了，我也覺得有道理。後來，她去世後，我在她的追悼會上有講到，她已經去了天堂，天堂的男人就不花心了，我就祝福她可以找到白馬王子，在地上找不到，在天上總會有的。後來我做夢夢到她，她跟我說沒找到，因為天上沒男人。

為什麼會夢到她這樣跟我講呢？可能她知道我喜歡講笑話，因為地上所有男人都一樣壞，全部下地獄，沒人上天堂。我記得我在追悼會上講這些話時，差點忍不住哭，因為我知道感情對她來說很重要，她連在演唱會上都要假裝結婚，所以我才希望她在天堂可以找到好男人。

另外，她是少有思想前衛的女性，在那個時代就可以唱《壞女孩》。那時社會上很多意見，而別人一批評她，我就會很生氣，她的思想是比同時代領先很多的。我有時也覺得很奇怪，她不是讀了很多書，但是思想很前衛，很聰明，是一個天才。

除了《神探朱古力》，你喜歡梅艷芳的哪部電影？

後來她拍了很多套喜劇，我都覺得她演得很好。到了《審死官》及《鍾無艷》，她就有一點變奏，開始聽從導演講的演得比較誇張，但就算她用誇張方式去演，都演得很好。她有本事甚至扮男人都可以演好，是個很好的演員。所以，上帝那麼早帶她走，令我覺得這個世上沒有上帝，如果真的有上帝，怎麼會把這麼好的天才帶走？還有子宮癌這件事，我自己查過，初期的子宮癌是很容易治癒的，阿梅為何拖了這麼久？

無私地為同行謀福利

雖然只合作一兩部電影，但你跟阿梅後來在演藝人協會共事，可否談談這經驗？

她是個充滿愛心的人，做很多善事，尤其是對演藝界，這是大家都知道的。一九九二年，她跟我說想搞一個演藝人協會，說已經跟成龍談過了。她說，香港藝人得不到社會的尊重，有時候會被欺負，所以想成立一個協會為演藝人謀求福利。雖然我不是個在社會活動中很活躍的人，但她把我拉出來，我當然也會幫忙。而因為我年紀大，經驗多，處理事情會比較成熟，所以我們就成立了演藝人協會，她和成龍做副會長，我做會長。

這種對同行的關心，是藝人中很少有的。她自己這麼成功，又關心同行，籌辦這個協會花了一年，用了很多時間精力去做這件事，真是難得的愛心。在演藝界以外，其他善事她也做了很多，這是她性格裡很偉大的部份。所以很多人懷念她，是有原因的，因為她很不簡單，很少有。她是很厲害的女人。有時候我會想，這麼可愛、心地這麼好的女人，怎麼會找不到好老公？我經常對這件事很迷惑。

你跟她的接觸，從八十年代合作拍戲，到後來一起搞演藝人協會，你覺得她有什麼轉變？

有。她很多方面都改變很大。拍《神探朱古力》時，我覺得梅艷芳很單純，嘻嘻哈哈的，會問我這個問我那個，一副入世未深的樣子。到了籌辦演藝人協會時，她思考深入了，她也代表我們去北京開會，和我講中國的未來應該是怎麼樣的，內地開放後香港藝人能不能生存，需不需要害怕，已經開始討論這些問題了。她已經成熟很多了。

我們一起去過幾次北京，見過魯平。有一次香港演藝人協會去合肥救災扶貧，主要都是我們幾個：發仔（周潤發）、阿梅、成龍、曾志偉一起辦的。當時，我們每兩個星期到一個月開一次會。

她開會仍會遲到嗎？她處理公職時的態度怎樣？

她很準時來開會。不過，坐下來開會不太符合她的性格，但她還是會

來。而就算跟高官開會，她也是有話直說。當時，大家都跟那些高官不熟，不知道他們是什麼來頭，還要在人民大會堂。

「哇」一聲背後的奮鬥

阿梅去世後，很多人說她留下了「梅艷芳精神」，你對此有什麼看法？

其實，當阿梅表演，別人在台下「哇」一聲，覺得阿梅很棒，但可能她已經構思了一兩年，不要把它想成是那麼簡單的事。講鬥志，現在那些年輕人，個個都在抱怨，要生要死。阿梅是明知自己死期將至，還要做自己最理想的 show。可是沒辦法，上帝一定要帶她走。現在有些青年，上帝還沒讓他走，自己就趕著自殺，又不想付出代價，遇到困難就要生要死，跟阿梅差好遠。

看看阿梅，就算上帝帶你走，你也要努力到最後一刻，就為了那幾秒鐘觀眾可以欣賞，這樣偉大的精神需要大家學習。這個女孩子真是天才，唱歌這麼厲害，每個動作都這麼美，原來她每晚對著鏡子死命練習，沒有人教她，要自學。不像現在的青年，家裡大把錢，找各種老師來教，還不一定學好。阿梅沒有人教，都能這麼厲害。梅艷芳吃很多苦，付出很多代價，就算面對死亡，她還是做到最好。

你對阿梅在台上表演的哪一幕印象最深？

阿梅在舞台上隨便一個動作的定格都很有型、很靚。很多歌星聲音都好聽，但要論動作最好看，非她莫屬。還有她的百變，她變了這麼多造型，都這麼好看，可能因為她在梨園訓練過，她對舞台的掌握真的很好，她在演唱會的演出是我這個不懂舞台的人不能理解的。

阿梅有一首歌我特別喜歡，是《似水流年》。有一次阿梅開演唱會，把我拉上台，我說很喜歡這首歌，又提到「處境都變情懷未變」的歌

詞，她就說男人信不過，不會不變，我就說不會的，將來你的歌迷一
定是「處境都變情懷未變」，不會變的。這麼巧，我現在做這個訪問，
發現我與她的歌迷雖然處境都變，她都已經不在了，但我們情懷未變，
有你們一群愛惜她的朋友幫她出書，她應該很開心。

電影《審死官》劇

Interview 12

當攝影大師遇上百變影后
——鮑德熹

鮑德熹，一個曾經在奧斯卡得獎、並得過六座香港金像獎的國際級攝影師，代表作包括《九一神鵰俠侶》（1991）、《白髮魔女傳》（1993）及《臥虎藏龍》（2000）等。在香港電影最蓬勃的八、九十年代，他跟梅艷芳合作過《公子多情》（1988）、《何日君再來》（1991）、《九一神鵰俠侶》及《審死官》（1992）四部電影。在他的鏡頭下，多少女星鋒芒畢露，多少美女顛倒眾生，但他演藝生涯中印象最深的女演員仍然是梅艷芳。

談到梅艷芳，他講了Ｎ次的「唉」。講到《胭脂扣》（1988），他說他沒機會做攝影師，也講了好多次的「我好妒忌」。從電影講到做人，他希望香港多些像梅艷芳這樣的人：「很多人爭功名，爭排位，做很多虛偽的事，我真的想說，拜託，你們要學一下梅艷芳是怎麼做人的。」

一個頂級攝影師與一個百變影后的相遇，留下的原來遠多於美麗影像。

你跟阿梅合作的第一部電影是喜劇《公子多情》，當時合作經驗如何？

真的是難得的機會。一九八八年拍《公子多情》，當時阿梅很出名，所以我估計是大明星，比較大牌，要小心服侍。怎知道她一來到，我就發覺她很平易近人，是我見過的所有女明星中最沒有架子的。而且，她有俠女的心腸，我未見過女明星有這種特質。阿梅很保護一些弱勢的人，例如某個工作人員被導演罵了，她都要講話的。

是代為出頭嗎？

她會藉其他事來讓導演覺得不好意思。不管是明星、場記、技工，總之你對他們不好，阿梅就會反過來讓你難堪。真的是很多很多年前了，具體的事我已不記得，但如果找到當時阿梅幫過的同事，他們一定都記得。

阿梅是怎樣的一個合作夥伴？

阿梅在現場可以令整個團隊很開心很活躍，這是她一個非常大的特點。當時，拍香港電影都是很趕的，那是香港電影最輝煌的時候。《公子多情》也一樣，要趕著上映，拍攝期很短，我記得應該是二十幾組戲。但無論有多趕，跟阿梅合作，她一來到現場，工作人員就會有講有笑了，很放鬆。再加上周潤發也平易近人，很搞笑，所以拍這部戲時氣氛非常好。而阿梅這明星，毫無架子，有俠義心腸，令我留下很深的印象。

你跟阿梅合作的第二部電影《何日君再來》，是部大時代愛情文藝片，跟《公子多情》截然不同。

《何日君再來》本來是黃仲標做攝影的，而且已開拍好幾個月。導演區丁平慢工出細貨，拍了很久，中間也換了幾個攝影，我就是第三或者第四個加入的。那是我跟區丁平第一次合作，聽說有阿梅在，我很

開心，又可以和她合作了，只是這部戲我不是從頭跟到尾。

接下來你跟阿梅合作的《九一神鵰俠侶》（1991）好像結合了之前的兩部戲，既有喜劇演出，又有愛情戲。

《九一神鵰俠侶》是劉德華公司的作品，他跟阿梅是很好的朋友，阿梅也很用心去演這部戲。在這部戲中，劉鎮偉做文戲的導演，元奎做動作導演。那時元奎的意念真的是天花亂墜，想到什麼就在戲裡加什麼，而阿梅形象多變，這完全是她的戲碼。她一人分飾兩角，演得出神入化，演那個純情的角色，她就真的純情到不得了，演那個潑辣的角色，她就真的潑辣到不得了，就好像她可以演好喜劇《審死官》及悲劇《何日君再來》。

我一直喜歡和那些很有戲的演員合作，而阿梅有兩三部很好的電影我都有參與。她很認真拍戲，也演得很好。很多人是演得好，而阿梅是演得非常好。不過，每個人都有缺點，阿梅最怕是早班，她早上起不來，你開中班、晚班是沒問題的。如果開早班的話，就需要有些人——例如導演——陪她不睡覺，一直聊天到天亮，然後直接上早班。但我們其實都很少早班的，都是遷就阿梅，全部中班開工。之後，到了一九九二年《審死官》，我自己覺得是阿梅電影生涯的一個高峰。

阿梅是少數可以跟周星馳分庭抗禮的女演員。

她這麼鬼馬，當然周星馳也很鬼馬，又有吳孟達。你可以看到阿梅是喜劇天才，她真的拍什麼都可以立即融入那個角色。而這部戲，我們工作人員都拍得特別開心。當時杜琪峯導演來到現場，先跟吳孟達他們打幾圈麻將，一邊打一邊想搞笑橋段，所以在開工前幾個鐘，都在打牌想橋段，之後才再拍。剛剛好，阿梅又常遲到，她出現時就有劇本了，就可以拍了。

真性情從來不變

在片場以外，有沒有跟阿梅有關的難忘往事？

大概是在拍《九一神鵰俠侶》期間，阿梅得了一個獎，當時剛好又是我生日，所以阿梅與我們全部工作人員幾十人去了西貢吃海鮮、喝酒。我記得很清楚，那是我一生中唯一一次喝醉，很開心！我記得我自己喝了二十幾杯。阿梅呢，她是很能喝的。這是我最難忘最開心的生日，就是和阿梅一起過的。

我最喜歡阿梅的真性情。她總是真情流露，我為人也是這樣，講話不會轉彎，不會拍馬屁，不會哄別人開心。阿梅是一個很真的人，她會直接跟你說她的感受，當然她比我厲害很多，她不是一針見血，不給別人面子，而是轉了個彎，讓別人意識到自己不對。

阿梅可以說有雙重性格。一方面，如果她對著一些有江湖地位的人，她會換一種說話方式，話中有骨，但她還是會做回自己，會得罪人。另一方面，當她遇到同樣很真性情的人，就像我這類人，她就會很坦然很直率。你會發現，阿梅跟不同人有不同講話方式。你說她百變，但我覺得她的真性情是沒變過的。

我很遺憾，阿梅逝世時我不在香港。所以這一次，你們說要做訪問，我覺得我能夠做的我一定做。在我演藝生涯中，阿梅是一個特別難忘的人，她令我希望香港多一點像她這樣的人。很多人爭功名，爭排位，怕自己不紅，炒作自己，做很多虛偽的事，我真的想說，拜託，你們要學一下梅艷芳是怎麼做人的。還有學 Leslie（張國榮），兩位都是令人非常遺憾的優秀演員兼歌手，他們都是早逝世，都非常優秀，都跟我有過很好的合作。

你是專業攝影師，在攝影方面怎樣跟阿梅溝通？

她會問我，Peter 這樣行不行？頭應該往哪一邊放？這樣會不會好一點？我就跟她說，你等一下怎麼走，之後到那邊望鏡頭就很美了。她就說，好啊。總之，她對我是很信任的，她絕對不會說，我這邊更好看，你就拍我這邊。她是虛心地揣摩角色，而且她做得好的時候，我一定會直接表揚她。

我覺得演員是沒安全感的，演員有時在表演的時候，他們真的不知道自己做得好不好，我們（攝影師）是第一個看他們表演的觀眾，容易講出最關鍵的地方，有時候頭的角度，眼睛望哪裡，什麼時候人要走，什麼時候人要轉身過去，這些都跟劇情的發生有很緊密的關係，我們幫到演員的就是善意的提醒，當然我不會很大聲地講出來，我會走過去在阿梅耳邊小聲地講，這個轉身轉多一點就沒問題了。阿梅非常尊重別人，她聽到時候會說，好的，我知道了，她下一次就會改過來。我跟阿梅是有微妙的工作關係。因為她是個極度感性的人，所以她可以感覺到別人在幫助她，她演得好也是幫了我。

阿梅可以演 Anything

你跟阿梅雖然只合作四部電影，但她在這幾部片中的角色很多元化，你覺得她最適合什麼類型的角色？

Anything！任何人物角色，她都可以駕馭。所以我說，「百變梅艷芳」真的沒講錯，我覺得有些人是真真正正屬於舞台的。她一穿了戲服，站出來，就可以入戲，變成那個角色，她絕對是一輩子都活在舞台上的人，這個就是梅艷芳。

你跟這麼多女星合作過，阿梅有沒有什麼不同之處？

阿梅很多樣化，就好像她唱歌，可以立刻融入歌的情感中。如果把電影當成歌，每首歌有不同的情緒，有些是悲劇，她就立刻悲起來，有

些是喜劇，她一定會徹底地喜劇化。有些人一生最重要的就是表演，阿梅就是這樣。在我合作的女星中，她是我印象最深的。其他的如林青霞、張曼玉都很好，但是如果講到人的性格，還有演出的多樣化，還是要數梅艷芳。

阿梅或許不算標準美女，如果以攝影的角度，你覺得她什麼部位或者什麼角度最美？

我覺得所謂的美醜，每個人心目中都有一個標準。如果你說分開看眼睛、鼻子、嘴巴、耳朵，用那些所謂的美的標準，阿梅未必是大美人，但她的魅力是無法擋的。人只是靠一對大眼睛、一個很美的鼻子、一張很性感的嘴巴，就是美女嗎？不是的，是要看整體的組合。阿梅的眼睛跟嘴巴合在一起，還有最重要的是她的姿態，才最可以表現她的魅力，而我覺得她是非常有魅力的。她是屬於演技派的魅力，因為她很會演戲。我不認為那些所謂大美人會演戲，只有美是沒用的。一個女星五官端正，或者大家覺得她賢淑，然後你把她放在鏡頭裡，不等於她就可以做明星。明星不能只有外表的美，電影明星是要靠魅力的，明星的第一個要求是要有獨特的魅力，這才是明星。

你覺得阿梅在哪些電影中最能發揮她的魅力？

她很上鏡。而且，她會唱歌跳舞，又是個感性的人。一個感性的人的情感是豐富的，所以通常會表演，能掌握角色情感。阿梅最厲害的就是這種代入感，她一穿上戲服，一走位，就已經融入角色了。例如《九一神鵰俠侶》，她一穿上姐姐的戲服就馬上不顧一切搞笑，但她的演出無論怎麼誇張都不會過分。又例如《何日君再來》，她一穿上旗袍，也是立刻入戲。我自己很妒忌，真的很妒忌，《胭脂扣》為什麼不是我做攝影師呢？唉！我真的很妒忌，但我也恭喜黃仲標，因為《胭脂扣》是非常好的電影，但我仍很遺憾自己不是《胭脂扣》的攝影師。其實，我也會很代入《胭脂扣》的角色裡，加上又有我最喜歡

的兩位演員。這就叫遺憾，我的遺憾。阿梅就是這樣的人，令人很懷念她。她應該還活著。有時候我覺得，這個角色沒有阿梅演還能讓誰演？

《審死官》之後，你跟阿梅就沒有再合作了，對嗎？

沒有了，沒有了，唉。但我跟她都算很有緣分，能夠跟她合作這麼多部電影，算多了。我覺得很榮幸，很開心。唉，不知道她為什麼這麼薄命，有點唏噓。但我覺得阿梅的精神一直都在，她的電影、她的歌，會永遠流傳。我還很希望出一套光碟，重新推出她所有的電影作品。

如果要拍阿梅的一生

你會不會有興趣拍一套關於梅艷芳的電影？

那樣的話我就要做很多的資料收集，因為有關阿梅的材料實在太多了。如果拍阿梅，不能只專注於她的感情生活，而她的感情生活是很多姿多彩的，雖然，這個多姿多彩我不知道是樂的成分多，還是悲的成分多。

你們現在有沒有人可以寫好她的傳記，寫好她的一生？應該有人將她的一生寫出來。我們現在紀念阿梅，應該很中肯地去將有關她的一切寫出來。例如傳媒去採訪她以前的愛人，都是講她好的方面，那你為什麼會離開她呢？我最想知道為什麼你要離開她？

我覺得這會令人看到阿梅的內心感情世界，對她有真正的認識，因為這一面的阿梅我自己也不認識。阿梅是百變梅艷芳，但未必很多人明白她，她的內心想什麼，她不開心的又是什麼。

如果要就梅艷芳這個人物進行創作，你有什麼看法？

我覺得應該拍一部講梅艷芳的電影。講梅艷芳的整個人生，你可能講不完，可能只是講某一部份，例如她怎樣出道，怎樣成功。我覺得她這個可歌可泣的人物，很值得拍。要是你們找到一個好導演，找我去做攝影，我舉雙手雙腳贊成，我對這件事是義無反顧的，但問題是要有好劇本，搜集資料要成熟，就好像關錦鵬拍《阮玲玉》時一樣，要有這樣品質的劇本，才能打動人。

演員方面，沒有辦法，始終都要找一個人去飾演她。不過，真的要演一個這麼豐富的人，一定要找一個很好的演員，去演她的內心，她的生活。阿梅的世界是很豐富的，應該要用一種很特別的電影手法去表現她。我覺得這電影能打動人心。

阿梅去世之後，很多人都說她不只是一個成功藝人，還示範了一種「梅艷芳精神」。對你來說，這種精神是什麼？

她最值得學習的地方就是她不斷努力奮鬥。現在很多人不努力，很容易就得到某些東西，阿梅是一點也不容易的，首先她不是靠美貌成功，她是靠自己的真材實料，然後，一步一步告訴大家，我是能成功的，我做得到，我做給你看。現在很多人靠樣貌，靠性感身材，然後很多粉絲追捧。現在，我們沒有了這樣的奮鬥故事。

還有，她也留下一種人生信仰。這種精神信仰，是沒有任何副作用的，我們要將這個精神延續下去。

Interview 13

真心相聚，惺惺相惜
——鄭裕玲

鄭裕玲，人稱 Do 姐，縱橫香港演藝界數十年，也曾是香港金像獎及台灣金馬獎影后。她跟梅艷芳的唯一合作，是喜劇《賭霸》（1991）。兩位影后級阿姐在鏡頭前較量演技，私底下卻是惺惺相惜。一齣喜劇，給她留下不少愉快回憶——例如阿梅教她做「鬥雞眼」。

鄭裕玲覺得梅艷芳悲劇喜劇都演得好，舞台表演更不用說。梅艷芳去世時，她不斷想：香港能不能再有這樣一個全能藝人呢？她的結論是：相信都很難了。

跟梅艷芳合作之前，對她有什麼印象？

當然有的。我經常擔任節目主持，有時未出鏡前我跟她會寒暄幾句，但認識不算很深。當然，我知道她擅長唱歌跳舞，後來亦有看她的電影，例如她跟關錦鵬、張國榮合作的《胭脂扣》（1988）。當時已覺得她是一個全能的藝人，亦聽說過她為人好爽朗，不拘小節，有大姐風範。到後來拍戲，才跟她多了接觸。

當你跟她合作《賭霸》時，對她有進一步了解嗎？

她很 nice，就好像別人說的不拘小節，拍戲時也不自私。有些演員是很自私的，只顧自己，但阿梅會兼顧其他演員的感受，不會扮大牌。我跟她可說是很談得來，但我們當時都很忙，她更要錄唱片、搞演唱會，很多時一化完妝就要埋位了，但她一埋位就很專業，對白全部記得，完全可以連戲，感情、表情亦做到足。

因為拍戲常常要等，我們就有時間聊天。我記得她當時有個外國回來的男友，他也時常來探班。

《賭霸》有沒有哪一場跟阿梅的對手戲比較難忘？

拍這部戲時，有好幾天都是在九龍塘的某間屋裡面，整個拍攝過程很難忘，也因為是喜劇，拍得很愉快。我記得有一場戲，導演劉鎮偉要我做鬥雞眼，但我不會做，阿梅在旁邊就笑我，又示範給我看。我問她怎麼那麼厲害，她說她小時候常常玩，很頑皮，然後就教我做鬥雞眼。她真的很樂意幫人，無論那個人是誰。

阿梅很怕拍早班，當時合作情況怎樣？

她最怕早班的，早上的時候，她的樣子都好像有點不同，哈哈，是很辛苦的樣子。不過這是每個人的習慣，我就特別喜歡早班的，千萬別叫我拍通宵。

你也是喜劇能手，你覺得梅艷芳的喜劇感如何？

她很有喜劇感，從小很愛玩，古靈精怪的，她不是一個硬梆梆的人，又喜歡講笑話，有幽默感。她本身具備了演喜劇的材料，喜劇對她來說不是問題。另外，她演喜劇的 timing 亦掌握得好好。我拍過很多戲，很多都是很痛苦的，但是這部戲留給我的感覺就是開心，而且我覺得很幸運，有機會能跟她合作。整部戲我都覺得很珍貴，很珍惜。鏡頭後的她，真的是一個好 nice、好熱情、好專業，以及很受人尊敬的藝人。

當時知道要跟阿梅合作，有沒有特別期望？

有！我自己不唱歌不跳舞，如果不是因為這部套戲，我們也沒什麼機會合作，所以是有一定期望。尤其是以女演員為主的電影，不是那麼多的，所以能和她合作，我希望能有新火花。

惺惺相惜

在 TVB 的某個節目中，阿梅曾經扮書法家捉弄你，那一次很有效果。

是的是的，這個我很記得。她當時扮一個日本人，作勢要非禮我，我事前完全不知道，她進來的時候我已覺得有點古怪，有點似阿梅。雖然她肯醜化自己，但她手腳纖細，一看就看得出來了。後來她伸手非禮我，我已猜到是她。

後來有一次在《勁歌金曲》中，我反過來玩她，我扮一個很猥瑣的男人，擦黑了牙齒，一進來就來搞她。她確實很愛玩的，而且一定比我更愛玩，當時真的很開心啊，哈。

在她去世前的電視節目《真心相聚》中，你擔任司儀。

記得那是她人生中最後的一年。她患病之後，正在宣傳演唱會，上電

視做特備節目《真心相聚》，特別要求我主持。那一次，我記憶特別深，特別覺得很可惜。那麼棒的藝人，會唱會跳，直到今日，在香港都沒幾個這樣的藝人。她入院後，我曾經去過醫院探望她，想不到那晚她就走了。我和她不能說交情很深，但我很尊敬她。

她去世之後，TVB 辦了一個悼念她的節目，雖然很倉促，差不多是今天決定，當晚就要出街，但依然有很多很多人出席，她那麼多朋友來悼念她。我也有去看她最後的演唱會，她一邊上樓梯，一邊唱最後一首歌，看得我非常黯然。香港能有這麼一個全能的、能唱能跳能演的、性格又那麼 nice 的藝人，不知到什麼時候才再有另一個了。

全為他人著想

《真心相聚》是阿梅指定你做主持的嗎？

我聽說是這樣。多年來，她經常跟我說很喜歡看我演戲，我感覺她很喜歡我，我也很尊重她，大家有一種互相尊敬的情感。當時，我想她自己都知道的，如果醫不好的話，這可能是她最後一個電視節目了，她希望有一個她尊重的人為她做主持，我當然非常樂意。

你如何形容跟阿梅的關係？

如果我說我跟她是惺惺相惜，不知道能不能得到她認同。不過，我非常明白她，從小就捱苦，而我小時候也是很窮的。因此，我想我會明白她的奮發，希望自己有機會的時候可以做到最好，不放過任何演出機會。這個艱難的過程如果要再來一次，她也不會有什麼怨言。

我記得有一次在一個頒獎典禮上，她胃痛得很厲害，她在後台看上去好像要哭了，但是一出鏡，她一副沒事的樣子，觀眾完全不知道她生病，但是我們一講完「唔該晒阿梅」，她就立刻要上車去醫院了。我

非常尊敬她的專業精神，我每一次跟她合作，無論是長的或短的訪問，或者是拍一部戲，我都是很愉快的。我對她沒有不好的印象，這是真心的。

現今新一代的藝人很多都在溫室長大，或者她們不明白要捱苦的過程。我們捱過的，會體恤別人，阿梅也是。

你跟阿梅都是阿姐級，你覺得她有阿姐風範嗎？你們兩位阿姐相處又是怎樣的？

當然有！她那麼叻，那麼聰明！阿姐她當之無愧。我們合作期間，每天她都很愉快的來拍戲，我覺得她很喜歡這行業的，沒有什麼你是阿姐，我又是阿姐，大家要爭出位這樣的事情。我們都有自己的特質，相同的地方是兩個都高高瘦瘦，然而我們性格不同，演戲方式也不同，絕對沒有什麼我搶她戲，她搶我戲這種事發生，我們相處得非常愉快。

你如何評價阿梅的電影事業？

我覺得她很幸運。她拍戲的那幾年，遇到很多很好的導演，很好的劇本，可以拍到一些很適合她的戲。例如《胭脂扣》，你想不到除了她還能有誰演如花這個角色。她演悲劇人物演得好，演喜劇又很鬼馬，得到那麼多人認同。當然，得獎並不代表什麼，但畢竟是同行對她的一份認同，她應該會很開心的。

歌唱事業方面呢？

她在樂壇當紅的時候，沒有其他女歌手可以跟她相提並論。她一上台，你的目光自然會看著她，因為她跳舞好看；她的聲音剛出道時被人說像徐小鳳，但後來漸漸擺脫這種印象，因為她完全有自己的風格，又有很多好歌。在她去世時，我就在想：唉，香港能不能再有這樣一個藝人呢？我相信很難了。

她的專業，她對演藝事業的熱情，以及一直要創新的精神，我都覺得很難有人學到。

你在不同時期都訪問過阿梅，她的心態有沒有什麼改變？如果剛好有些負面新聞，她會不會私下跟你說不要問某些問題？

她不會的。我記得很多年前，我有一個訪談節目，第一集的嘉賓就是阿梅。那個節目是打著我的名字做的，叫《鄭裕玲星夜傾情》（1992），她跟我說：沒關係，什麼都可以問，這是你的節目，當然要打響頭炮啦！我很多謝她，因為很多藝人都會說什麼不要問，或者叫我跟他經理人商量下。

我跟阿梅相處那麼久，知道她這麼多年來在這一行貢獻很多，她有些什麼負面新聞，這是她的私生活，我們沒資格去批評。只要她每一次站在台上，付出她的全部，我覺得已經足夠了，對不對？

Interview 14

她是真性情演員
——陳友

要選梅艷芳在銀幕上的最佳拍檔，我們會立即想到張國榮，但是，在阿梅早期的電影事業，她跟一位男藝人頻繁地合作了多部電影，包括《緣份》（ 1984 ）、《壞女孩》（ 1986 ）、《殺妻二人組》（ 1986 ）、《一屋兩妻》（ 1987 ）及《黑心鬼》（ 1988 ）等。這位男藝人，就是陳友。

《緣份》令梅艷芳得到金像獎最佳女配角，其他喜劇亦給她磨練的機會，造就了她日後在《審死官》（ 1992 ）及《鍾無艷》（ 2001 ）等電影的精彩演出。從陳友口中追溯阿梅早期的電影軌跡，才知道身兼導演與演員的他是因應梅姐活潑的個性，而特意為她寫一些喜劇角色。後來，他看到阿梅的演技進步，能駕馭不同的角色。「她是一個不可多得的、真性情的演員。」陳友說。

你在阿梅童年時已認識她，是嗎？

其實也不算是，但也有些機緣巧合。在溫拿成立之前，我們曾在一間夜總會夾 band，她也在那裡唱歌，但我們沒有合作，只是在同一場地演出。那時，我知道有位梅媽帶著兩個女兒出來唱歌，其中一個是梅艷芳，那時她好像六、七歲左右。我當時沒有跟她碰面，只是後來大家聊起，才知道曾經在同一場地演出，那是尖沙咀某間夜總會。

阿梅第一部電影《表錯七日情》（1983）你也有參與其中，但跟她沒有對手戲。當時你認識她嗎？

《表錯七日情》的幕前幕後我都有參與，當時我跟張堅庭合作（張是導演和編劇，陳是策劃）。這是我跟阿梅合作的第一部戲，我認識她是通過華星的蘇孝良，那時她開始紅了，我們就找她客串。她只有一場戲，飾演阿 B（鍾鎮濤）的女朋友。

你們怎麼會找她演喜劇？她早期的電影都是演傻大姐。

我本身是拍喜劇的，而阿梅個性爽朗，可以嘻嘻哈哈，可以認真，又喜歡開玩笑。我們第一次合作的經驗很愉快。之後阿 B 拍《殺妻二人組》，我拍《一屋兩妻》，都有找阿梅合作。那時，除了我們自己攝製的電影外，其他公司開拍的電影都會找我們合作，就是《緣份》、《壞女孩》及《黑心鬼》等，連續合作了好幾年。那是她初入電影圈的時期。

你當時覺得她的演出如何？

她很投入，同時也是在演自己。她真的很百變，在台上很沉鬱地唱歌，在台下跟我們嘻嘻哈哈地猜拳。我們了解她，所以寫一些適合她的角色，她很容易就投入。她是個音樂人，很有節奏感。喜劇的節奏很重要，演員要配合 timing，還有講對白的快慢。阿梅的節奏感真的很好！

然後你們就開始熟絡起來？

她剛開始拍戲那兩三年，我們合作很密切，大家亦很熟絡。有時她喝醉了，也會叫我去把她抬回家。

明星個性注入電影

那時她的歌星形象很突出，你們找她拍電影時會否刻意洗脫她的歌星形象，讓她變成鄰家女孩？

八十年代拍電影，我們總是將明星本身的個性注入電影中；觀眾覺得她是怎樣，我們就怎樣寫。在一些較深層次的電影，例如《胭脂扣》（1988），就跟喜劇不一樣，各有各的難度。其實，演喜劇並不容易，一些嚴肅的演員演喜劇，未必能像阿梅般得心應手。阿梅很厲害，你跟她說要怎樣演，她就能演出來；她很配合導演，很專業，也很清楚自己的角色，不會要求修改劇本去遷就她。她很爽快的。

當時你的二友公司是否屬於嘉禾旗下的子公司，所以經常跟簽約嘉禾的阿梅合作？

二友公司是我跟阿庭（張堅庭）合組的，我們跟嘉禾、邵氏緊密合作，股權是我們自己擁有，別人付錢找我們拍戲。阿梅跟嘉禾的何生（何冠昌）、何太的關係很好，何太很疼她，她又是嘉禾演員，所以我們合作機會也多。

你跟阿 B 和阿梅在幕前演對手戲時，那化學作用是怎樣的？演《一屋兩妻》時，她每次呷醋就會嘟嘴，你如何調度她的演出？

這類喜劇是很生活化的，我們就將平時跟她吃宵夜時的感覺和情況捕捉出來。她平時都是這樣的。我們去日本餐廳吃宵夜，如果你叫了瓶清酒不喝，她就會嘟嘴。有時她在戲中要表現一些可愛表情等細節，

我們會跟她說：「喂！就是猜枚輸了你不肯喝酒的表情呀！」她會說：「哦！知道了！」那時我們用這種方式溝通，很開心的。

作為導演，你怎樣看她在演戲上的進步？

其實她一直在進步，她的思維不斷改變。阿梅是一個感性的人，絕對是一個 artiste；她在台上的光芒來自她的自信心，她的自信心又來自她的經歷，一路累積下來。到她拍電影，尤其是一些藝術性較高的電影時，她會跟著去變。後來，我發覺她跟以前與我們去日本餐廳吃宵夜的那個她不同了，她思考的方式也變了。我想，導演都很重要的。阿梅會按照不同導演的要求和風格去演，不論是《胭脂扣》或《審死官》。她其實一直在成長，就好像她對草蜢和許志安這些徒弟，她就好像大家姐般照顧他們，人也變得很有母性。

很多人為她遮風擋雨

有關她跟徒弟的關係，你當時觀察到什麼？

她很有大家姐風範，又有種男人般的性格，是比較中性的一個人。她女性化之餘，又有男人的豪氣。草蜢是她的徒弟，她給他們演出機會，亦訓練他們獨立。她會為徒弟鋪路，事事親力親為。她有很傳統的一面，有點老派，視徒弟如自己的子女。你要聽她的，她一定會為你付出。

很多人說阿梅很豪氣，很有義氣，你眼中的她是這樣的嗎？

她的豪氣就不用多說了，她可以為朋友兩肋插刀。她是旗幟鮮明的人，你是她的朋友就是朋友，你答應她的事情一定要做到，否則她會生氣，而她答應你的事情亦一定做到。當她遇到感情上的不如意，她會抱著你哭，向你訴苦，但抒發了之後，她轉個身就沒事。她就是這樣爽朗的人。

有人說她食客三千，是不是有很多人佔她便宜？

唉，這個世界什麼人都有，但她是不會計較的。她豪氣，付得起的就會付，開心最重要，她都覺得花出去的明天可賺回來。

她遲到是否很嚴重？你也算她前輩，會否在這方面提點她？

很難叫她改的，那是她的生活型態。沒有一個人是完美的，她有很多優點，那就充份去欣賞，她也有缺點的，就試著去互相遷就。你知道她是這樣，就不要給她大清早的通告，給她中班的通告不就好了？那時大家是用這樣的方式，合作得很開心。

她有哪些電影令你印象深刻？

她演那些憂鬱的歌女很動人。平時她總是嘻嘻哈哈，其實她是個多愁善感的人，會想很多。若要我用一句話去描述梅艷芳，她是一個不可多得的、真性情的演員，是難得的一個人。

這樣真性情的人要在這個複雜的圈子生存，是否有困難？

這個世界就是這樣，有洪水猛獸，也有天真的小矮人。每當阿梅遇到險境，總會有很多人幫她，甚至站出來為她擋一些不好的事。她的個性很率直，容易開罪人，又容易受傷害，但總有一群人會自動出來幫她，無論如何風吹雨打，都有人為她打傘。

阿梅在一些社會問題上也很敢言，在反盜版及劉嘉玲事件上，她亦走得很前。她是否一個很善惡分明的人？

她旗幟很鮮明的。她覺得不對的事情，會反對到底，她覺得對的事，又會撐到盡，她是很清晰的。你可以說她妄斷，但這性格很可愛。

她性格就是這樣，不會考慮太多政治因素，她認為不對的就站出來，不會思前想後。這可能會為她帶來麻煩，但又會有人為她遮風擋雨，

每次都會順利渡過。可能是她的性格令很多人會自動幫她解圍，都是上天的安排。

你了解的她，會否因為童年的經歷而自卑？

我不覺得她自卑，反而是個很有信心的人。她的童年經歷是很好的磨練，她年紀輕輕就面對觀眾，面對舞台燈光，觀眾拍不拍手她都要唱，所以她很處之泰然。她的童年對她在演藝圈發展有很大幫助。不過，她比較脆弱的部份是感情。她很在乎愛情，每次失戀後都會找人傾訴，大哭一場，醉一場，之後再來過。通常女人都是這樣吧！她亦不會隱瞞，不會怕哭，她把你當作老友就會告訴你。這樣的感情很令人感動。

我們是同一個生肖的，我比她大一圈，而我的生日在十月一日，她的在十月十日，是同一星座，所以我們性格相近，比較有默契。

Part Three
路途千迴百轉
Interview

「在我二十年的演藝歲月裡，
　我用四個字來形容，就是『友情歲月』。」

— 二〇〇二年三月十日電視節目
《芳華絕代傾情夜》

Interview 15

香港製造的天涯歌女
——梅覃美金

「我記起當天的一個小歌女，她身軀很瘦小。我記起她於不高檔那一區，共戲班唱些古老調。舊戲院永都不滿座，她照演以歌止肚餓，舊戲衫遠觀不錯，縱近觀穿破多。」梅艷芳在這首《歌之女》中，夫子自道地唱著。

梅艷芳走紅於香港的八十年代。在經濟火紅的四小龍時代，她建立了最華麗的大舞台，從利舞臺唱到紅館，又從紅館唱到日本、美加、歐洲。那麼，在她成名之前，她的小歌女生涯又是怎樣的？從荔園、港英時期的市政局活動，再到酒樓夜總會，她如何一路唱過來？

在四兄弟姊妹中，阿梅排行最小，是家中唯一在香港出生的小孩，百分百香港製造。而這個香港土產小歌女的故事，也許必須由梅媽媽來述説。

阿梅在一九六三年出世，當時你們一家來了香港多久？

我是在廣州的西關出生的，算是西關大姐。我五幾年第一次來香港，之後那幾年都來往香港跟內地。阿梅的幾個哥哥姐姐都在內地出生，她是唯一在香港出生的小孩。當時，我帶病來香港，看醫生才知道我肚裡懷了她，當時她爸爸仍在內地。她在旺角花園街出世，在花園街長大。

阿梅出生時，你在經營一間中醫館嗎？

是的，我當時在亞皆老街經營中醫館——月華中醫診所，主要是看頸喉方面的疾病。醫館沒有請人，由我一手一腳去做。我靠的是一個秘方。在廣州缺米糧時，我們一家每人每日有幾兩米，有些和尚來化緣，我就會分一些給他們。有一天，有個經常來的和尚說要回去佛寺，不會再來化緣了，他把一份獨門秘方給我，又說靠這秘方可攢到錢，作為我長期送他米糧的謝禮。我就憑著這秘方來香港開中醫館了。當年我用來開單的紙，現在還保留著呢。

後來，你為什麼會轉行開音樂學院？

那時，我已經從花園街搬到彌敦道，租了一層樓，分別用來做診所、出租和住宿。我有個表弟在啟德遊樂場玩音樂，為粵劇表演做伴奏。每逢星期六，他跟他的朋友都會來我家唱歌演奏，我一家人亦聚在大廳。當時只有三歲多的阿梅很喜歡聽我表弟唱歌。有一晚，阿梅跟我表弟說：「舅父舅父，我想唱首歌給你聽。」舅父問她：「你會唱什麼呀？」她說：「我會唱《賣花女》。」我表弟就叫她唱，但阿梅說：「沒有音樂我怎麼唱呀？」於是我表弟就拉著二胡為阿梅伴奏，她就完完整整地唱完一首《賣花女》。事後，我表弟跟我說：「表姐，這個是天才呀！其他人唱歌，有的忘了拍子，有的忘了歌詞，她只有三歲就可以唱完整首歌，很厲害呀！」不久之後，有表弟他們的幫忙，

我又想栽培阿梅，就把醫務所改成了華強中西音樂學校。

小歌女從旁學習

當時的華強中西音樂學校是怎樣經營的？

學生每個月交五十元，一星期上兩堂，一個月八堂。當時音樂師傅在上課，阿梅就在旁邊跟著學，懂了一點粵劇的功架，但她沒有正式拜過師。很快，她就有板有眼地跟著別人走位，我還買了一雙唱戲的鞋給她。

阿梅最早接觸的以粵曲為多？

她最初唱粵曲，也跟著《梁山伯與祝英台》學唱黃梅調，在七、八歲時，就喜歡聽鄧麗君的歌。華強除了教粵曲也有教時代曲，但以國語歌為多。

阿梅從什麼時候開始在荔園表演？唱了多久？

當時表弟他們在荔園玩音樂，阿梅很喜歡上台玩，他們就叫她客串，後來更有人請她去常駐。她每次唱半小時，但不是一直的唱，唱了一首之後會有第二個人唱。她在荔園唱了一年多左右。她當時只有幾歲，下了課就去荔園。她從來不怕上台，我還記得她唱《我愛媽媽》，人很矮小，但聲音十分響亮。

所以，她的第一次正式登台唱歌是在荔園嗎？

不是。以前的市政局會辦一些歌唱活動，在戶外搭棚。在荔園之前，阿梅已在這類活動唱過，是市政局邀請她們兩姊妹去唱。我生日時會搞生日會，她們會出來唱歌，而朋友中又有些是我表弟玩音樂的行內人，所以就認識她們兩姊妹了。但當時沒什麼酬勞，我帶她們坐的士

去，連車費都賠了。

只有幾歲大的她，唱什麼類型的歌？

唱《賣花女》，還有後來的《唐山大兄》之類，還會舞手動腳。小孩子唱歌很可愛，而且她還喜歡扮男仔，動作很多。她扮過麥炳榮唱大戲，又扮男仔唱《賣酒仔》。她表演時和鄭少秋的合照至今還擺在家中。好像有人說見過阿梅在廟街唱歌，其實沒有，她沒有在廟街唱過。

姊妹時常拍檔演出，兩人有沒有什麼不同？

她們性格不同，姐姐個性比較懦弱，但阿梅就很堅強，很硬頸，打她都不會哭。在舞台上也是阿梅比較突出，每個人都看好她。但那時她姐姐其實比她高很多。

從小反叛，不愛存錢

阿梅小時候的性格是怎樣的？

她會反叛，但不會駁嘴。我有時會打她，但她的姐姐哥哥會護著她。我通常都是因為她反叛而打她，我叫她不要那樣，她就偏偏要去做。而且她從小就很堅強，打她都不會哭。那時，只要她筷子拿得不好，我就會用筷子打下去。打了之後，她會扁起嘴巴不出聲，不會再犯同樣的錯。

她從小就是一個不喜歡存錢的人，身上有錢就會把它用完。有時候有觀眾點唱，會給她十元二十元，甚至是五十元，有些黑社會的人很喜歡她，用一百五十元請她上台唱歌。因此她手頭上都會有點錢，有時買化妝品、衣物都不用我付錢，是她自己付。她也會買自己喜歡的唱片聽。而且，她從十歲八歲開始就會借錢給人，很多夥計會向她借錢，她就會借，非常容易。如果你向她借錢失敗，你一定是很壞的人了。

除了堅強之外，她也是個獨立的小孩嗎？

她六歲後就不用我幫她化妝，她自己化。她還會自己選化妝品，時常拿姐姐的化妝品來用。她喜歡玩很刺激的東西，例如過山車之類，她很大膽。她也喜歡看書，常常躺在床上看書，最愛武俠小說。

她算是孝順女嗎？

是的，她很孝順。無論去到哪裡，她都會打電話給我，就算很忙很忙的時候都會。我每年生日時，她跟哥哥姐姐都會跪在地上端茶給我，過新年時也是這樣。

阿梅一邊讀書一邊唱歌，在學校的成績如何？

她的成績不算好，但是不用見家長。她讀書以來，從未見過家長。她們兩姊妹通常自動自覺地做好功課，然後就去唱歌。阿梅小時候不太專心讀書，如果專心讀書就不會學唱歌了。

過了幾年，你還成立了錦霞歌舞團，為什麼有這個主意？

那時阿梅還沒到十歲。當時尖沙咀有間樂宮戲院，裡面有台灣歌星駐唱，經常人山人海，生意非常好。我就跟表弟說：「台灣歌手搞得那麼好，我們香港人可以搞嗎？」於是，我們就開始策劃這歌舞團，我還用五百元在新界租了一個場地。

當時阿梅還小，但已經參與演出。至於歌舞團的台柱，就自然是一些成名歌手。我們的演出集合了唱歌、跳舞、話劇，給觀眾帶來歡笑。剛才提到阿梅唱《賣酒仔》也是歌舞劇的一部份，當時已看到她有搞笑天分。我們還去新界、長洲及澳門等地登台，因此阿梅十歲八歲時已巡迴演唱。

到了七十年代，你就在灣仔醉瓊樓搞歌壇了？

在錦霞之後，我們在醉瓊樓搞歌壇，租場表演，她們幾兄弟姊妹都有幫忙，我可以少請幾個人。有時姐姐打鼓，阿梅做司儀，如果有歌星缺席她們又可以頂場，大哥也會彈結他。後來，一場大火之後，我們就沒有做了。當時我們住銅鑼灣百德新街，那一晚，我們還未睡著就有人打電話來說醉瓊樓起火了。我趕到的時候，很多東西都被燒毀了。那一年是一九七六年，阿梅只有十三歲。我在醉瓊樓大約做了兩年。在這之後，阿梅就在歌廳唱歌。

為唱歌放棄學業

阿梅沒有完成初中就輟學了，當時怎麼會有這樣的決定？

初中課程對她來說太難，所以她就放棄了。當時，她們兩姊妹一起跟我說要放棄學業，想專心唱歌。我也沒有管她，她喜歡唱歌就唱歌，讀書就讀書。

你當時支持她的決定嗎？

我無法不支持，她從小就喜歡唱歌。而且，她當時已開始去夜總會唱歌。因為擔心她，最初她唱歌廳時，我都有跟著她，後來她唱夜總會，我就沒有跟了。

踏入青春期之後，她的歌路及舞台風格是怎樣的？

她唱不同歌曲會有不同的風格，可以說她早就有百變風格。最初，她和姐姐是一個組合，後來她說她有自己的風格，所以就和姐姐分開了。當時她比較喜歡唱男歌手的流行曲，例如《唐山大兄》、《禪院鐘聲》等。

阿梅的聲音何時變成了中低音？

由於她唱得太多，喉嚨生了繭，醫生建議把它切除，但她不願意。她

原來的聲音很尖銳，自此之後就變了中低音，然後就唱徐小鳳的歌。那時她大約十幾歲。

如果當時阿梅沒有參加新秀，她是不是會一直在酒樓唱？

也不會一直在酒樓唱，其實我想她快快去結婚。她當時亦去過森森媽媽的時裝店幫手。

阿梅從小是個重感情的人嗎？

是的，她太重感情了。她有時跟哥哥姐姐吵架，但並不記仇。

阿梅參加新秀，你有沒有想過她會勝出？

沒有想過。雖然她是大熱門，但畢竟她當時年紀小，只有十幾歲。其實，我也沒有對她很大期望，她如果做得到就去做，我以平常心看待。

阿梅入行之後是否承受很大壓力？

有很多人對她說三道四，她只能屈於心裡。例如我們一家去吃飯，她哥哥有個兒子，別人就說她有私生子，又有人說她有紋身，吸過白粉，全部是謠言中傷。她身處娛樂圈，時常要面對這些妖言惑眾的人。

是不是在阿梅很年幼的時候，你就認定了她會成為歌星？

我們看到她的潛質，但也沒想過她會成為巨星，這是她自己闖出的成就。

Interview 16

一段佛緣與一段愛情
——連炎輝

在梅艷芳喪禮的扶靈名單上，除了梁朝偉、劉德華及楊紫瓊等熟悉的名字，還有一位圈外人——連炎輝。

連炎輝與梅姐識於微時，兩人有二十年的相知相交。他們一起信佛，一起學佛，一起去印度朝聖。梅姐做的很多善事，無論是私下做的或是公開做的，他都很清楚。而且，他也是介紹近藤真彥給她認識的人，見證了她一生中最深刻的一段情，目睹她如何愛得瘋狂。

現在，身為佛教徒的連炎輝只想可以藉梅姐的故事去啟發更多人思考人生。他希望，她做過的好事可以影響後人。

你是怎樣認識梅艷芳的？你後來投身保險界，如何跟她變成好友？

我一九七八年入讀 TVB 藝員訓練班，在電視台工作了幾年。一九八二年畢業後，我決定投身保險業。一開始，我找 TVB 的舊同事買保險，買思樂及斌仔（羅君左）都在我入行的第一年幫我買保單。當時斌仔搞聚會，介紹了一些新秀朋友給我認識，包括阿梅。我們第一次約見面，她就遲到了。當日斌仔不在，我就投其所好，跟她聊西城秀樹，聊得好開心。

談到保險，她很快就決定要買，受益人寫她媽媽，並要求保額增加一倍。她當時只是十八、九歲，經濟環境根本不好；她剛入行，收入少但支出大，她要買很多衣服飾物，又沒有錢，往往是華星先代付款，然後再從薪水扣錢，所以有時根本沒什麼薪水，處於餐搵餐清的狀態。但是，她竟然提出加大保額，真的好疼家人。之後，我們常常聚會，又夾錢一起坐的士回家，慢慢就成為好友。

阿梅很主動約朋友。她初出道唱酒廊，會叫我們一班朋友去玩，有時她請客，但我們多數堅持夾錢。她唱歌時，台下有時人聲嘈雜，他們聊天喝酒，根本沒有人在聽，但她還是很專心唱，而且表情動作全部都設計過，令到很多人停下來看她演出。她把小場地當作大場地唱，珍惜每個機會令人欣賞她。

你跟梅艷芳都是佛教徒。你曾在訪問中透露，你在她人生低潮時介紹寧波車給她認識，當時的情況是怎樣的？

她自小就對佛教有興趣。介紹第十四世夏瑪巴寧波車給她認識之前，我們已經傾過佛偈。她這個人有時很堅強，有時也會軟弱；經歷低潮、或者工作遇到問題時，她會向我們抒發。

掌摑事件之後，她離開了香港，在新加坡住了超過半年，我也有去看她，Ben（林國斌）也在。事件平息後，她回來香港，但有段時間仍

有便衣警察在旁保護，她亦減少出席活動。就在那段時間，有一次寧波車來香港，我跟阿梅上他的酒店套房見他，裡面擠滿了人。我們坐在師父前，感覺好像被棉花包圍，非常舒服。我們本來想問事業前途，但當時好像什麼都解決了，不用問了。師父問阿梅有什麼要說，她說只是想知道做人道理，不是想求什麼。當日，我們就即場皈依，他的徒弟幫我們剪頭髮。我知道很多人要等很久、訪尋很久才有這樣的機會。

皈依之後，你們是不是一起學佛？

皈依後，師父偶爾會來香港，我跟阿梅一起見他，更加了解師父的為人。例如有個師姐的工作是修車，她雙手總是黑黑的，但師父會捉住她的手，對她一視同仁。同時，他不會因為阿梅的地位而對她特別好。因為阿梅走紅前也曾被輕視過，所以她很受打動。

師父派了師兄跟我們保持聯繫，我跟阿梅從此正式聽佛學。我們了解因緣及因果，又認識肉身的重要：我們經歷六道輪迴，其實不容易變成人，所以要珍惜在人世的時間去學佛，去理解這世界，做對的事情。學佛之後，阿梅開始明白人有高低起跌，很多事情是以前種下來的，現在要還。

梅姐算不算是很積極的佛教徒？

她皈依之後帶了很多人去見師父，希望他們信佛，例如曾志偉及邱淑貞等。舉行法會時，她又會叫朋友參加。她曾經請杜琪峯吃飯，介紹他信佛，但兩人講起宗教就爭論不休，吵起來了。後來，杜琪峯就找她在電影《濟公》演觀音。她很想在社會上有影響力的人信佛，希望這樣能對世界有幫助。

皈依後，你有沒有察覺到她有什麼變化？

她變得很順其自然，對愛情對家人都是。有人批評她，誤會她，她也

明白是緣份。有一次，我們在淺水灣躺在沙灘上，她嘆了口氣，說有兩個朋友每次出現都是借錢，一個借幾十萬，一個借十幾萬，借了又不還。她說：「點解咁得意呢？算啦！」

唯有在工作上，她仍然要求很高。佛家教我們擺脫「五蘊」（編按：是指凡人因色、受、想、行、識掩蓋了本來面目），但阿梅說做藝人難免有「五蘊」，很難不去計較感官層面的東西；尤其她工作要求高，表演要最好的聲音、最好的舞台效果，跳出來會吃力。

梅姐曾在訪問中説，她信佛之後，會每晚為朋友、病人及國家唸經。

她很珍惜朋友及歌迷，又喜歡為朋友搞生日會。有年我生日，她在東急買了套日式茶具給我。她喜歡聚會，想大家開心。到她自己生日，派對就更大型了。她生日願望總是世界和平，不是為自己事業或健康許願。她是真心有這樣的希望。今天我們看這世界，覺得和平很重要，但她幾十年前已經常常講世界和平。

她喜歡交朋友，但因為有些女星有競爭心理，她有時也會防避。但她也交到很多女性好友，例如楊紫瓊及張曼玉等；她喜歡一些不計算的女人，因為她自己也是這樣的人。張曼玉接拍她推了的戲，又得到很多獎，但她沒有介意，還在我面前讚賞張曼玉。她很疼張曼玉，會私下幫她。不過，她不喜歡一些只靠外表及身材的女星，她會説：「真不公平！我做得咁辛苦，但有人一瞓低就賺大把錢！」

皈依之後，你跟梅姐還曾經去了一次印度朝聖，當時的體驗是怎樣的？

皈依大概半年之後，師父邀請我們去印度。我怕影響工作，一開始推了師父，但阿梅很想去。我們住在印度德里的山上，看山看雲，那裡好像仙境。我們去了七至十天，在山上聽頌經，聽到起雞皮疙瘩，感覺好強。師父其實沒講什麼道理，但我們好像放下所有東西，沒有物質慾望，什麼都變得不重要，最重要的是寧靜平和。當時，我們都不

想回香港。阿梅甚至問我:「如果師父叫我們留下來,我們留嗎?」但師父沒留我們。

梅姐入行不久之後就參與慈善活動,她信佛後是否做更多善事?

阿梅從小就喜歡幫人,她如果有十元,會拿九塊九出來。她一直都做善事,信佛後就更多。因為有個師姐在樂施會工作,我就介紹阿梅擔任樂施大使,幫他們籌錢,她還去過雲南探訪貧民。

當年,天氣冷的時候,阿梅發起行動,叫我們一起派棉被給露宿者。我們有時會被他們趕、被他們罵,可能是我們不了解他們的需要。後來才知道,他們不需要棉被,之後改成派棉衲就比較好了。志偉(曾志偉)又曾經發起去南朗醫院探望末期癌症病人,後來他沒跟進,阿梅就接棒去做,定期探訪,買東西給他們吃,跟他們聊天。做這些事情,她都沒有公開,甚至不讓人拍照。

梅姐是不是做了不少不為人知的善事?

她有時私下做善事,不告訴任何人;但有時又會公開做,因為她希望事情有持續性,有人跟進。

她當演藝人協會會長的時候,會定期請一班我們叫不出名字的甘草演員吃飯,又會派利是。羅蘭姐就曾經跟我說,阿梅曾多次請她與其他有知名度的藝人去跟這些甘草聚會,讓他們覺得被重視。這些事情她都不會宣傳,甚至沒有在演藝人協會通訊公佈,她很怕那些閒言閒語。

除了做善事,梅姐是否私下也非常豪氣?當年,傳媒曾經用「食客三千」形容她的豪氣。

她的確很豪氣。最初我們出來聚會都是夾錢,後來她賺得多就常常請客,尤其當有後輩在場,她更覺得有責任付錢。她很疼後輩。

當年她去水車屋吃飯，就會有些她認識或不認識的人走過來叫她阿姐，她就會埋單。甚至有些食肆會開大張單，她也不會去查。當然，也有不少人問她借錢。其實，除了兒女私情，其他方面她很看得開。她習慣了有人對她不好，可以很快放下。

你曾經提過，是你介紹近藤真彥給梅姐認識，當時情況是怎樣的？

我透過華星的陳淑芬認識近藤。當時他在香港開演唱會，我叫阿梅一起去看，她最初沒興趣，但還是去了。我介紹他們認識，她覺得他有紳士風度。她說，之前覺得他是個嘰仔，見面後覺得他是個男人。他們認識後很快就在一起。近藤來香港當新秀歌唱比賽嘉賓時，他們已經在一起了。她好像瘋了一樣喜歡他，甚至有時因為拍拖推掉工作。

很多人很好奇他們是怎樣溝通的？他們私下相處的情況又是怎樣的？

真的很神奇，他們一個不太懂英文，一個不太懂日文，但人在熱戀的時候就是可以溝通。他們講長途電話講好幾個小時，每月電話費要幾萬元。我真的不知道他們是怎樣聊的，只知道他們很甜蜜，兩人都很投入。

當時，她會在跟他通完電話後，凌晨四、五點打來吵醒我，每晚向我報告他們聊了什麼，又說他們計劃在夏威夷買房子。她太開心了，又找不到人分享，所以打給我。當然，她也爭取時間去日本找近藤，有時我也會陪她。她在香港工作壓力大，但去到日本就很開心很放鬆。有時我們幾個人去酒吧，我睡了，他們就在唱歌，唱完近藤就安排車送我們回酒店。

我有個朋友 Miwa 在日本開酒吧，她有時也會參與我們的聚會，在現場幫忙翻譯。她在日本認識很多人，我向她介紹阿梅是香港的山口百惠，她恰好認識山口的閨密，就馬上打給她。而這個人當時正好跟山口一起，她把電話遞給山口，Miwa 又把電話傳遞給阿梅。阿梅呆了，

跟山口講了幾句話，非常開心。

外間有人用「渣男」形容近藤，你當時親看目睹他們相戀，你有什麼看法？

有一次，近藤去北海道開演唱會，我與阿梅跟著一起去，近藤還向工作人員介紹阿梅。更重要的是，他甚至帶她去見他母親。他這樣做，一定是很喜歡她，對這段感情很認真，但同時，他可能仍然跟中森明菜未斷。後來，阿梅知道這情況，不想牽涉在內，我想這是她選擇退出這段關係的原因。當時他們很年輕，才二十歲出頭，感情未必處理得很好，是可以理解的。其實，近藤一直對她不差，所以他們分手後仍是朋友。她從來沒有恨過近藤，那段情對她來說很甜蜜。阿梅走後，他來香港出席喪禮，之後，他亦有來香港拜她。

他們分手後，保持著怎樣的關係？

他們沒有聯絡。直到九六、九七年左右，近藤舉行演唱會，阿梅看報紙得知，叫我一起去看。看完演唱會，我們去後台跟他打招呼，之後幾個人一起吃飯。他們再見也很開心，大家仍是朋友。他結婚的時候，阿梅也有送花牌，這是日本人的祝賀方式。對於有婦之夫，阿梅很有分寸，不會去影響別人家庭。

二〇〇三年，梅姐做手術之前去日本見近藤，當時也是跟你一起去的？

自從近藤在九七年左右的演唱會之後，他們直至二〇〇三年才再見面。他的電話其實沒改，只是大家沒聯絡。

當時阿梅已患癌，但她看完醫生會把藥倒進廁所；劉德華去勸她，她也不肯入醫院，不肯做手術，我們都想把她打暈送她去醫院。我們不斷說服她，問她有什麼事想先做，她說想去見近藤，我就幫她約。她知道他快要生日，要去為他慶祝。她答應我，見完他就回香港做手術做化療。之後，我問她有沒有把病情告訴他，她說沒有。

阿梅很知道自己的位置，人家結了婚，她絕不會影響別人家庭，只是純粹想再見他。她一直有這種情操，從來不會去爭。其實，她對每一段情都很投入，一心一意，不會一腳踏幾船，分手也很撒脱。她也曾跟另一個日本人高橋雅宏拍拖，當年也公開過戀情，但她知道不是長久的。

她去世前一年曾經在訪問中透露，一生最懷緬的一段情就是那次異地戀。她指的就是近藤嗎？

她很清晰地跟我説過，一生最愛就是近藤。我曾經問她，如果近藤跟劉德華讓她選，她會選哪個？她説是近藤。她跟劉德華始終未開始過，當時華仔結婚也即時告訴她，還約她去他家吃飯，介紹她認識他老婆。對於有婦之夫，阿梅很有分寸。

其實，她當時為何延誤治療？有人説，她遲遲不動手術的原因是想生小孩，這是事實嗎？

這不是真的。反而她是擔心手術之後會影響道氣，影響唱歌。最主要的原因，是她看到姐姐梅愛芳的情況，覺得治療也沒用，所以她寧願先開演唱會、拍《十面埋伏》。就是在去世前，她仍幻想下星期就可以起行去烏克蘭拍戲，但最後拍不成。所以江生（江志強）後來拍了《梅艷芳》。電影籌備階段，我也給他們很多資料，介紹很多人給他們訪問。

你熟悉梅姐，你覺得電影所寫接近她本人嗎？

是接近的。我給他們很多資料，他們也有使用。例如，電影講的姊妹情很真實。

你們都是佛教徒，在她去世之前，你們有沒有談及生死？

在她患病初期，情況還不嚴重，我剛好在泰國，她來找我，我們談了很多生生死死的事。她之前曾說過想下一世當男人，但當日她說希望死後去淨土，不想再輪迴了。我叫她去了淨土後，要幫我們保佑我們，她還說剛去到應該沒什麼法力。但她走後，有時我遇到困難，一打開 Youtube 就會聽到她的《Stand By Me》，很奇妙。她當日說，想梁朝偉、劉德華及周潤發等人為她扶靈。當時我們無所不談，笑著談這些，也沒什麼傷感。

其實，我們第一次見面談保險時，她已經談到死亡。她說，最好就是在舞台上唱到最後一首歌，倒在台上，救護車送她去醫院，然後就去世。她覺得這是轟轟烈烈。她小時候已經在講這些，她的想法很戲劇性。

在她人生的最後階段，你們的接觸是怎樣的？

去世之前，她去日本拍廣告。上機之前一兩日，她約了一群朋友吃飯，有我、學友夫婦、何太（何冠昌太太）等等。當時，她精神還不錯的。隔壁桌剛好是周星馳，他也主動過來問候阿梅。她出發前又打給我，說她在京都拍完廣告後準備去東京，想再見近藤一次，但她在京都已經很不舒服，一回來就馬上入院。

入院之後，我去探她，還跟她一起看金馬獎。她當時常常難以入睡，我牽住她的手，有時她入睡了，我就很開心，因為她不睡覺會更虛弱。我剛去了台灣，買了她喜歡的蜜糖蛋糕回來給她。當時，蘇笑貞（梅艷芳歌迷會會長）在醫院不眠不休照顧她，她說阿梅昏迷之前的那個早上，下了床，拉開窗簾，看了看窗外風景，咬了一口蛋糕，之後就再沒吃東西。這蛋糕是她最後吃的東西。

在你看來，梅姐對於人生的得與失，最終有沒有看破？

她並未完全看破。無論有多少名譽地位，她始終有脆弱的一面。當醫生告訴她，就算她康復，以後也不能再唱歌，她就哭了。她說，希望

師父帶她走，不想再糾纏，她覺得再躺在病床上是沒意思的。她有時像小女孩，有很多希望與渴求，但她信佛，她也知道有些東西是得不到的。

梅姐已經去世二十年，你怎樣看她的一生？

她演戲，一埋位就 OK。她唱歌時那節奏感，那眉梢眼角，就連麥當娜都被吸引。有一次，她在拉斯維加斯開演唱會，麥當娜緊接著她在同一場地演唱，她也去看她演出。助手在後台告訴阿梅麥當娜在場，她表演得更落力。學友、哥哥都是這樣的人，他們不會放過自己，要做到最好，永遠在進步。

人生不是看長短，而是看有多豐富。她的一生，已等如很多人的幾次人生。在她眼中，她未必覺得自己人生很短。而且，人生都是曇花一現，重要是你如何捕捉那燦爛；四十歲是短，其實一百年也是短。她生前做了很多破格的事，很多東西是以前很多輩子累積下來的。

現在，仍然那麼多人懷念她，這當然是好。但我們可不可以藉她的人生令大家多思考一些人生的課題？可不可能令這世界因為她美好一點，和平一點？我希望她做過的好事，可以影響後人。

Interview 17

新秀前的青澀年華
——黎學斌

梅艷芳經歷過酒樓歌女生涯，也有過成名後人丁單薄出埠登台的寒酸歲月。我們都目睹了她成為樂壇天后之後的輝煌，可是那些並不風光的日子，卻沒太多人了解。

黎學斌是香港一位老牌樂手，擅長吹色士風，梅艷芳的《赤的疑惑》、《夢伴》及《夢幻的擁抱》等名曲的色士風，都由他吹奏。梅艷芳十多歲在酒樓獻唱時，他就已經幫她伴奏、抄歌譜；當她成為華星歌手，他繼續在大酒樓為她伴奏，更獨個兒帶她走埠登台；後來，梅艷芳成了天之驕女，她卻沒有忘記識於微時的拍檔。

從梅艷芳十二、三歲時就認識她，黎學斌可看到她當紅前後有什麼改變？「她的本質一直沒變。」他說。然後，他回憶起當年已貴為巨星的阿梅在走埠時捨棄高級房車，寧願跟一群樂手及舞蹈員一起擠旅遊巴，她又從高級酒店搬出來，住進工作人員入住的廉價旅館，跟大家同甘共苦……

你什麼時候認識梅艷芳？

最初認識阿梅應該在七十年代中期。當時，梅媽在灣仔修頓球場旁邊包了醉瓊樓酒家的三樓做表演，搞了一個歌廳，那時候叫歌壇。客人下午會去吃點心，晚上去吃晚飯，有歌星駐場演唱。到了過年過節，就會有些比較有名氣的歌手來客串。當時，阿梅幾兄弟姊妹都參與演出，有時她大哥打鼓，阿梅唱歌，有時她們兩姐妹同台表演，而阿梅亦會幫手打鼓。

我本來在銅鑼灣波斯富街的富萬年酒家伴奏，後來梅媽請我的樂隊幫手，我們就開始走兩個場。當時，酒樓演出是有兩隊樂隊的，而且有中場休息，我們樂隊就利用中間休息的一個鐘頭坐車從波斯富街去灣仔。

後來，她們兩姊妹開始在一些夜總會唱歌。在夜總會表演，你要唱歌先要有譜，把譜發給樂隊，樂隊才能幫你伴奏，我們叫這做套譜。由於那個年代沒有影印機，我們會幫歌星抄歌譜，我記得大約二十元一份，一般是轉了 key 的套譜，通常一套六份給六個樂手，三個吹管樂，還有一個琴一個鼓及一個貝斯，但沒有吉他。那時還沒流行吉他。當時，她姐姐梅愛芳找我，說自己會去夜總會做常駐歌星，請我幫她抄轉 key 的譜。我還記得她們當時住在百德新街。因為抄譜的關係，我就開始跟她們熟絡起來。她媽媽叫我細佬，所以阿梅就稱呼我做舅父。

當時阿梅只是十二、三歲，你對這個小妹妹印象如何？

她姐姐的身材看上去比較豐滿，但她就非常瘦。當時歌壇通常有常駐歌星，梅媽帶著她們兩姐妹來試音，有夜總會的老闆來聽。那老闆選了她姐姐，沒有選她，這件事她都有些不忿。後來她參加新秀比賽一炮而紅，那老闆再請她回去唱歌，但被她拒絕了。

唱酒樓夜總會的時候，阿梅的歌路是怎樣的？

她當時的 key 跟其他女歌手差不多，是比較高的。那時沒有廣東歌，是國語歌的天下，她亦唱國語歌為主，歌路是少女路線。後來，參加新秀之前她的聲帶生了繭，key 低了，之後就常唱徐小鳳的歌。她的藝名叫依依，她姐姐叫依娜。其實，流行什麼歌她就唱什麼歌，但多是國語歌。至於形象方面則沒什麼特別。

瘦弱的歌廳小妹妹

當時有特別注意這個小妹妹嗎？

也沒有，她太瘦了，連老闆都選她姐姐。因為她很瘦，她出道後有人說她吸毒紋身，其實完全沒有這回事。她參加新秀之前，其實我們也不是合作了很長時間，但合作機會仍然不少。當時，我合作比較多是台灣歌星，她們兩姊妹雖然是常駐歌星，但主要是幫忙頂場的，出現了空檔時間才會叫她們上去唱。當時我跟阿梅還不熟，只是負責伴奏。

我記得在波斯富街後面有個舞廳叫做金池舞廳，她在那裡做常駐歌星。酒樓歌星往往要走場，唱完這間又去另一間，例如當時的豪華夜總會、華盛頓夜總會等等。酒席結束之後，酒樓歌廳從十二點開始做宵夜場，擺小一點的枱做散客生意，要唱到凌晨四點。所以她說唱歌會影響學業，而且她的家境又不好，不能栽培她讀書。

她參加新秀之後，你們什麼時候再碰頭？

後來，我加入了華星唱片公司做監製助理，她亦剛剛贏了新秀出道，《赤的疑惑》這首歌前奏的色士風就是我吹的。而新秀之後，她仍然去唱大酒樓，登台時會唱徐小鳳的《隨想曲》這類歌，《心債》及《交出我的心》那一兩首是不夠的。有一次，當時很紅的葉振棠有個檔期，但是他來不了，所以華星就請張國榮來唱，又找了梅艷芳來做嘉賓，用新人來頂住。當時，他們兩人都沒有太多自己的歌，張國榮仍未有

《Monica》，只有《一片痴》。觀眾也沒有什麼反應，因為每個人都是要去聽葉振棠的。

阿梅得獎之後唱過海城夜總會這一類歌場，當時什麼歌手可以唱海城？

不是每個人都能在海城表演，因為海城也有自己的常駐歌星，例如徐小鳳。海城大約可以擺六十圍酒席，在當時算很厲害的了。雖然還有利舞臺，但海城是酒樓夜總會，可以跳舞，當時比較流行這樣的娛樂方式。如果去利舞臺，就是去看 show 了，正如後來的紅館。在夜總會，晚上十點收拾好晚飯的東西之後，就可以開始跳舞。

阿梅當年曾談到，她走場唱歌的生涯有不少辛酸。

我記得阿梅在參加新秀前在金池酒樓駐場，又在華盛頓、豪華、國際等歌廳演出，唱凌晨十二點到四點的場，下面的人在吃宵夜跳舞。當時還未流行 disco，大家都喜歡去酒樓。後來，她又唱酒廊，光是尖沙咀佐敦道就至少有三十幾家酒廊，唱富麗華、火鳳凰等場。歌星走場的速度也很快，有時十五分鐘就要去到第二間酒樓了。

贏了新秀之後，中國城夜總會曾邀請她去唱歌，華星幫她接的 job，她一定要去唱的。當日是平安夜，我們在佐敦唱完要去尖東，但因為放煙花而封了路，我們必須走路過去。一路上，她被人指指點點，那些人說：「哇！咁瘦的，係咪食白粉？係咪有紋身？」甚至還罵她。她很生氣，但是我們只能沉住氣往前走。當時，她的朋友洪羅拔也在場，好像還有羅君佐。那些人很不客氣，她就只有往前走，又不能轉身去罵人家。

酒樓經驗是絕佳訓練

唱酒樓的經驗對她是很好的訓練？

首先是練氣。當時，如果你喉嚨痛跟老闆講，他是不會理睬你的，而且你要拿工資的。喉嚨不舒服只可以降低一個 key。因為唱得太多，太操勞，阿梅的喉嚨才會起繭。真的太辛苦了。

那些經驗亦可訓練她的急才與應對能力。我很佩服的是，一個人的樂隊她是這樣唱，一百人的樂隊她還是這樣唱，她不會因為少了一粒音、少了一種樂器而不會唱，她是很能揮灑自如的，這跟她在酒樓裡的訓練非常有關係。現在有些歌星，說這個音聽不到那個音聽不到。後來在新秀之後，有一次我們在波士頓演出，公司找了一些當地的音樂學生來伴奏，也有大陸人、台灣人，水準參差，她都是照唱。去美加登台，只有我、張國榮跟她三個人，去每個地方的樂隊都不一樣，她都是照唱。

這樣豈不是常出狀況？

當然有了，我記得有一次她唱《風的季節》，先有兩隻很大的羽扇遮住她，前奏響起她才走出來。結果，吹喇叭的人竟然吹不出前奏的音符。

她的台風那麼好，跟唱酒樓夜總會的訓練有關係嗎？

她一直都有台風的。參加新秀之前，她學一些台灣歌手的台風，新秀之後，她經常去日本看 show，看西城秀樹這些歌星的表演。以前的酒樓歌手都是站在台上唱歌，不會走動，因為你不是表演歌星。表演歌星和常駐歌星是兩回事，前者是特邀的，後者是常駐的，一般只是站著唱。

另外，以前的歌星全部都能記得歌詞。當時阿梅有本筆記簿，記著歌名、key、譜、前奏長度、間奏長度，整首歌的編排。她自己有做功課，這樣的訓練就專業很多。

她是常駐歌星，但也會跳舞？

是的，她就是會表演。她不管你們要求什麼，她總是做到最好。她的表演真是好看，她唱每句歌詞都有關目、有表情。阿梅以前唱過粵曲，以前歌壇歌廳也有很多粵曲的，像《帝女花》這一類。阿梅有這樣的心得，可以把粵曲的元素融入表演中，她成功就是在這些地方。

阿梅加入華星的初期，你帶著她走埠登台，當時情況是怎樣？

因為大家已經熟絡，我在華星就順理成章照顧她。她初出道時沒有助手，走埠就只有我跟她兩人，到了當地再找樂手，因為整個樂隊的食宿及機票開支很大。每次登台之前，我會安排好伴奏，她來唱就行了。我們常常在錄唱片、登台、演唱會時見面，自然就熟悉起來了。大約在她出道之後的兩、三年，我跟她經常兩個人這樣出埠，直到她在香港舉行第一次個人演唱會之後，樂隊陣容就不同了。大概是一九八六年，我帶她及哥哥去歐洲登台，就帶了五人樂隊。我還記得當時他們登台後還留下來拍戲。

當時走埠的，還有張國榮、呂方等華星歌手，對嗎？

是的，她跟哥哥互相欣賞，默契很好，哥哥當她是妹妹，很疼她。當時一起走埠的還有張衛健、杜德偉、許志安等。我發現，她跟誰合作誰就會紅，她提攜不少後輩。所以，為什麼現在許志安等後輩都叫她師父？登台時，這些後輩歌手當嘉賓唱一兩首歌，阿梅會觀察他們的演出，事後給他們意見。她總是會把自己的經驗告訴後輩。

從容面對複雜環境

當時年紀輕輕的她如何面對酒樓夜總會裡面品流複雜的人？

當然偶爾也有情況發生，但她也不怕的。客人總是要威，如果有人要阿梅喝酒，她亦會喝。有一次她跟張國榮在馬來西亞的夜總會登台，有

人上台説要跟她喝酒。這樣的場面她見得多了，就説：「好，這位客人，等張國榮先生先下台，我再跟你喝。」之後，她就向夜總會的保安報告，就這麼搞定了。當時很多這樣的情況，會有人上台要跟你拍照喝酒，但她不會不知所措，她會在不影響氣氛的情況下擺平這種事。

黎小田説，梅艷芳成功擺脱了酒廊歌手的習氣。你在她出道前就聽她唱歌，你同意嗎？

是的，她脱胎換骨了，真的很難得。酒廊歌手有陋習，當歌手一個晚上要唱十幾場，氣不夠都要頂住，就「拉咪」了，即是把麥克風拉開去省氣。但是，這在錄音室是不行的，因為錄音室是照妖鏡，什麼都聽到，但阿梅真的是可以把這些習慣都拋開。當年選新秀，顧嘉煇一看就看到她有潛質，相信她可以擺脱酒廊味。其實，亞軍的韋綺珊也唱得好，但酒廊味太重了。

另外，酒廊歌手有時太老練。有些歌手會「褪板」，太 lay back，即是把上一個 chord 的東西推到後面，改變節奏，把第一節的詞拖到第二節唱，總之就是變了樣。這樣表演看起來厲害，但是這樣其實不好，會撞 chord。

阿梅是怎樣改掉這些習慣的？

我想應該是戴思聰有教過她。以我所知，在酒樓唱歌時她就有跟戴思聰學唱歌，她是一個很尊敬老師的人。大概是參加新秀之前，她都一直在學，新秀之後她就太忙了。而且，她後來已有很多經驗，知道怎樣唱了。

如果當時沒有新秀比賽，你認為阿梅的路會是怎樣？

如果沒有這個機會就不行了，你最多可以一晚唱十多場，唱到酒樓夜總會這行業沒落為止。夜總會在九十年代就開始沒落，後來租金開始

貴了，又有很多勞工法例，多了額外開支，老闆就不投資。

當時她們唱一場能掙多少錢？

一場四十五分鐘大概有二百元，這是一個普通常駐歌手的價錢，即是阿梅參加新秀前的價錢。如果是擔任表演嘉賓，應該有一千多元左右。至於台灣來的大歌星，則可以收到兩三千，大節日可以到五千。當時顧客食一分牛排大約一百多元左右吧。還要扣除車馬費、服裝費等等，而且也不是每晚有得唱。

始終如一的真性情

在華星時代，你除了幫她伴奏，還幫她寫歌及編曲，有沒有哪一些是你特別喜歡的？

我喜歡《赤的疑惑》，雖然不是由我編曲的，但色士風是我吹的。《愛將》是我自己編的，也有吹色士風，《夢幻的擁抱》、《夢伴》都是我吹的。

在阿梅之前，香港歌手少唱快歌，而你則幫她的好幾首勁歌編曲，當時的經驗是怎樣？

當時我們常常改編英文歌、日本歌，好像重新剪裁衣服，但對原曲的改動不會太大，因為原曲本身往往都很好了。改編之前，我們要收集多些資訊，參考多些歌曲。有了共識，就可以改編了。而且，阿梅自己也有很多想法。在一九九五年演唱會最後的一部份，阿梅跟一大群dancers 穿宮廷服裝出來跳舞，就是她自己的想法，她參考了麥當娜的表演。

在音樂創作上，阿梅參與得多嗎？

最初，她是比較聽話的，累積了經驗之後，大家就要互相配合。她一直看 show、聽音樂，吸收了很多東西。而且，她在音樂、舞台表演方面都很願意學習。

有一次在演唱會上，阿梅介紹樂隊時說他們不只是樂手，還是她的表哥。她跟樂隊之間的關係似乎特別好？

是呀，她知道表演不能沒有樂隊，有音樂才可帶動氣氛。最初，只有我一個人帶著她去表演，所有事情都是我做，收錢、指揮樂隊，一腳踢。尤其以前沒有 MMO（Music-Minus-One，伴奏音樂），沒有樂隊是沒辦法開場的，她知道樂隊跟歌手的合作有多重要。

當時走埠也很辛苦的。出埠時，歌星有豪華專車接送，但她就喜歡跟我們工作人員一起坐旅遊巴士。她會橫躺在最後一排睡覺，睡醒就給大家唱歌，有時還唱粵曲。她喜歡跟我們在一起，也很照顧我們，這可能跟她的出身有關。

有一次我們去歐洲演出，公司為了省錢，就安排歌星住大酒店，我們就住比較差的。她就有點生氣，說要跟我們住在一起，而且真的搬過來。她是有這樣的心。有什麼看不過眼的事情，她就會出聲。現在新一輩的藝人很少會照顧到身邊的人，他們沒有這樣的意識。但是，阿梅這麼小就出來唱歌，對人生是有多些感受的。

很多人說阿梅很念舊，你們又識於微時，感情是不是有特別深厚？

是的。以前在華星，我們一直合作，她每次去日本都會帶一些小禮物給我們。我也不是貪這些東西，難得的是她把我放在心上。她曾經送過一個色士風模樣的紙鎮給我，我到現在還留著。有一次，她問我戴的是什麼手錶，我給她看了，她沒有說話。到了聖誕節，她就送我一隻錶，是 Cartier，我仍留著。她見到有適合你的東西就會買下來給你。她對每個人都是這樣，很有心。就算她很紅很忙的時候，亦是這樣。

走紅前後，阿梅的性情有沒有改變？

她的本質一直沒變。最初是我一個人帶她出埠，後來一隊人可能有四十個工作人員，而她又不甘寂寞，整天都有一大班朋友在身邊。除了工作上的接觸，我跟她就有些疏遠了。但無論如何，她對愛情、友情都很投入，她的本質從沒變。不過，有些人是利用她的知名度去賺錢，但她對朋友仍然很好。其實，她也沒有那麼多時間去分辨真與假。可惜的是，她身邊缺乏一個幫她理財的人，她常常不知道自己有多少錢，要花錢就找她的助手。

你會怎樣形容她的性情？

她大情大性，像個男人，是個豪俠。每次一到慶功宴，她就說「飲杯！」然後就跟每個人飲，好像以前的大俠。她先自己乾掉一杯，你喝不喝？其實這對她身體都不好。

你怎樣評價她在舞台上的演出？

前無古人後無來者。說她是「香港的女兒」是沒有錯的。往後十年八載，都不會有這樣的人了。為什麼我有膽這麼說？因為再沒有人會有她這樣的訓練，一晚不停唱十個八個鐘頭。錄《似水流年》的時候，她就是剛從醫院出來，結果錄一次就完成，沒改過，沒補過。當時她好像是腸胃炎入院，我們等了她很久，所以很趕。她唱出來的感覺，聽起來好像是病人奄奄一息，完全唱出歌的味道，我當時就在現場。

我也做過演唱會唱片，有些歌手是在演唱會之後，重新來錄音室再錄一遍，來補 vocal。阿梅的演唱會唱片都是不需要補的。她覺得現場就是現場，補音就是欺騙觀眾。可惜我沒有參與她最後的演唱會，但是，我每場都有去看。第一場她一上台，已經是很震撼了。她上了台就好像是神上身了。

除了訓練之外，你覺得她的天分如何？

她是天生吃這行飯的。所以我敢講，沒有人像她，有天分，有機會，有華星唱片大力扶助，有黎小田、倫永亮等音樂人幫忙。她最風光的時間過了之後，娛樂事業開始萎縮。現在就算你唱得好，也沒有這樣的市場。以前阿梅每次開幾十場演唱會，現在哪裡還有？

她唱歌好，演戲也好，她在《胭脂扣》（1988）及《川島芳子》（1990）都演得好，搞笑起來又行，例如《審死官》（1992）。她從小是踏舞台板出身的。還有，她的人生經歷、感情經歷，都有助她演戲。一演到傷心處，就自然會流淚。

二○一三年你也有參與一些紀念阿梅逝世十周年的活動，例如何超儀的《八十再玩》專輯，還有一個紀念 band show，你當時心情如何？

我很高興。何超儀找我是因為她翻唱的《蔓珠莎華》等幾首阿梅的歌原本都是我吹色士風的，她真的很有心。何超儀和阿梅認識很長時間了，當年，她們三姐妹在加拿大讀書，我和阿梅幾乎每年都去演出。她們三姐妹經常來後台，都是阿梅的歌迷。後來，我在錄音室又見到何超儀，她喜歡唱歌與演藝工作。她特地去錄音室坐一整天看阿梅錄音，是超級歌迷，沒有富家女的架子。她去年（2013 年）的唱片，就是向幾個八十年代的歌手致敬。

至於在紀念阿梅的 band show 中，我在台上吹色士風，何超儀唱《夢幻的擁抱》，那次我也很興奮。我當時想起阿梅的揮灑自如，她可以帶動我們表演，大家有交流互動。跟她合作，會很有 feeling。那次演出勾起很多回憶。

一九九一年《慾望野獸街》造

Interview 18

她做到的遠不止
歌星演員
——劉天蘭

二〇一三年，香港著名設計師石家豪畫了張名為「梅艷芳的八十年代」的插畫，畫了她的十個造型，當中除了壞女孩及妖女等經典形象外，還有她穿 T 恤牛仔褲的造型——那是她參加一九八九年「民主歌聲獻中華」的簡樸裝束。是的，梅艷芳的百變還包括她參與業界公職與社會慈善活動時的一張素淨的臉。

劉天蘭跟梅艷芳的緣份始於那時，他們結為好友則是因為香港演藝人協會。當大眾讚賞梅艷芳的演藝才華，劉天蘭看到一個為社會為公義不退讓不言休的梅艷芳。作為戰友，他們的戰績包括舉辦《1:99 音樂會》及《茁壯行動》。

在人生的最後兩年，阿梅擔任香港演藝人協會主席，並用盡了她最後的光陰與力氣，為香港演藝界、為社會做了許多事。還幸她身邊有劉天蘭，這對「梅蘭姊妹花」二人同心，其利斷金。

你曾提到你是第一屆新秀歌唱大賽的座上客,初賽決賽都有看,是嗎?

是的,那一年大家都很高興有新秀歌唱大賽。我和岑建勳都有門票,還坐在前排,看完初賽後,不作他想,我們認定 Anita 是第一。這位參賽者好型、好特別,唱得很好。我們再看決賽,很想看著她贏冠軍。

其實,我看過不少業餘歌唱比賽,自己也喜愛音樂,亦有唱歌,但業餘歌唱比賽始終是業餘。雖然參加新秀的人有電視台包裝過,又有舞蹈員伴舞,看起來會比較像樣,但始終看得出青澀幼嫩。至於 Anita,她卻很老練,簡直是超班。愛才的人會開心為她鼓掌,當我們知道她的名字──梅艷芳,更覺得這名字很勁!當時我們真的很開心很興奮,見到一個好厲害的 talent。

她入行之後,你們認識嗎?你對她印象如何?

我們一直都沒機會認識。當時我在《號外》擔任編輯,我們有個欄目叫「Dress to Kill」,每期刊登穿得不好看的藝人照片,這欄目得罪好多人。阿梅早期的衣著比較土,我們有一期就選了她。當年我們辦《號外》的方針比較特別,我們講的、看的、試的,讀者都會留意,我們又很頑皮,每期的「Dress to Kill」或封面,都會成為「talk of the town」。我們的風格比較隨意,攝影手法又新,當 artiste 來拍照,無論是我或張叔平負責,總會多作嘗試,好玩嘛,沒壓力,又不需要推介商品,藝人不用戴隻名錶上封面,所以,好多 artiste 都喜歡在《號外》封面出現,不喜歡在「Dress to Kill」出現,哈。

說起來,在八、九十年代的《號外》從未找過阿梅上封面呢。

完全不知何解。由於我很活躍,我雖然離開了《號外》,但仍然有負責封面,這是一個階段,後來我連封面也沒時間做,又是另一個階段,中間有很長時間。十多年後,我和鄧小宇突然發覺,為何從來沒有找過 Anita 做封面?這根本是不可能的!但世事就是這麼不可思議,所以

我即時致電 Anita 邀請拍封面，當時已是二千年左右了。那封面是我做指導的。

曾有人猜測，《號外》比較知識分子口味，而阿梅出身草根、比較大眾化，所以不 buy 阿梅？

Buy ！我完全不覺得是這樣。但我也不怪別人這樣想，因為正常來說，一個走紅的明星沒可能不做封面。在《號外》，甚至不是這行的，只要有個型有個款，我們都會請他做封面。但就是這樣莫名其妙，竟然沒找過 Anita ！到我們發現之後，就即時打電話邀約她拍封面，是她唯一一次的《號外》封面。

出道幾年之後，Anita 的打扮變得很前衛。從 fashion 的角度，你當時感覺如何？

她剛出道幾年，衣著亂七八糟，的確未成氣候。但後來，她有劉培基幫手，又有資源，加上化妝、髮型，影相及 art director 的配合，很快便踏上一個明星的專業軌道，有她自己的風格，而且她又可以千變萬化。當然 Eddie 要記一大功，但主角 Anita 亦要擔得起才行。她有那種氣質，由荔園歌女到百變天后，她的心路歷程很豐富。她有力量，肢體動作很強，很特別，什麼時裝也 carry 得到。

我看著她很快成為天王巨星，穿什麼有什麼。八十年代我們做形象，其實會跟足唱片及歌曲形象，亦受日本影響，所以她唱《妖女》時會妖一段時間，那其實是 costume，像戲服。她出席頒獎禮的打扮，其實也是 costume。我當時沒有太多機會看她平日的衣著，我感覺那是一個香港頂級藝人的衣著，她的衣著實在是她專業的一部份，給人視覺享受。

你剛剛說她迅速成為天王巨星，你覺得她的形象及特質跟當時的女星有什麼不同？她似乎很快就有一種大姐風範？

她擔得起有餘。大家知道她得獎時雖然只有十八歲，但歌齡已經那麼長。作為歌手，她一出來已是資深；第二，她有天生的演藝才能，眼神、歌聲、肢體語言，所有都是超班的。她同期的女星有美艷的、玉女型的、好身材的，但她根本就自成一格。加上時機好，有資源，又有人幫，所以這麼快上位。不過，就算外在條件齊備，但如果 artiste 本身沒有內在，也是不行的，就算上位也不會長久。所以，一切在她身上配合得很好，她從小到大的經驗，她的內在本質，再加上外在環境，就孕育了一位 talent 出來，再遇上這一行的需要，便造就了一個很獨特的梅艷芳。

妳是形象設計師，會不會特別喜歡或不喜歡不同時期的梅艷芳？

我沒有研究她的每個時期，不敢亂說。關於她的形象，我寫過一篇文章：你看她二十歲到四十歲，由出道到講再見，由我放她在「Dress to Kill」直到人生最後階段，她都在成長。她自己選衣飾，自己配搭。我的文章是說，她一路以來都在學習和吸收，到了後期已是氣定神閒，所選的衣飾全都有她的風格。或許不會全世界都讚她品味高超，但她總是穿得合適。一個三十多歲的 artiste，不論在台上或是平日，她出席什麼場合都穿得講究，都出得場面，那已經是她自己的修為。有次要做香港電影金像獎司儀，她自己到 Joyce 買衫，我剛巧遇到她，她選了一套衫問我意見，選得非常好！這是由「Dress to Kill」變成「Dress very well」的成長過程。

舞台之下光影之外

你跟阿梅的認識，是不是因為八九之後的巡迴籌款演唱會？

第一次碰頭應該是在跑馬地的「民主歌聲獻中華」演唱會，當時我們不太認識，她出席獻唱，我在台前幕後打點，只知道大家都是為「六四」

出力。真正認識得比較多的，是在一九九〇年的美加巡迴演唱會，一共去了七個城市，是為當地支持民主的團體籌款，由岑建勳帶頭，同行有黃耀明、葉德嫻、夏韶聲、盧冠廷及司徒華等，然後在不同城市又有不同人加入。那次因為要一起去很多地方，所以認識深了。

你們途中的相處情況怎樣？友情是否推進一大步？

那次其實不是友情推進一大步的章回，因為整個行程很急，唱完又要到下個地方，幾日內要到七個城市，根本沒太多時間相處。反而是結束巡迴之後，我們一起在酒店內說笑聊天，做鬼臉，一起拍照，非常開心。旅途上，Anita 跟岑建勳經常互相開玩笑，Anita 亦不會介意；例如有次航機延誤了八個鐘，我們都沒有睡，到埗時岑建勳笑她像一棵菜。Anita 又扮華叔哨牙，華叔亦不介意，好好笑。現在他們兩個都不在了⋯⋯

在旅程中，有沒有分享對「六四」的看法？

這問題我們反而沒有談很多，亦不需要很多討論，因為大家已經在行動，在同心做一件事，已經心照不宣。大家內心有什麼說話，都在台上說出來。當時大家有種默契與情誼，後來有一年岑建勳生日，Anita 跟我到金舖打了一個金壽桃送他，我和她還自稱「梅蘭姊妹花」敬賀。這個金壽桃至今還在岑建勳的客廳飾櫃的中央。而且，今時今日我見到黃耀明、盧冠廷、羅大佑等人仍覺很親切。

接下來的緊密接觸，應該就是香港演藝人協會的共事時期了。

我和 Anita 真正的友誼增進，是因為演藝人協會。我入會那年許冠文做會長，Anita 是副會長，協會的大小晚宴她都出席，我們見面時便攬頭攬頸。協會每兩年便換屆，整個委員會也換人。有一兩年成龍比較忙，大家建議選 Anita 做會長。到了二〇〇一至二〇〇三那一任，Anita 做會長，正是她人生的最後兩年。

當時我們很 close，她是會長，我是副會長。其實是有幾個副會長的，但我和她比較投契。她很適合做 leader，有那方面的才能；她大小會議都出席，很實幹，每次跟二十多個委員開會，可以帶動我們群策群力，會後要跟進的事務也很落力完成。

尤其在二〇〇三年，香港及演藝界都發生很多事。

大家最記得的是《1:99音樂會》。二〇〇三年有「沙士」，哥哥又走了，在他的解穢酒那晚，Anita 跟我説：天蘭，我們是否要做點事？她想為受沙士影響的家庭籌款，我説要找媒體支持，於是便致電《明報》。吃完那頓飯，我們便知道要開始這件事。

另外，還有沙士前一年，她主動提出要組一個電影訪問團去北京，同行的有我和另一個副會長何錦華，全程自費。在那一次北京之行，我們又談了很多。我們住的地方相隔不遠，只有十分鐘車程。很多時候，她會打電話跟我聊天，或是我到她家作客，我又請過她來我家吃飯，她開生日會大家又會走在一起。

阿梅跟成龍、許冠文創立的演藝人協會影響力的確不小，連大陸及台灣的藝人都嘖嘖稱奇，因為他們沒有這樣的組織。

其實創立演藝人協會的幾位朋友都有心、有視野，我在第二屆加入時，一開會便要戴口罩，當時是抗議狗仔隊文化。這個協會是個奇蹟，一方面是業內團結；另一方面，那幾年很多天災人禍，協會發揮了很大力量，把兩岸和香港的藝人團結起來一同籌款，多年來很多戰友。到了我年紀老邁時，真要寫回憶錄。

你跟阿梅談的是以公事為主嗎？

會務或慈善方面的事會比較多，但我也很驚訝她會跟我談一些很私人的事。因為會務，我們變成了好姊妹，有時在會務以外，例如我想到

外地發展一些工作，也會找她談，她會很支持我。

二〇〇三年實在太 intense 了。哥哥離開那一晚，我和梁家輝收到消息，大家都極度擔心 Anita。因我住得最近，就立即趕到她家，結果她真的崩潰了。我和她的徒弟輪流陪伴，甚至想過那年停辦香港電影金像獎，但後來志偉、祖哥（張同祖）到 Anita 家開會後，才決定如常舉辦。無論如何，她是個盡責的會長，二〇〇二年家母出殯，我未能出席會議，她也有送花和打電話慰問。

她是一個領袖

雖然 Anita 讀書不多，但如你所說，這並不影響她的領導能力。

如果她的際遇好一點，受的教育好一點，單是外語能力肯定已經不得了。她絕頂聰明，又擁有 leader 的沉著和魅力。我們每次籌款活動遇到困難，她都把問題逐一解決，調兵遣將，充滿正能量。無論有什麼問題，她都相信可以解決，真正是講得出做得到，所以非常服眾。我有一張 Anita 在《1:99 音樂會》後台的照片，大家圍著她聽她講話，什麼都不用說——this is a leader。

你曾撰文提到，一有什麼大事發生，就會接到她的電話，是嗎？

她有膽識，立場鮮明，不會擔心自己會否受影響。像劉嘉玲那次「天地不容」事件，阿梅為社會及藝人發聲，這是她創立演藝人協會的信念。相信就算她不是會長，也會第一時間站出來。還有台灣地震，當時我在新城電台做台長，她一大早打給我，說：天蘭，我們要做點事。然後，我們就找志偉開會，一步步去做。她很有善心，所以我覺得我和她的緣份跟慈善很有關係。

你跟阿梅在工作上的合作是怎樣的？

我們分工很清晰，她做梅艷芳能做的事，我做劉天蘭能做的事。這兩女人都是 go all the way，有事要做，會不眠不休做好為止。我們都是出心的。協會從年輕至退休人士都有，但她能夠把大家意見歸納後，再投票通過，而作為副會長我會支援，幫忙找資料、提點等等。

例如演藝人協會要有會歌，她就建議找學友幫手。她有 sense，總是看得準的。她從小出來行走江湖，很懂人情世故，我雖然比她年長，但成長環境比較單純。她曾經說，不知道我是純還是蠢。這也好，總好過說我奸，哈哈。

Anita 很懂人情世故。打個比喻，如果你每天起床後走的是迷宮，當你在街上見到條條直路，你便會很快找到方向，所以，她是一個 leader，懂得觀察人，以大事為重。我記得在某個籌款晚會上有個極不講理的人，Anita 其實可以大發脾氣，但她沒有，她很有修養，直至晚會完結，才輕輕揶揄他一句。

當時沙士和哥哥的事同時發生，發起「茁壯行動」時她怎樣處理情緒？會不會很壓抑？

我有為她想過，自己病了，哥哥走了，看見她當晚的樣子，我才明白什麼叫傷心欲絕。我想，她不是壓抑情緒，而是趁自己還有力氣去做點事。她意志力很強，哥哥四月走，《1:99 音樂會》五月舉行，她還負責全香港所有宣傳，調度台前幕後。她的意志力真令人敬佩。莫說病重，人患感冒時都會懶一點吧。

二〇〇一到二〇〇三年，整個香港以至演藝界都發生很多事，那兩年如果換了別人當演藝人協會的會長，這個會的工作會不會有所不同？

會有分別的。不同的人做，有推動或沒推動一些事，結果也會不一樣。剛巧那兩三年發生的每一件都是大事，但無論事件多大，我跟阿梅一個電話便行動。

她在社會中學會做人

剛才妳説妳們比較投契，是因為大家的性格嗎？

我們有些信念與價值觀是一樣的，哪些是黑哪些是白，我們的看法是一致，我們看誰是好人誰是壞人，又總是差不多。她會講真話，又有一顆善心，真是世間少有。

在阿梅人生的最後一段日子，你們是怎樣相處的？

她跟我説起病情時，已經到了很後期，我沒想到是那麼嚴重。我們可以做什麼？就是支持！支持！支持！她有她醫治的方法，我會叫工人煲湯給她補身，她喜歡喝，還説是愛心湯。

那大半年，她身體有事，後來入院，而我哥哥也同時入院，同樣在養和，只是不同樓層。他們都很嚴重，但我哥哥治療一個月後便出院了，後來慢慢康復，但阿梅就……當時，我和姐姐每天去養和的深切治療部，又去看阿梅。有時她睡了，便會留下字條給她：「我來了，妳點呀？」我也寫字條告訴她我哥哥在深切治療部。有次她醒了，便示意我到床邊，她聲音很弱，但她第一句竟然問「妳哥哥怎樣了？」你真的不能不感動。其實，她不認識我哥哥，她真的很關心我，我很appreciate 這個朋友。雖然有人説她寂寞，所以喜歡有人在身邊，但她對世界、對人那麼敏感，是很需要跟別人分享的。

你是阿梅喪禮的治喪委員會成員，當時心情怎樣？

我當時只想為她做好這件事，當然，我是很惋惜的。所有朋友都愛她，為她打點，到今天，誰都説她的好。當年有很多感動的事，「1:99 音樂會」我們為受沙士影響的家庭籌款，有很多受惠的學童，後來「茁壯行動」基金運作了五年，直到用完最後一元，我就去拜祭她，我拿著報告説：會長，整個計劃我們已經完成了……

阿梅在妳生命中留下了什麼？

我十分慶幸在我生命中曾經認識梅艷芳，作為一個朋友，一個戰友，我很欣賞她。他的生命很極致，他出眾到不得了，作為一個藝術工作者，她無論在舞台上或電影中都表現那麼好。首先，她很有才華，第二，她有一顆 big heart 善心，是一個很獨特的女性。你看她四十年人生，面對那麼多人與事，她曾經開心，曾經不開心，身體患病，然後離開，她幫過多少人，救過多少人，自己又曾經多少次低落。這生命短短四十年，太短了。如果她還在，現在五十歲出頭，正是人生的黃金時間，無論在演藝或公益方面，她會有很多發揮，可以正面影響更多人的生命。

作為一個女性，妳怎樣看梅艷芳「香港的女兒」這個稱號？

「香港的女兒」是黃毓民開會時講的。我覺得 Anita 很香港，她人生的四十年跟香港一同起飛，她從荔園出身，屬於普羅大眾。她是百分百香港的，值得尊重和景仰；她真正靠自己的天分和努力賺錢養家，她受教育不多，但價值觀沒偏差，教育不只在學校，她在社會學會做人。

二〇一三年阿梅逝世十周年，一連串的紀念活動中有劉培基的時裝展覽及張學友辦的音樂會，兩個活動你都有參與，感受如何？

我出席了劉培基展覽會的開幕禮，之前亦買了展覽特刊支持，他又送了一本他的自傳給我，內容很詳盡地呈現了他的人生。當然，他和 Anita 的部份是很特別很難得的，不知道外國有沒有這種設計師和藝人之間的緣份？

至於那個紀念音樂會，他們很早就找我幫手，但因公事太忙未能抽身。我很感謝學友為我們創造了這個機會一同向 Anita 致敬，這是個很有格調的音樂會，整晚內容很簡潔，音樂很好，他們是為了至愛的朋友做了一件事。音樂會結束後，大家在後台久久都不散去，一切盡在心中。

Interview 19

讓她做回平凡女人
——陳海琪

梅艷芳知交滿天下。她的密友中，有的人盡皆知，有的鮮為人知，陳海琪大概屬於後者。一個歌影巨星，一個著名DJ，他們的共通點在哪兒？除了音樂之外，就是她們的作息時間。阿梅是出名的夜鬼，陳海琪長期主持深夜節目，凌晨兩三點，當大部份人都已熟睡，他們卻是剛下班又未願去睡，於是相約聚首。

在阿梅的家裡，她們透過天窗看星星，有過無數次的 girl's talk，而愛情是一大主題。曾經進入阿梅內心世界的海琪說，她的歌之所以動人，是因為她是有故事的人，一個在人生中過盡千帆的人。

「因此，她的歌有靈魂。」她說。

你跟阿梅的感情，是因為 DJ 與歌手的關係而建立的嗎？

當時我在香港電台做 DJ，她則是剛出道不久。我們第一次見面是在香港電台的大堂。當時，她被一班記者圍住，而我就在一旁偷看她。她突然轉開視線，走過來問我：「我可以跟你做朋友嗎？」我當時真的很激動。

阿梅本身喜歡聽歌，而我是主持深夜節目，我猜她有聽我的節目，而主持人跟聽眾的關係很微妙，有時感覺好像是好朋友。就這樣，我們成了朋友。後來，因為約她做訪問，我跟她走得更近，她更成了我節目的常客。她上我的節目不單純是為宣傳，我甚至覺得她根本不是來做宣傳，因為她不是宣傳期也會上來。後來，我轉了幾間電台，她都支持我，上我的節目。她真是一個很有義氣的朋友。

你和她算是一拍即合嗎？

是的，我跟她無所不談。她是一個很自卑的人，我就常跟她說讀書不是一切，懂得人生是不同層次的事。如果講對人生的思考，我覺得她不會比一個博士少。很多人不知道她很喜歡一首英文歌。有一次我做完節目去她家，她問我剛剛節目播的某首歌的歌名，那是電影《再見女郎》（*The Goobye Girl*, 1977）的主題曲 *Goodbye Girl*。我告訴她這首歌的意思，以及這齣電影的內容，那是關於愛情和夢想的追尋。之後，她立刻租那齣戲來看。她就是這樣，對於未認識的世界，她會去問，去探索。其實，她對歌詞的要求很高，人又積極好學，除了這首歌，我也錄了很多外語歌給她，跟她分享一些經典歌。

在直播室以外，你們是如何建立友誼的？

我們經常通電話，有一段時間我更常常去她家。有時她做完 show，我就去她宵夜的地方找她，然後去她家。她的家有一個天窗，可以望到天上星星。在那種夜深人靜的時候，我們就會 girl's talk，一聊就聊

到天亮，每次也是這樣。如果我還有力氣，我會坐的士回家，不然就在她家睡覺。

你們這種交流持續了多久？

很長很長，維持了很多年。有時候，甚至在我做節目時，她會打電話進來，跟接電話的同事說她是梅艷芳，那些同事還以為是惡作劇。有時我在節目中講某個話題，她就會打來回應，例如有一次講愛情，她就打上來解答大家的問題。其實我跟她都是性格很「百搭」的人，說話好直接，而且都容易得罪人。

很多人都說阿梅是個容易敞開心房的人，你覺得她對人是不是少有防備之心？

其實有人會在工作上佔她便宜，利用她的名氣與地位，但她是十分清楚的，她不計較，她的出發點是為人著想，因為她覺得開口求人不容易，問人借錢更難。她真的借了很多錢給人，但後期她都比較小心了。除了家庭以外，其他事情她很少會去埋怨。

梅艷芳是很有胸襟的人。我相信因為她出身很苦，所以會很同情一些有同樣經歷的人。她是一個有故事的人，所以她才是梅艷芳。那麼多年，為什麼沒人可以取代她？音樂很強調個人色彩，是很靈性的事。例如《似水流年》，當年她只有廿一、二歲，這不只是音質、嗓子的問題，而是因為她有故事。樂迷覺得感動，是因為歌裡有她的故事。

有記者說她對記者特別誠懇，你接觸過這麼多藝人，你同意嗎？

同意。但亦要強調一點，在梅艷芳那個年代的記者單純得多，對現在的記者則很難誠懇。阿梅的私生活透明度太高，她沒有什麼事要隱瞞，亦不會隱瞞。當時沒有狗仔隊，但她的私生活透明度已經那麼高。

可否談談當時DJ跟歌手的關係？你跟阿梅的感情算特殊嗎？

在那個時代，歌手和主持的關係比較親密，就好像朋友。有時唱片公司還未正式派主打歌，歌手可能已經給我們試聽了。因為是朋友嘛，他們會問我們的意見。阿梅很信任別人的專業，對監製很放心，但她做唱片亦會問我意見。以我觀察，每張唱片推出之前，她花得最多時間的是去想那張唱片的主題是什麼，有什麼訊息。

在我眼中，她是一個極度自卑的人，她覺得這輩子只有一件事她做得好，所以才不容有失，才會更努力。她一上台的氣勢，她的銳利和篤定，其實是來自她背後的故事，是由心而發的，沒有人能夠模仿。所以，為什麼她到死之前都要站在舞台上？這實在很容易明白。她從頭到尾都沒有變，這是她唯一的舞台。

我相信不同時代的主持都會跟歌星交朋友，但梅艷芳的情況比較特殊，因為她是超級巨星，而且她很懂得分辨哪些人可以坦然地說話。她很多知心朋友，而且是不同界別的。她從小跑江湖，閱歷豐富，認識的人亦種類繁多，有不少欣賞她的朋友為她著想。以我所見，她喜歡交一些年長的朋友，大概因為她是一個有故事的人，同時亦喜歡聽別人的故事。

當時，我跟一些歌星朋友一起成長，感情非筆墨所能形容啊。例如阿梅及學友，都是一起成長的。

當時，電台會不會因為跟某間唱片公司關係好，而去捧旗下歌星？有段時間，有傳阿梅跟商台的關係不好，導致失去獎項。

這些都是江湖是非。其實，音樂界亦有策略，會去主打某些歌，捧紅某些人。如果沒有整體策略，又如何捧人？ 這就是造星，在香港有它的系統，而且很完善。

至情至性的女人

過了事業衝刺期之後，她不再每晚工作至深夜，你們仍維持緊密接觸嗎？

也有，雖不會像以前那樣幾乎天天聯絡，但仍會通電話講很久。當時我事業有點不如意，常打電話去訴苦，她很有耐性聽。她常常問我要不要她出手相助，我拒絕了，我說：「你先讓我自己去承受，如果真的不行再找你。」她是個仗義的人。娛樂圈是一個很複雜的地方，她很明白有時不是單靠努力就行，所以她喜歡抱打不平，有時會因此傷痕纍纍。她有義氣，亦很感性，我幾乎每次跟她做訪問，她都會哭。

什麼話題最觸動她情緒？

有一次做節目時，她在我面前不停流淚，我當時沒有即時播音樂，因為我想把她真實的一面直播出去。我想大家知道，為什麼大家眼中的強者梅艷芳會哭呢？當日，我問了她一個問題：你每天都有很多人前呼後擁，食客三千，你有沒有想過哪一個是真正的朋友？於是她就哭了。

我常常跟她說，雖然錢不是一切，但你的錢亦是血汗錢。你梅艷芳只是吃碗艇仔粥，為什麼結帳要付兩萬多元？我親眼見過一次，她去跑馬地吃艇仔粥，當時有一群人在身邊，這批人吃完又有另一批來吃，幾乎滿滿是兩層的人，最後埋單的是阿梅，花了兩萬多元。

因為她是超級巨星，她去吃一碗粥都有這樣的場面，這樣的花費。這是我剛好見到的，那麼我見不到的呢？她的朋友當然有不少是真心的，但有人是存心在她身上撈利益。她會說，那些人吃得開心就讓他們吃吧。她很怕孤獨，她的出發點也是善良的，我只是不能接受一碗粥吃掉兩萬元，但她改不了。或許可以這樣說，她小時候窮，nothing to lose，亦沒有什麼可以被人騙，所以這樣豪爽。

感情問題亦會令她感觸嗎？

有一陣子，娛樂圈很多人在拍拖，看似很幸福。某天凌晨，我們一起望著天窗，她對我說，這世界真的不公平，因為她外表強悍，所以如果有一百個女人同時在哭，她一定是最後一個被男人安慰的人，而我就說我是倒數第二個，哈哈。她外表是強人，但在愛情裡有時像隻小貓咪，很小女人。有愛情的時候，她會在家煮飯，這是大家想像不到的。其實，我們有時也會為感情事爭拗，例如我也會批評她的男友，她也曾說我男友不好，其實大家都是想提醒對方。我們聊天時，其實什麼都談，但百分之七十的時間都談愛情。

記憶中你好像在節目中提過，阿梅曾給你看她那不太好的掌紋。是嗎？

這個我不太記得了，但她的確很喜歡掌相命理。我時常叫她不要信那些人，要信自己。但是，這也很容易理解，她命途崎嶇，幾歲便出來跑江湖，她真的是天涯歌女。當她迸發光芒的時候，她就會想，這一切是不是注定的？於是就會容易信命。如果沒有新秀，可能她還是在荔園，直到荔園和那隻大象一起跟世界講再見。

二千年阿梅出了《I'm So Happy》這張唱片，並附送一本小書，就是由你所寫。你在裡面說，如果你得到幸福，會分一半給她。當時怎麼會有這樣的合作？

她當時叫我寫我就寫了，我聽了那唱片，覺得是她的重新出發。那時候她遇到一些瓶頸，包括音樂路向、形象塑造等。在那張唱片，她的形象很清新，回歸簡樸。我覺得既然她要重新出發，便要對以往作出總結，記住之前的教訓。

你亦在書中寫道，她曾叫你不要對男人那麼絕情。

有一次我很傷心，她來安慰我，我說這次我很堅強，她問為什麼，我說因為我在想一個方法去報仇。其實我只是說笑，我告訴她，我會將悲哀化為憤怒，等自己好過些，因此她叫我不要太絕情。

她是個很痴情的人。拍拖時，她一上完節目，男友就會來電台接她走。她其實是個很典型的女朋友，普通女人做的，她都會做。她有一個想法改變不了，就是她認為她男友可以不是她的歌迷。不可能的！這個人不可能不喜歡她的音樂，不可能不喜歡舞台上強悍的梅艷芳。

她擇偶時對外表亦有一定要求吧？

她有一句名言，就是「男人都花心，倒不如找個靚仔。」其實，她有好幾個男朋友都是很好的，但她當時正處於事業衝刺期，準備攀登「珠穆朗瑪峰」，這時突然有個男人出現，當然會給她一點慰藉，但時機不對。如果這個人在二十年後出現，就算她還差一步登上「珠穆朗瑪峰」，她都可能會立刻收拾行李下山。她所有男人都出現在一個錯的時機。

她常常上你的節目，她有哪個階段是最開心的？

當然是拍拖的時候了。她是時刻渴望戀愛的女人，這亦是人之常情。有了心愛的人等她回家，總好過對著陳海琪吧，哈哈。但是，她的生活節奏是一個問題，一個過著正常生活的男人是很難配合的。所以我以前常常跟她開玩笑，有一種人比較適合她，就是消防員，因為他們是返三日放兩日，而且鬧鐘一響就起床。真的，不然還有什麼人適合她？她沒可能跟一個老師拍拖，這就是人生。阿梅是一個異數，閱讀阿梅的人生可以看到很多道理，命裡有時終須有。客觀環境很重要，很多事情可以預計，為何失敗為何成功，是有邏輯的。

而且，梅艷芳有很多人要照顧，擔子很重，是精神上的包袱。錢固然是賺不完，精神上的包袱亦不可以輕易放低。

愛情與事業對她來說，似乎是不可兼得的？

唉，我真的長歎一聲。因為她的堅持，所以她是耀眼的梅艷芳。但是，

她的鬥心與堅持在愛情方面就變成痛苦。而且，她的愛恨分明在愛情中亦是痛苦的。

我時常想起我們講過的一個笑話。我說：「阿梅呀，我們應該要改變一種習慣，你有沒有發現我們跟異性吃飯時，我們會拿起菜單說，這裡的燒鵝很好吃，一起吃吧。我們會幫男人拿主意。」然後我們就說要開始練習，改掉這習慣。但我們試過，是改不掉的，就算刻意在男人面前講：「哎呀，你想吃什麼？你來點菜吧。」其實我們心裡一早就決定吃什麼了，哈哈哈。我們是不會裝的，就是裝也裝不了多久。

像阿梅這樣的獨立女性，如果生活在西方社會是不是比較好？

會，我覺得會。雖然，西方社會也有傳統觀念的男人，而女明星也往往沒有如意的婚姻，這是永恆定律，但是，這是個更傳統的、不開明的、不開放的中國社會。我們表面文明，但對女人的傳統看法根深柢固，所以，就算是強的女人有時也要扮蠢。我們也會談到，愛情是愛情，但在大是大非面前，兩個人應該在同一個平台上爭論。梅艷芳那麼多女性觀眾，她們喜歡她的電影與音樂，是因為她的自主獨立。很多人崇拜她，甚至想變成梅艷芳，自力更生。但當然，自力更生也要付出代價的。

做「梅艷芳」能做的事

你認為她最大精神包袱是什麼？

就是「梅艷芳」這三個字吧，這是她最大的包袱。她是為了身邊的人而去唱歌，因為她要照顧很多人，又關注貧苦大眾。她常常會想，我是梅艷芳，在這裡哪裡我可以做點事，這是她的承擔，再加上她是坐言起行的人，可以想像她一天要處理、要思考多少事情。例如她看報紙，知道社會上的事，她都會感慨一番，然後就去想如何去幫人。她

真的會想。

張學友及草蜢都提過,她會呼朋喚友一起去派棉被給露宿者。

是呀,她就是這樣,一步一步去做很多事情。她不會純粹開張支票,更不會去老人院探訪拍張照見報,她不是這樣的人。這可能跟她出身有關,她吃過苦頭,明白生活艱難。

社運人士陳景輝曾引述你的話,你說如果一切沒有消逝,哥哥會發起大愛同盟,家駒就會去佔領中環,阿梅就會去撐李旺陽。

我常常說,如果阿梅在生,她會是第一個去保衛菜園村的人,如果她看到李旺陽的死,她一定會追問為什麼,因為她是追求正義的人。我覺得菜園村及同志那類議題,她一定會出來講。就是因為她生前的一些行為,包括她去世前舉辦的《1:99 音樂會》,令到梅艷芳這個人更加立體化,而不是純粹一個歌者。

為什麼大家覺得梅艷芳的音樂有靈魂?因為她是一個整體,不只是歌手。她是有 heart and soul 的人,不似現在的人只顧賺錢,監製幫你選曲,你就唱唱唱,那又如何?現在回頭看,別說唱歌,梅艷芳的跳舞與化妝都是象徵了一個時代,這就叫領導潮流,是不容易的,她影響了整個城市。

你也曾描述阿梅是個熱腸熱血的人。

是呀,她還會為別人介紹工作。有一次她晚上回到家,已經很累,但她跟我說先打個電話,我聽到她說:「有個誰在找工作,他如何如何,有沒有工作適合他呢?」其實,那個誰可能只是個不知名的工作人員。她那麼忙還在做這種事,所以我說她熱血心腸。

她會關心社會,關心世界,尤其是貧苦大眾。所以,她為什麼會成立自己的基金會?為什麼基金會叫「四海一心」?因為她追求四海一心、

大同世界。「六四」發生後，她站得最前。至於後來的劉嘉玲事件，她是從女性的角度去關注，她很清楚自己的影響力，知道如何令社會關注這件事。

過盡千帆的沉澱

你本身喜歡阿梅的哪些歌？

她有一首歌叫《斷章》，裡面用了卞之琳的詩，就是「你在橋上看風景，看風景的人在樓上看你」那幾句，在《I'm So Happy》那張唱片。有一次我跟她講起這首詩，她就很喜歡，後來放在她的歌中。這首詩講一個在橋上看風景的人，同時也在被看，就是她的寫照呀。當時，阿梅想在音樂上舞台上試不同的東西，她不是一個單純的歌者，同時亦是一個表演者。她在構思音樂的時候，亦會思量舞台上的表演。她的《親密愛人》我也很喜歡，她真的唱得很好。那種甜蜜的感覺，她唱 live 時表現得很好。換了是個沒有靈魂的人，是很難唱出那意境，就是在一個吹著微風的夜晚，唱出我對你的思念，因為你是我一輩子最親密的愛人。這首歌真的很有情懷呀。她唱過那麼多經典的歌，就是她過盡千帆換回來的。這番話我也跟她說過。

你喜歡她的聲線嗎？

她的聲線就真的沒話說，一開聲就注定是有故事的人。為什麼有些聲音令人著迷？就是因為有種震懾力。阿梅是一個有靈魂的人，有靈魂跟有學識是兩碼子事，兩者沒直接關係。我常常這樣解釋給她聽，但這個永遠是她內心的黑洞，沒辦法。

音樂方面，你喜歡哪個時期的她？

我很喜歡《夏日戀人》那隻碟，喜歡到不得了。她最早期的唱片比較

沉鬱，但去到這張碟的時候，是有一種瀟灑。她一站出來，眼神不再是憂鬱的。那種節奏、那種時尚，已經不再流於香港傳統粵語流行歌曲的模式，她開始蛻變。整張唱片令我眼前一亮，我見到的是一個很多色彩的梅艷芳。

她後期的唱片的確有很多突破。

她有個階段很苦惱，她苦惱於如何照顧到基礎的 fans，又同時有新突破。她很在意要給觀眾一個煥然一新的梅艷芳。她跟很多音樂界的朋友常常在討論，要給觀眾驚喜。現在很多年輕歌星，只考慮一首歌紅不紅，但梅艷芳會考慮舞台，她要觀眾「嘩」一聲，但如何做到呢？她會不停吸納很多不同看法。

對於她曾經想告別舞台，你有什麼看法？

對於梅艷芳來說，音樂就是她人生的全部，那就好像一個人突然辭職，揹起背包去幾年旅行。她也不過是個人，會思考自己的未來，沉澱自己的過去，那只是一個階段。然後有一日她覺得夠了，又或者已經去過她想去的地方，在精神上出走過，可能她又回到原點，好像一個 circle game。

人生就是這樣，我也常常跟她講這些道理，她又剛好是一個忠實聽眾。不知何解，當時我做完幾個鐘頭的節目之後，還可以對著她不停地講，感覺很舒暢。其實，她每天很晚才完成工作，回家可能喝碗湯，吃點東西，而我亦剛好凌晨兩點多下班，跟她聊天聊到天亮，不停地聊幾個小時。當時我已忘記她是巨星，她只不過好像一個姊妹。因為大家的生活形態好接近，而造就我們的關係。如果我是一個文員就不行了，因為我的工作時間，其實我亦沒什麼朋友，我亦不會兩點鐘下班後馬上回家睡，因為我也需要沉澱，每日做直播也很緊張的。

她去世後被稱為「香港的女兒」，作為一位女性，又是好友，你有什麼看法？

這背後是有歷史背景的，大家都知道她六十年代在荔園出身，是一個大家仍是拿一枝竹竿晾衫的年代，就好像《七十二家房客》，是一個發展中的香港。其實荔園是香港一個重要的地標，代表一段香港歷史。阿梅在香港長大，生於斯長於斯，她飛黃騰達之後沒有忘記她的出身，沒有忘記這個城市，這就是香港精神。她被稱為「香港的女兒」不只因為她的演藝成就，還因為她會回饋社會，這不是很多人做到。就算有些人行善，都是為了心安理得，但阿梅是真心誠意地做。梅艷芳如果不唱歌，她應該當了總經理，她是一個很實在的人。

音樂是你的專業，你如何總結梅艷芳的歌唱事業？

她永遠都是「queen of the pop」。她有求新精神，不停更新自己，所以她是百變梅艷芳。她是發自內心地求變，她希望影響新一代，亦希望一代又一代的人可以承接她的精神。她當年的強勢，是沒有人可以擊倒。即使在今天，如果她在生，她仍然是「queen of the pop」。就算她老了，跳不動了，她仍然可能有新的變化。

Interview 20

不止是偶像
——吳慧嫻

大眾對追星族普遍存有一種負面印象，覺得他們瘋狂、無聊、浪費時間。但是，追星族卻深深明白過程中的快樂，也是一種對偶像「愛的付出」。

吳慧嫻喜歡梅艷芳超過三十年，追星資歷也有十多年。她從 TVB 電視城追到啟德機場，又從香港追到新加坡、美國、加拿大。因為追星，她學會攝影；她獨自一人出國，更改變了自己沉默被動的性格。她對偶像的愛是源源不絕，梅姐對她的關心、著緊、信任，更是超乎了大眾的想像。梅姐去世以後，她化悲傷為力量，寫書、辦活動、做善事，都是為了梅姐。

「如果有人間我最愛是誰，我會說是我的歌迷。」梅艷芳曾在演唱會中這樣說。看看吳慧嫻與她的故事，我們會明白這話箇中的意思。

你從什麼時候開始喜歡梅艷芳？

她參加新秀時我已經留意她了，當時電視台辦了一個有獎遊戲，競猜誰是冠軍，我雖然沒參加，但心中已選了十號參賽者梅艷芳。此後，我開始留意她的一切。之後，電視台又搞了一次競猜活動，猜猜誰是《IQ 博士》卡通片主題曲的演唱者，我又再次猜中！

後來她演出電視劇《香江花月夜》，劇中的歌真的很吸引。因為我看不到大結局，而家中又沒有錄影機，於是我就叫我弟弟用錄音機將大結局錄下來。回家後，我一次又一次聽這盒卡式帶。只有聲沒有畫，但我仍聽得入神。當時已經迷上了她。

首次跟梅艷芳近距離接觸是什麼時候？

在一九八五年她的第一次個人演唱會，我衝到台前送禮物給她，又跟她握手。第一次看她現場表演，她的舞台魅力真的難以形容。過了兩年，我再去看她的演唱會時發生了一件趣事。她唱到最後一首歌《珍惜再會時》的最後一句「Let's just kiss and……」時，我朋友突然跳出欄杆拿著相片叫她簽名，這個舉動嚇到現場觀眾，也驚動了保安，但 Anita 竟然停下來為他簽名。簽完名後，她示意樂隊再奏音樂，唱出最後一句「Let's just kiss and……say goodbye！」她很冷靜，臨危不亂。我近距離地看著她，真心地佩服。

後來真正開始追星是什麼時候？跟梅姐接觸的感覺怎樣？

一九九○年 Anita 再開演唱會，記者會在中環一間酒店舉行，剛好是我媽媽工作的地方。她知道我迷 Anita，馬上通知我。我趕到酒店時，Anita 正被記者圍著訪問，我就靜悄悄靠近，聽她說話。她聲音很微弱，後來她說正為《川島芳子》（1990）趕戲，剛從澳門回來，已兩天沒睡覺了。到了拍照時間，她指著海報中的「百變梅艷芳」，笑說：「百厭梅艷芳。」我這才知道台下的她很可愛，不像舞台上那麼 cool。

之後，她跟一個記者走到酒店泳池旁邊，我硬著頭皮上前要求合照，她就跟那個記者說：「對不起，我先跟她合照，請等一下。」拍完照，我回到記者會的現場，突然轉身一看，Anita 就在後面，她還跟我說：「我走了，拜拜。」她真的非常親切又有禮貌。大概從那個時候，我就開始追星了。

講到近距離接觸，我更跟她擁抱過。大約在一九九三年，Anita 上電視節目《娛樂北斗星》，我又去參加了。節目中，主持人叫支持她的觀眾上台跟她擁抱。我上前擁抱她，感覺很親切，好像舊朋友一樣。而這個擁抱的畫面，又竟然被另一個電視節目《娛樂大搜查》播出了。

朋友般的天后巨星

你追星有沒有什麼裝備？

其實我最初幫 Anita 拍照用的是傻瓜相機，但為了拍出更好效果，我就決心買一部專業相機，後來更是一部比一部貴，慢慢去學攝影。

接機是很重要的追星例牌行程。當時還在啟德機場，有一次她跟明星足球隊一起從台灣回香港，我早已打聽好她不會走一般通道，而是用特別旅行團旅客的出口，豈料她從另一個出口走出來，並很快進入電梯。我們追到電梯門口，門是開著的，原來是 Anita 在按著開門按鈕！我們很狼狽，她還說：「快進來，一定會等你們的。」在電梯裡，我聽見 Anita 跟一些接她機的歌迷聊天，仿似是很熟的朋友。後來，我好幾次跟她一起坐電梯，每次她都是最後一個出去，她一定幫人按門鈕。有一次，我不好意思地對她說：「妳先出去吧。」她還叫我先走呢。從最小的事，你可以看到 Anita 的為人，既沒架子，又喜歡服務別人。

後來你還追星追到外國，是嗎？

是呀。亦是在一九九三年,她為她的四海一心基金會籌款,在加拿大開演唱會。因為她當時在香港已告別舞台,機會難逢,我就決定追到加拿大。我跟她入住同一間酒店,又趁機混入她在那間酒店開的記者會,剛好聽到她很憤憤不平的說加拿大海關關員歧視華人,我看到她的中國心。

後來,我們在大堂等到 Anita,她竟對我朋友說:「妳朋友叫妳打電話給她。」我們嚇了一跳。原來,我朋友跟她朋友都是梅迷,那個人在香港送 Anita 機,並大膽叫她傳話,說有急事要找我們。Anita 真是完完全全沒架子的一個人,竟然為歌迷做了信差。同一天,我們又在大堂見到 Anita 出外吃晚飯,她問我們打電話了沒有。但是,在沒有手機的時代,我們拿著電話卡卻不知道怎麼打。已經上了車的 Anita 突然打開窗對我們說:「你們回酒店房間打吧,可以打回香港的。」她就是這樣,會為只有幾面之緣的歌迷費盡思量。

你們其實怎樣知道她的行蹤?例如她搭哪個航班,住哪間酒店?

我們有方法的。航班方面,我們打聽到她大概哪一天出行,就會猜她坐哪班飛機,然後打去航空公司問:「你好!我想查一個乘客的航班資料,姓是 Mui,名的 initial 是 Y. F.(Yim Fong)。」如果職員問我是誰,我就說是朋友。當時沒什麼私隱條例,很多時候都會查得到,哈。至於酒店就更簡單,只要注意演唱會海報上的贊助酒店 logo 便能知道。

你跟梅姐的接觸越來越多了,有什麼特別難忘的嗎?

難忘的事真太多了。就在剛剛講的那次美加之旅,我們在加拿大見過後,又跟 Anita 約定在她的下一站三藩市機場見面,可惜因航班延誤,我們爽約了,只好到酒店大堂等她。終於見到 Anita 出外吃晚飯,但我們聽說,當日下午見到她出席記者會時雙眼紅腫。以我們所見,她真的神色有異。不過,她卻是先問我們前一天為何失蹤,又問我們是

否安全。原來我們竟然令她擔心了。我們向她解釋，並問她是不是發生了什麼事。她說，剛剛有個好朋友去世了。我們回家看電視，才知道那就是她的好友陳百強。

不過，Anita 真的很厲害，雖然好友去世，但沒有影響她在三藩市慈善演唱會的表現。我還聽到場內一個外籍工作人員舉起大拇指跟一個華人護衛說：「Who is she? Good Show!」之後，她為了陳百強趕回香港，取消了去夏威夷旅遊的行程。

這樣聽來，她也慢慢的把你們當朋友了。

是呀！我們還跟她坐同一部車呢！她在三藩市捐款建了一間老人院，叫做梅芳小築。我們很想去看看，就問 Anita 地址。因為她提早回香港，我們準備去送機，並在酒店大堂跟她約定在機場見。她登上一架旅遊巴士，我們就在酒店門口等的士。豈料她的工作人員走來跟我們說，Anita 叫我們上她的旅遊巴士，我們就這樣戰戰兢兢上車了，在最後一排坐下。

在機場時，Anita 的助手把三藩市的幾位義工介紹給我們認識，叫他們帶我們去梅芳小築。原來 Anita 的原訂行程之一是去探訪這間老人院，後來計劃有變，將錯就錯竟然派了我們去做 Anita 的代表。當天跟一群老人家聚會，真的很開心。回到香港後，我們告訴 Anita 當日探訪情況，Anita 竟然叫我們每年都代她去探訪，哈。她應該是開玩笑吧。

看得出她很信任你們。

是的，是信任，還有關心。一九九六年她在新加坡開演唱會，我一個人去看，也是我第一次獨自出遊。我如常在新加坡機場接機，豈料見到她時，她第一時間指著我說：「妳現在住在哪裡？」我一時反應不過來，她繼續問：「妳究竟住在哪裡？」我有點不解地說住在朋友家，她又問：「安全嗎？」我說很安全，她就點頭笑說：「那就放心了。」

原來，我有個朋友在香港機場遇到 Anita，對她說我一個人去新加坡，竟令她擔心了！

她曾經在她的演唱會裡面說，她的最愛就是歌迷。除了你以外，其他歌迷也得到這種待遇嗎？

就算是只有一面之緣的歌迷，她一樣關心。有一件事我一直很難忘。我們當時認識一個美國梅迷，他常常排練 Anita 的新舞步，而且很精彩。一九九七年的夏天，我們約定了在香港見面。後來，我又收到 Anita 會在六月底從外地回港的消息，便準備帶他一起去接機，把他介紹給 Anita 認識。

我還記得他原定六月十八日到達香港，但我們等了一整天也沒有他的消息，我打電話給他香港的家人，接電話的婆婆竟然說：「你不要再找他，你再也不會見到他了。」這聽來很恐怖，我們四處打聽才知道他一家四口在美國被殺，香港報紙也有報道。

兩天之後，我們如常去接 Anita 機，但心情很沉重，沒有即時走近。Anita 好像看出端倪，奇怪地看著我們。所有歌迷合照完畢，我們才慢慢走近，而且忍不住哭。我們告訴 Anita 她有個歌迷死了，並把報紙給她看。這時司機催她上車，但 Anita 說：「不要催了，有歌迷死了。是死了人呀！」她問我們事發原因，但我們也不知道，只能告訴她這個歌迷是個好學生，只有十八歲，而且很喜歡她，常常模仿她的台風。

我們把死者前一年跟 Anita 的合照給她看，Anita 說：「這張相片可以給我嗎？我想今晚為他唸經，可以嗎？」她又拍我們的肩膀，叫我們不要太難過。Anita 竟為一個不認識的歌迷唸經，真的令我們非常感動。這不是巨星不巨星的問題，重點是她的真心及慈悲心。

生命因她改變

她去世後，你化悲傷為力量，辦了很多活動紀念她。可否談談這些經歷？

其實，我們一群梅迷只是想令更多人認識她，尤其是新一代。Anita 不是普通藝人，她除了娛樂大眾，還在思想上影響了很多人。二○○七年我們成立「芳心薈」，我們想辦一個紀念活動，但又沒有人力物力。於是，我們籌款，招募義工，結果成功在星光大道舉辦紀念晚會及展覽，黎小田及許志安都有出席呢！這也是 Anita 留下來的一種精神，原來只要有信心就可成事。這幾年我們也一直辦活動，如展覽、band show、義賣等。我們跟《電影雙周刊》合作出版了一本《梅艷芳海報集》，集齊了她所有的唱片、電影及演唱會海報，部份收益捐了給樂施會。我們又跟梅艷芳四海一心基金會合作做善事，又去聖雅各福群會做義工。

你還出版了《With》一書，講了五十個歌迷跟阿梅的故事。

是的，因為很多梅迷想知道一些報章雜誌沒有講的事，尤其是 Anita 去世後，有很多我們叫做「後梅迷」的新人加入，他們是年輕一輩，沒有經歷八、九十年代，都是在 Anita 去世後才迷上她，因此對 Anita 的很多事情不太清楚。內地的電視劇《梅艷芳菲》也功不可沒，吸引了很多新的內地梅迷。我很想寫一本書去把這些故事講出來，亦有很多人很想看。

但問題是我本身是個不會寫作的人，也很少看書，於是，那陣子唯有多閱讀，參考別人的文筆，終於寫成這本書。我一輩子都沒寫過那麼多字呢！這過程中，最深刻的是歌迷背景很不同，大家跟 Anita 的交往有深有淺，有的甚至去過她家，但大家不約而同覺得 Anita 很真。我們不懂發行，這本書只是接受歌迷訂購，也有放在網上賣，但第一版八百本賣光之後加印五百本，又賣光了，我們也很意外。後來聽人

說，這比起市面上很多書還要暢銷。

二〇一三年阿梅的舊居開放，而且把她的物品拍賣。你也在現場，有沒有什麼發現？

唉，好像是抄家一樣，什麼都賣，真的很心酸，我也不明白為何遺產信託基金要這樣做。屋裡面其實有很多珍貴物品，包括 Anita 的獎項。沒有辦法之下，我就聯絡曾志偉幫忙，幸好最後買回她大部份獎項。

不過最驚訝的，是我在她屋中竟然找到我當年送給她的禮物，包括相簿、水晶擺設等好幾件。我以前會偶爾送她相簿，那些照片部份是我拍的，部份是買回來的，也有我們的合照。當日在她舊屋，有個梅迷朋友突然叫我，原來她看到相簿中有我的相片及名字。我又找到某年送她的生日禮物，是一個粉紅水晶球擺設。我很驚訝，又很感慨，想不到那麼多年後在她舊屋會找回這些東西。Anita 珍惜每一件物品，想不到我一個小小歌迷送的東西，她都珍藏著，她是個很念舊的人。當日很多人都哭了。

梅姐在你生命中留下了什麼？

我從小不愛說話，亦從不參加課外活動，沒什麼朋友。有一次，我聽了她的電台訪問，她在訪問中談到朋友的重要，對朋友不要衡量得失，要接納對方。她的話，令我決心改變自己，開始主動交朋友。我本來是個被動的人，以前做夢也想不到自己會辦活動、出書。因為 Anita，我明白到永遠不要說不懂一件事，不懂就去學。另外，我以前很少思考社會問題，但因為她，會關心一些嚴肅議題，例如她當年支持「六四」，也促使我多了關注，當時甚至拿一些大字報回公司貼。

經過這麼多年，你跟梅姐有這麼多互動，你如何面對她的去世？

感覺人生中少了很多東西。我再也見不到她，再不會去接機送機，再

也不用通宵排隊買她演唱會票，再不用花心思為她選購禮物，再也不用為了她出埠去旅行，我甚至連每天看娛樂新聞的習慣都沒有了。我本來是個很平凡的人，但 Anita 把她的傳奇送給我，這份禮物足足有二十年之久，然而上天要收回了，我也變回平凡了。不過無論如何，我會積極生活。

Interview 21

她讓我找到自己
——黃泊濤

梅迷黃泊濤扮梅艷芳扮了三十年之久。

童年時，他因為身材瘦削而自卑，是梅艷芳令他知道，瘦也可以很有力量，令他重拾自信。小時候，他經常扮梅艷芳踏上學校舞台；三十年後的今天，他自導自演話劇《梅花似水》，把她的百變造型、經典金曲與二十年的演藝生涯搬上舞台，而且大膽地男扮女裝飾演梅艷芳，至今已演出二十多場，反應熱烈。

除了在舞台，身為劇場教師的他也把「梅艷芳」變成一個課程，讓小學生透過這位一代巨星了解香港本土文化。

扮梅艷芳扮了三十年的他説，因為扮演梅艷芳，他找到了自己。

你最早關於梅艷芳的記憶是什麼？

這都是拜我爸爸所賜。小時候爸爸開車會播放音樂，最初以一些中國小調為主，直到有一天，他買了《赤色梅艷芳》的卡帶在車上播，我印象特別深。

當時你只是小孩，阿梅這個人跟她的歌有什麼吸引你？

有一點對我影響很深。我從小很瘦，小時候聽爸爸說，瘦的人是沒用的，我覺得瘦好像是一種罪，代表沒有能力，但梅艷芳打破了我的這種想法。尤其在《飛躍舞台》那張唱片，她不像《赤色梅艷芳》時那麼憂怨，形象變得硬朗，唱片亦多了快歌。看到她很瘦但很有勁，我自己亦開始有自信。在高小至初中的階段，我幾乎每年參加校內歌唱比賽，唱的都是阿梅的歌，尤其在我未轉聲時，同學說幾乎跟阿梅的聲音一模一樣。當時她一轉形象，我馬上找道具模仿她，她的形象和個性都很鮮明。

至於爸爸的影響亦是持續的。梅艷芳推出《蔓珠莎華》那張唱片時，他說：這才是音樂。由於他很疼弟妹，我感覺被忽視，所以跟他喜歡同樣的事，令我們有了共通話題，感覺溫暖。

你最欣賞梅艷芳哪方面？

她有很多可能性，而且每一種都似是混然天成般自然；她很有型，跳舞很厲害，穿旗袍時又很有韻味，沒有人做得到。她是個很坦誠的人，她的話你可以放心相信，不必過濾。她演戲時眼神很有戲，彷彿在強調她的存在；演戲不是常有對白，眼神可以顯示一種狀態，是很重要的。在《胭脂扣》（1988）的結尾，她找到十二少時，她的眼神在絕望中帶著情義，很難想像她當年只有二十三歲。她的《極夢幻演唱會》現在看仍不過時，裡面有音樂劇的元素，視覺及音樂效果很新穎，她比起同代人走前了許多。

以教程傳承偶像精神

你是小學戲劇導師，當初是怎樣把梅艷芳放進課程？

每個地方有本土文化，北京有京劇，日本有能劇，那是文化的根，但香港有沒有本土文化？我很想把香港文化帶進課堂，第一年進學校負責戲劇課程就介紹香港流行文化，包括現在的流行曲。我會叫學生選一些喜歡的歌，再去討論為何喜歡這首歌，歌詞在說什麼，它們對社會有什麼影響等等。然後我會帶出梅艷芳的意義，教他們不要兩、三個月就說某事物 out，很多東西是值得留下的。因為課程時間有限，我只能選一個最好的去講，就選了梅艷芳。其實，我一直都想把梅艷芳帶進課堂，沒想過學校會支持及批准，始終有些人覺得這些東西不應該在小學課堂出現。

這課程的焦點是什麼？

是以她的為人以及她值得學習的地方為主。例如我會講梅艷芳四歲已經出來工作，而在我的班上，年紀最小的都有六歲了，因此沒有藉口說辛苦，不想上學。又例如現在很多校園欺凌事件，梅艷芳童年時亦受欺凌，被取笑為歌女，那麼她如何逆境自強？小時候沒有同學跟她玩，小息要做功課，難道她要輕生嗎？我會帶出這類訊息。

學校課程始終有時間限制，我能夠做的只是介紹一位傳奇人物。這課程為時一年，每星期只有一堂，除了戲劇課還有舞蹈課，兩者各佔一半時間，其實也很趕的。這課堂由小六開始，後來再伸延去小五、小四。我們叫學生找資料，詢問父母，因此也是親子活動。課堂上，我一開始會展示一些象徵性東西，如婚紗，然後介紹梅姐的人生。在高小的三年中，一定會有一年上這個課程。

會否透過歌曲令她們認識阿梅？

有，但因為歌詞問題，學校不會接受《壞女孩》這類歌，我播的都是
《似水流年》、《IQ博士》及《夕陽之歌》這些。雖然是小學生，但
他們也會明白這些歌。我會問他們問題，亦有教導他們如何去欣賞旋
律，再加上歌詞，他們是明白的。

向小學生介紹梅艷芳並不容易，你覺得他們聽得明白嗎？

我會請他們畫畫表達他們對梅姐的感覺，或是寫一些說話給她，看得
出他們是有感受的。課程的突破點就是期末的成果展，是由小學生自
己做的。例如他們會以校園欺凌為主題創作短劇，探討梅艷芳如何面
對別人的謾罵。校長對這成果展很滿意，因為這可以讓學生團結合作，
完成一個演出。而且，家長的反應亦非常好，他們聽到那些熟悉的旋
律很有共鳴。這活動在學校是一個突破。

你覺得學生接收最多的是什麼？

主要是她的堅毅性格，而且學生也很欣賞她的台風。一些外國歌手如
米高積遜有moonwalk等經典舞步，大家都在學習，但我們香港也有
呀！例如看《愛將》，學生會覺得她台風很厲害，我會讓他們知道這
些是經典。他們回去後，會找更多資料。

以話劇重現偶像人生

**用梅艷芳做教材是你一直以來的願望，那麼《梅花似水》這個演出是早
有計劃還是無心插柳？**

這個劇是無心插柳的。我們一直有個小劇團叫「劇樂工匠」，並希望
劇場與音樂結合。因為我在教學上找到很多關於梅姐的資料，感覺很
興奮。我已對她那麼熟，但原來還有很多事是我不知道的，剛好劇團
又想做一個新劇目，又找到人，就成事了。

你親自導演及演出《梅花似水》，並要男扮女裝演梅艷芳，要唱歌又要
呈現她的不同形象，當初是哪來的膽量？

我有個朋友，聲線跟感覺都很像梅姐，但她不喜歡上台，拒絕了我們
的邀請。由於找不到合適人選，而我自己小時候常扮梅艷芳，所以只
好自己擔演。我本來很怕反串，一開始非常擔心；小時候只是玩玩，
但現在要面對大眾，怎麼辦？所以，試演的版本是由我先扮演歌迷憶
述往事，再用導賞方式帶出梅姐的故事。在角色方面，第一版的角色
是梅姐和助手，第二版是梅姐和劉培基先生。因為她對朋友很好，而
演員只有兩個人，所以助手及劉培基先生的角色是要表現她對朋友的
態度。

想不到試演的反應非常好，事後觀眾表示，一開始知道我要扮梅艷芳，
他非常懷疑，我甚至連妝都沒化，但我一出來，他就覺得「有料到」。
他還說，連梅蘭芳都要化妝化到一絲不苟才像女人，但我扮梅艷芳竟
然很有說服力。另外，喬宏先生的太太小金子來看，她說，她從前認
識梅艷芳，當天看到我演出像看到梅艷芳。前輩的話給了我很大信心。
有這樣的反應，真的是無心插柳。

你為何選取了梅花的意象？

劇中有唸詩的部份，是想將主題再昇華，因為梅花在惡劣環境下掙扎
盛放美麗，它又象徵友誼、勝利，配合全劇主題。

你飾演梅艷芳時，捕捉了阿梅一些只有超級粉絲才知道的口頭禪和細
節。如果沒有足夠的欣賞及喜愛，是無法模仿到這個地步的。又例如那
些百變服裝，簡陋得來又有畫龍點睛之效，你是怎樣找回來的？

其實，要將她傳奇的人生演出來真的很難，所以我們用一些重要的歌
曲和事件串連起整個演出。以我們有限的條件去呈現她的百變造型真
的不易，我們選擇的是簡約的、象徵性的服飾，務求簡單而神似。後

來，我把這些服飾拿去洗衣店，店員竟發現很像梅姐的歌衫，可見是抓到了一點神韻。

服裝是一個技術問題，尋找的過程很有趣。阿梅的形象很獨特，有些服飾不容易找，但最終又總會給我找到。因為我是男性，如果把她的服裝直接套用在我身上會感到極不協調，所以，我找的衣飾都旨在捕捉一種精髓。好像《風的季節》那套衣服，剪裁跟梅姐當年穿的那套不一樣，但我只要呈現出那感覺。

這戲很簡單，但反應非常好，你當初預計得到嗎？

我沒有預計會有這樣好的反應，我的劇場走簡約主義，但觀眾很欣賞。我們去老人中心表演，婆婆們熱情到不得了。最初我們擔心講一個已去世的人，老人家會有所忌諱，但他們的反應非常好，甚至跑出來抱著住我說：「阿梅呀！我好掛住你！」她們抱著我不放，那是我想像不到的。

有一次，我朋友邀請我去銅鑼灣一間酒店的餐廳做 count down show。因為原定一小時的節目延長到兩小時，他臨時邀請我去填補那一小時空檔。結果，現場反應非常大，食客都拿出相機拍照，又頻頻拍手，連侍應、部長都停下工作一起唱和，真的很難忘。後來有一次在星光大道有個紀念梅姐的晚會，我也有去演出，反應亦是非常好。這個戲從二〇一〇年底開始演，去過老人中心、社區中心、星光大道、藝穗會演出，已演出接近三十場。目前我也準備修改劇本，繼續演出。

整個排練及演出過程中，你有什麼收穫？

最大的收穫是因為這個戲的主題，很多人主動來幫忙，但其實我是個比較獨來獨往的人。現在，我學會了享受群體生活。

另外，這次跟我演對手戲的，是我的一個學生。因為梅艷芳對徒弟很

好，我也對他很好。以前我不懂如何建立師父和徒弟之間的關係，但我覺得這是重要的，因為年輕人需要榜樣。以前我純粹教他戲劇，但現在會關心他的工作與生活。

因為要找關於梅姐的資料，我亦認識了一些歌迷，從中更了解她。梅姐說過她最愛歌迷，而這些歌迷用三個小時跟我分享，想我演好這個戲，那份情誼一定很深，是她之前種下的。有歌迷說，喜歡梅艷芳一定不會後悔。她不只是一個流行歌手，亦是一個值得去維護的人。劇的尾段有很多關於人生體悟的訊息，我跟學生說，到了人生的最後時刻，你講的不會是笑話，而是最有體會的東西，例如她叫大家珍惜眼前人。

你小時候已模仿她，現在更要在舞台上扮演她，心情是怎樣的？

小時候，她有什麼新形象我立即去模仿，但到我長大，我醒覺到人要有自己的風格。透過這個戲，我一方面模仿她，但另一方面慢慢去欣賞自己的聲線、身形、樣貌，不必再躲藏在她的背後。小時候我模仿她給家人同學看，現在我是一個成熟的人，去表演給更多的觀眾看，再做兒時做過的事。完成這個演出後，我覺得自己更淡定了，也有個人風格，阿梅帶我走了出來，在這過程中，我也找到自己。

二〇〇三年 Mui Music Show

Interview 22

大時代的領航人
——吳俊雄

「梅艷芳一唱歌，你就要定下來坐著，甚至連飯碗也要先放下。當時，換了是其他歌手唱歌，我就會去倒水喝，但看到梅艷芳我就不會走開。」對香港流行文化有深入研究的香港大學社會系教授吳俊雄這樣形容他當年對梅艷芳的感覺。

從學術角度看梅艷芳，當然不只有她聲色藝的才華。吳俊雄說，當年梅艷芳一出來就已經向以前的世界說再見：她的表演方式、她的女性形象、她身上的不同文化痕跡，都表現了八十年代香港文化的某種創新與自信。「香港的女兒」稱號之所以為人認同，是因為梅艷芳四十年的緊湊人生反映了香港的歷史故事。

如吳俊雄所言，如果梅艷芳用歌聲去拷問人生，那麼我們大概要用梅艷芳的豐富素材去拷問香港，了解香港。

你比梅艷芳大六、七年,她出道時你是二十多歲的年輕人,當時你對她的感覺是怎樣的?

當時我看新秀比賽的電視直播,一看到梅艷芳出場,我就替其他參賽者傷心,因為簡直沒得比,她實在太厲害了。梅艷芳歌藝很好,但當時台風不是特別出色,衣著有點土,感覺有點像徐小鳳。我六十年代已開始接觸流行文化,梅艷芳與當時的女歌星如張德蘭、徐小鳳、甄妮都很不同。梅艷芳年輕,樣子很「寸」,有種「梅艷芳式」的眼神,是個很特別的新人。

梅艷芳是很現代的,好像是一個「飛女」在台上唱徐小鳳的歌。事後回看,是由她引爆了另一個時代。第一屆新秀有時代意義,它代表TVB已發展成一個音樂單位。以前 TVB 是比較綜藝式的,沒有專門的音樂節目,而梅艷芳作為首屆冠軍,是一個新開始。我本人很喜歡梅艷芳,常常看她在電視上的演出,她的電影我亦看很多。

你剛剛談到八十年代的 TVB 進入一個新的階段,這和梅艷芳有什麼關係?

TVB 在一九六七年開台,最初的摸索階段主要參考澳洲、英國的電視台,辦綜藝節目,外購配音劇,後來也開始拍長劇,但沒有正式的音樂表演節目。而節目《聲寶之夜》則發掘業餘演唱天才,慢慢栽培成新星。TVB 在一九八二年辦新秀時已是個很有信心的大台,大部份節目是本地製作,外購劇差不多絕跡,開始涉足並逐漸主宰流行樂壇。新秀歌唱大賽代表了以 TVB 為中心的歌影視娛樂工業化的開始,而梅艷芳就是代表人物。

一個電視台開設唱片部去捧自己的歌手,這種方式在其他地方是否常見?

香港比較特別,TVB 集中了歌影視產業。在美國,荷里活的電影廠規模極大,較少與大型電視台合作。當然,美國的法例較嚴,跨界的寡頭壟斷不太可能發生,很少由一個電視台主宰流行音樂。香港流行音

樂最輝煌的時代是由一九八三年紅館開幕到一九九二年左右，大約有十年，期間 TVB 擔當最重要的角色。剛好梅艷芳就在一九八二年出道，跟著那個時代一起發展。

梅艷芳似乎是生得逢時，當時 TVB 很鼎盛，而且紅館剛啟用不久，她一九八五年開第一次演唱會就有十五場。

那時候是 TVB 電視劇及流行曲全面入屋的時期，香港人每晚食飯都看到聽到，深入民心。而梅艷芳一唱歌，你就要定下來坐著，甚至連飯碗也要先放下。當時，換了是其他歌手唱歌，我就會去倒水喝，但看到梅艷芳我就不會走開。因為，除了好聽，她還很好看。在電視上，如果有兩個歌手同時唱歌，大家會覺得梅艷芳好看好聽很多。那十年是香港流行音樂的輝煌時期，本土意識也在壯大，日本亦從香港的學習對象變成競爭對手。各大公司從本身專門的行業，再跨界變成合作單位，全部都在那十年發生。

孕育傳奇的年代

你曾在香港電台節目《不死傳奇》中談到，當年梅艷芳一出現，就已經對以前的世界說再見，這說話很能夠概括她當時為香港帶來的震撼。可否多談談？

這個問題可以分幾方面說明。首先，她跟以前的女歌星說再見。當年有人覺得她是「小徐小鳳」，但後來聽得出唱法不同，令整首歌也不同了。唱《風的季節》時，她唱「吹呀吹，讓這風吹」那一段是有種aggression 去 attack 高音，把這首歌變得激昂，跟徐小鳳版本的溫文截然不同。在風格上，以前的女歌星是內斂的，但梅艷芳有技巧地把感情釋放出來，有一種對人生作拷問的唱法。她無論低音高音都處理得好，可以把歌變得雄壯。各樣的技巧，令她與別不同。

更明顯向舊世界說再見的，就是她唱了一些麥當娜風格的歌，受八十年代氛圍影響。她參考了麥當娜的性感形象，代表了性解放。麥當娜旗幟鮮明，梅艷芳則汲取了部份元素，不只是包裝，還有眼神、身段、言論。這種女性形象向舊時代說再見，跟陳寶珠、蕭芳芳不同，梅艷芳較主動吸收一些西方的想法，並融入本地。

其次，她亦吸收了八十年代日本的舞台風格。當時日本經濟強勁，音樂市場很大。香港乘著一九八三年後的發展浪潮，常採用日本的燈光師、舞台設計，又改編很多日本歌，甚至在表演上全盤借用日本那種華麗的表演方法。梅艷芳可以展現這種華麗風格，但當時很多歌手卻做不到。所以，她既有西方的性解放，又有日本的華麗式表演，且能把兩者通盤本地化，結合香港的情況。

梅艷芳被稱為「東方麥當娜」，你如何比較兩者在性別上的意義？

麥當娜的女性世界豐富很多。在美國，經歷過六十年代的第二波女性運動，爭取自主、獨立、性解放，麥當娜出道時已有十多年的女性運動歷史，而且是一個全民運動。麥當娜本身不是女性主義者，她沒有完整的性別論述，但也有她的 sexual politics。她接續了七十年代的性革命，背後有社會文化背景。

但香港沒有這樣的女性運動背景，因此，梅艷芳的女性形象背後是沒有理論的，是一種港式自由主義的代表。其時，香港人不碰政治，沒意識形態論述，但仍有資訊與言論自由。梅艷芳是港式自由主義的嘗試，在舞台上非常突出。學者何式凝曾經寫過五、六十年代電影的「珍姐邦」，是香港的女俠、女飛賊傳統。當時，女星的形象很強，呈現女性的不同面貌。某程度上，梅艷芳是「珍姐邦」的延續；如果她在五十年代出道，可能就是在電影中殺石堅的女俠。梅艷芳突出了香港曾經斷了的這個傳統。不過也必須說明，這種傳統針對的並不是男權社會資本主義。

梅艷芳本身不是創作人，劉培基為她設計服裝，黎小田及倫永亮為她寫歌。然而，別人為她選的東西，她都可以演繹出個人風格，這一點十分微妙。

對於他們的合作，我很感興趣。流行文化是個黑盒，當中的合作過程是不為人知的。我猜，因為她本身有多變的潛質，所以唱片公司就不妨嘗試。她首兩張唱片有很多情歌，可能因為剛出道，所以走的路線比較保守。到了八十年代中期，一來她可以駕馭那些快歌，二來整個潮流不抗拒。那段時間有 MV 潮流，講求影像與速度，要令人注目就一定要有個人特色。當時，外國拍 MV 花很多錢，拍出來又華麗又急速。在這種氛圍下，流行音樂是要爆、快、放，追求新穎的、節奏明快的東西。

梅艷芳首兩張唱片以情歌為主後，要試新事物，又或許剛好有行內朋友覺得她有可塑性，情緒收放自如。既然有好材料在手，整個大環境又可嘗試，結果一試就成功。對我來說，最有趣的是《壞女孩》可以入屋，當年人們說梅艷芳衣著暴露，歌詞教壞細路，但這種批評仍然不敵群眾的喜好，這對整個社會文化來說是一件好事。起碼，雖然她有時很性感，但連我媽媽都覺得她很不錯。梅艷芳的聲色藝蓋過了道德爭論，這是我喜愛八十年代香港流行文化的原因，當時沒有邊界，可以嘗試破格的東西。那個年代，世界流行文化也正在破舊立新。

香港流行文化中那些「犯禁」的東西，似乎在梅艷芳出現之前和之後都比較少。對於她可以在批評聲音中大紅大紫，你有什麼看法？

流行文化很著重市場。七、八十年代是摸索期，我們常說一九七四年香港本土流行文化誕生，有《鬼馬雙星》（1974）、《大家樂》（1975）等作品，突破了之前國語歌、英語歌當道的形勢。當時因為是第一次，大家對流行文化沒有通盤考慮，沒有所謂「格」與「破格」，試驗味道較強，連 TVB 也是試驗的機構。

到了一九八三年，整盤生意大了，而紅館又剛剛開幕，例如許冠傑已開始思考如何將自己的音樂升格，在《打雀英雄傳》那類歌之後再創高峰，於是加入新的唱片公司。梅艷芳走紅時，香港流行文化已有十年試驗，知道什麼可行、什麼不可行，整體開始有工業格局，大家在尋找突破點。當時五大國際唱片公司都已落戶香港，要在這基礎上再開一間華星唱片公司，要思考如何突破。而新秀大賽最強之處就是唱歌配合上電視，那就可以超越其他五間公司。

劉培基等人的突破有它計算一面，當時市場正在上升，容許實驗，良性互動下有所突破，有必要且有能力做一些既破格又能入屋的東西。直至一九九二、一九九三年之後，娛樂事業大不如前，這些時候會比較保守，為求把生意穩住。

即是說當時市場好景，沒有銷售壓力，於是可以比較隨心所欲地創作？

我有幾次跟國際唱片業協會的馮添枝談到這事。他指出，八十年代那十年的娛樂事業好景，行內人不用考慮唱片銷路，只是賺得多和沒那麼多的差別。所以，當時有那麼多樂隊出現，原因是不會賠本，不同的製作人有條件生存。例如向雪懷在寶麗金接手做監製，已經可以按著自己的音樂口味發展出不同風格。八、九十年代市場發達，文化上就會多元化。

如果梅艷芳早出道或遲出道十年，是否很難有那種天時地利人和的配合？

如果她早出道十年，當時整個娛樂工業未起飛，我猜她會在電影方面發展，拍一些國語片，在葛蘭旁邊唱歌，因為她的表演風格其實很適合國語片。當時的國語片學習歐美的歌舞片，很華麗，梅艷芳一定會留下許多風采。不過當時唱片業不興盛，黑膠技術剛成熟，不是太多人買黑膠唱片，但很多人付錢看電影。

如果她晚十年出道，她可能是一個 Diva style 的女歌手，但不會是

Diva，因為 Diva 是整個社會的焦點。尤其在九七後，是一個分眾社會，再沒有主流，而且市道也不大如前。

華麗表演的全盛年代

許冠傑的全盛時期唱了很多草根題材的歌，到了梅艷芳大紅大紫的年代，香港流行歌告別了草根味，甚至變得很華麗。你如何看待這種分界？

梅艷芳的形象、演出的氣度、演唱會的舞台設計都很華麗，她是抬起頭唱歌的人，不像許冠傑，常常跟觀眾握手。梅艷芳是在 perform，許冠傑是在 approach，這是個人方面的差異。另一方面，則是時代的分別。許冠傑的時代在政府大球場開演唱會，不會穿華麗衣服，要 raw，要 Rock'N Road。但在一九八三年後，表演方式不再是這樣，許冠傑自己也要變，風格變得華麗。當時，就是電視的佈景也變了。當免費的東西都那麼華麗，更何況是付錢的東西？再來，也有性別差異，許冠傑始終是一個大男孩，而梅艷芳是女性，表演幅度比較大。

許冠傑最紅時是草根代表，但他其實接受過香港大學的精英教育，梅艷芳窮苦出身，後來卻代表了香港流行文化的最華麗時期。這個對比頗為有趣。

當時，因為黎彼得寫了一些草根味道的歌給許冠傑，而他私下亦是一個接近草根的人，他的歌會講加價制水。梅艷芳表現的是另一個世界，也許因為她四歲入行，習慣了台上不同的 persona，她有種不可親近的巨星特質，她的歌亦沒有生活點滴，少了卸了妝那一面。

梅艷芳的出現，似乎是確立了一個視覺時代的來臨，你是否贊同？

是的。羅文在她之前也有作視覺上的開拓，但沒有那麼成功。羅文早了點出生，在一九七八年最大的表演場地只是利舞臺，沒有紅館。視

覺時代的來臨，因為場地條件許可，電影、電視、電台亦發達了，整個工業成熟。例如《勁歌金曲》，雖不可跟演唱會相比，但那是真人表演的 MV，非常吸引。

梅艷芳有沒有哪次表演令你印象深刻？

她最後一次演唱會穿上婚紗唱歌，令人很難忘。我亦記得她和張國榮在一次籌款節目演出中合唱《冰山大火》，他們真的很賣力，現在沒歌星做到。另一次，是她入行十周年在利舞臺的演出，其中一個環節她跟草蜢、許志安他們一起表演。梅艷芳帶著這些新人出道，當她準備退出，她亦不忘給他們機會，她甚至壓低自己的聲音，讓徒弟們去唱，令人印象深刻。

你也研究日本流行文化，早期的梅艷芳無論在音樂及形象上都受日本影響很深，但很快就變成她的個人風格。對於這種吸收與創新力，你有什麼看法？

梅艷芳的確是受日本影響的香港藝人中突出的一個，而且，她亦在日本打出名堂，當年參加東京音樂節也得獎。有一段時間，香港藝人常跟隨日本潮流。但是，我記得有一次近藤真彥來香港跟梅艷芳同台演出，霑叔（黃霑）的評語是梅艷芳的表現比他更好。

事實上，到了梅艷芳的年代，香港在娛樂事業方面可能已經比日本更好；香港有自己的團隊，把日本的東西變成港式文化。例如梅艷芳的演唱會每一部份有不同主題，配合不同服裝，已經不比日本差。梅艷芳吸收日本的、西方的東西，然後開創了她自己的舞台。又例如張國榮後來的《熱情演唱會》，主題鮮明，看得出有很強的個人想法。

那麼，香港流行文化是先吸收日本再吸收西方嗎？

香港一直都有吸收西方的流行文化養份，無論電影、音樂都是。電影

方面，從五十年代起已有港日合作，李香蘭跟邵氏合作拍片，亦有日本人幫香港電影配樂。邵逸夫曾經很清晰的說：先吸收日本技術，例如請他們的攝影師（賀蘭山）過來幫忙，再過去日本跟他們合作，了解製作流程，然後就回香港學日本人拍片。

音樂方面則比較隨意。一九六四年辦了東京奧運之後，日本成了亞洲超級大國，而香港從一九七四年才有本土流行音樂，比日本慢了十年。日本市場大，內銷已經不得了，從一九六四到一九八八年是日本娛樂事業高峰期，音樂工業很完善。香港吸收了日本很多東西，例如演唱會製作。我小時候去看澤田研二來香港伊利沙伯體育館開的演唱會，感覺很震撼，台前幕後都很厲害。當時，香港吸收這些東西，但很快就擺脫了別人的影子。

香港之所以很快能建立自己的風格，是因為港產流行工業的信心。以電影為例，港片可以外銷到很多國家，亦在國際上得獎。香港比日本優勝的地方是它的外向性，沒有一個單一的「大哥」，也會學習英美。例如許冠傑是先受西洋音樂影響，有不同的美藝標準，所以可以學日本但不依賴日本。

本土多元文化的最佳代表

你對梅艷芳的電影有什麼印象？

電影中的她同樣很百變，她可以是惡婆，可以很溫柔。《審死官》（1992）中的梅艷芳就很厲害，一個懷孕的女中豪傑，她會欺瞞周星馳，又會打，很多樣化。《胭脂扣》（1988）亦很厲害。成龍電影中的她，一出現總是有光彩。我喜歡她的喜劇，她的 timing 很準，可以放下身段去演，張曼玉演喜劇就不行了。梅艷芳可以美，可以不美，她交出來的表情動作很到位，能帶出氣氛。

在八、九十年代，似乎也很少梅艷芳這類萬能的女演員。

梅艷芳很多元化，亦自成一格。有些電影除了她，很難找別人去演。
她有種壓場感，很難找人頂替，但她同時可以把自己縮小，可以很醜。
她沒受過演員訓練，但戲路很廣，她有台上的 persona 經驗，再加上
自己的人生體驗，在電影表現出色。

成龍、周潤發、周星馳等男星曾經代表香港，投射了不少香港人的認同，
但女星則相對較少。梅艷芳去世後被稱為「香港的女兒」，你如何評論
這女性的香港形象？

主流香港故事論述常常是男人的故事。從簽署《中英聯合聲明》到
九七，大家想發掘香港寶貴的東西。當年，大家看《網中人》（1979）
只覺得過癮，後來才把裡面的周潤發及廖偉雄的角色變成香港故事的
主角。在五十年代，代表性的明星有男有女，而後來亦有人說，邵氏
打敗國泰是多元文化的淪陷，因為後者很多女星，也有不同電影題材，
而前者則只有陽剛。後來，到了香港有危機，大家就強調男人的部份，
集中講衝勁、奮鬥、戰勝別人。但是，香港人的 caring 特質也很重要，
那是種女性特質，但沒有被發揮。

現在，我們把梅艷芳放大，讓一個藝人變成「香港的女兒」，這是好
事。當然，無論是「六四」時支持學生，到創立香港演藝人協會，她
亦自覺把香港命運跟自己掛鈎。事後，我們放大她的特質，她作為女
性的主動、對生命的執著，以及她擅於表現自己的特性，都被視為可
以代表香港。的確，如果香港有更多梅艷芳的特質，香港故事會更多
元，而世界亦會更加好。

梅艷芳曾經有突破性的女性形象，但後來，傳媒似乎把焦點放在她相夫
教子的願望，你如何看待這種保守？

我感覺梅艷芳用了二十年去講課，但傳媒卻沒聽課，這令人非常失望。

其實，歸於平淡未必是梅艷芳的願望，她穿婚紗也是要嫁給舞台。傳媒就是這樣，它可能在港聞版把你神化，然後娛樂版記者翻你家的垃圾，而且始終擺脫不到跌入成規。

香港傳奇的終結

那幾年，香港有好幾個巨星去世，但似乎唯獨梅艷芳被認為代表了一種香港精神及香港論述，為什麼？

梅艷芳的四十年人生很濃縮很緊湊。一般來說，明星有兩個層面，首先是他的演藝才華，larger than life 的魅力，另外，明星也作為一種論述，被人找出他的特質。所以，梅艷芳其實是沒有真相的，這視乎說故事的人要找什麼。無論如何，說故事從來是複雜比單一好，例如梅艷芳做了十五件事，當中很多都跟香港很有關係，那就是一種香港足跡。

梅艷芳在一九八二年出道時只有十八歲，但好像已活了四十年；她一出來，眼睛裡已經有很多東西。梅艷芳的故事很豐富，她一生經歷了那麼多事，有社會事，有情事，很多都是關於香港的。她活了四十年，但好像活了七八十年，她跨越了很多歷史過程，而且是主動地參與歷史，而不只是個無知學生。

這跟她在二〇〇三這個特別年份去世有關嗎？

二〇〇三年前後，香港有幾個重要藝人去世，而且很多都是盛年，是不該死的人。再加上那年有沙士，世界末日的氣氛加上巨星相繼死亡，彷彿是香港傳奇的終結，是大家反省與上路的時候。那一年大家的情緒很緊繃，這心情一直到二〇〇三年底為止。我記得當時大學因為沙士而停課兩星期，到了復課時，學生都到齊了；平時不來的，復課後都來了，彷彿是今日不做，他日未必有機會做。

她去世之前舉行演唱會，最後一幕是她穿婚紗向觀眾道別。那一幕，似乎也被賦予了很多意義。

是的，那個演唱會帶來的情緒很複雜，事後，很多評論亦七情上面，把這個演唱會視為一件社會的、時代的事，而且彷彿不用多作解釋。她去世後被稱為「香港的女兒」，亦被比作法國的 Edith Piaf。梅艷芳最後的演唱會很傷感，亦包含了很多符號，她的婚紗代表了她的情事，以及她嫁給舞台的心願，然後她就在人生最高點去世了。

梅艷芳去世後的事，是否反映了香港演藝界的一些特質？

是的，演藝界的確有情，你看看十年後張學友為她搞的演唱會就知道了。當年梅艷芳去世，近藤真彥在喪禮出現，香港大明星都放下身段參與，有情有義。以他們的地位，根本不須要做假。另外，喪禮上的悼詞亦很到肉。梅艷芳的特別之處是她有很多交心的朋友，而且她一生經歷豐富，跨越了幾段歷史，每個時期跟不同的人建立關係，因此，重拾她的故事，就是了解香港流行文化世界，亦是了解香港故事。香港有個大背景，它是政治上的孤兒，但也沒有政治教條，香港人開心不開心都投射在流行文化中。講到香港故事和流行文化的關係，梅艷芳是很重要的點。

你曾談到，每個明星都需要文化裝備，梅艷芳的成長背景特殊，是否她成為巨星的原因？

演藝工作很講求生活經歷，如果成長環境太單一，真是「好打有限」。不過，如果有經歷但沒有技藝也不行。一個人的經歷可分主動和被動，前者是自己的涉獵，例如英國很多明星都會看書，至於被動經歷的則是戰爭之類。一個有經歷的人，演藝表現出來的層次也會豐富很多。梅艷芳讀書不多，但經歷很多，她技藝也精，經過苦練成為巨星，得來不易。

Mass Education 其實是壞事，每個人在上大學前都是一模一樣的。做藝人，個性很重要。為什麼新一代藝人很難讓人記住？就是因為他們沒什麼東西在眼睛裡。但你看梅艷芳，她出道時才十八歲，但眼睛已經有東西有故事。

流行文化在香港很重要，但相關研究仍低度發展。以梅艷芳為例，學術界可以做什麼？

這真是百廢待舉。有關梅艷芳，有幾方面仍然要挖掘，首先是工業面、生產面，即是明星背後的工業狀況。第二，要有更多文本分析，包括電影及歌曲。第三是接收分析，即是研究歌迷及觀眾，當年梅艷芳的形象很入屋，是怎樣一回事？《壞女孩》在頒獎禮得獎，大家是怎麼看的？最後一樣，是去梳理什麼是梅艷芳的生前事，什麼是事後的論述。

Interview 23

因為我們很愛香港
——梁樂民

某一年的梅姐逝世紀念日那天，曾獲金像獎最佳導演的梁樂民收到安樂電影公司總裁江志強的電話，邀請他執導《梅艷芳》。雖然知道任務艱鉅，但他還是接受挑戰，因為拍梅姐的機會太難得，他不想將來後悔。「香港等了一百年才出了一個梅艷芳。」他說。

後來，電影成為香港二〇二一年度華語片票房總冠軍。除了票房成功，電影還引起巨大的社會效應：接近一百萬人次入場，全城悼念梅姐之餘，電影亦勾起觀眾的懷舊情緒，紛紛追念黃金時期的香港。

梁樂民說，電影中的香港情懷不是刻意經營，而是在重塑梅姐人生的過程中自自然然出現的。原因是，他們真的很愛香港，所以在創作的時候已經把這種感情放在裡面。

成長過程中，你對梅姐有什麼感覺？對她的歌曲及電影留下什麼印象？

小時候，梅姐好像是永遠都存在。她跟張國榮及陳百強等紅歌星，今天上《勁歌金曲》，明天上《新地任你點》。我記得，我們一群男校學生在學校唱《緣分》，有人唱「你我相隔多麼遠」，又有人會回一句。Jack（《梅艷芳》編劇吳煒倫）也說，他姐姐會扮她唱《夢伴》。很多年之後，才知道原來這是 Cantopop，原來這個叫做香港盛世。

香港人會將街坊、甚至是不相熟的人說成親人；我兒子去買東西，老闆會叫他細佬。對於巨星也是，我們會叫梅姐、哥哥，好像他們是親人，而他們也好像把我們當成親人。

你有特別喜歡梅姐的某些作品嗎？

我喜歡《英雄本色 III 夕陽之歌》及《東方三俠》。至於《胭脂扣》，是沒法不喜歡的。她搞笑也很好玩，像《審死官》。她真的很全能。她走了這麼多年後，沒有一個人比得上她。唱歌也許有人跟她平手，拍戲可能有人跟她平手，但她可以在不同範疇都那麼成功，很不簡單。

當時，江志強說有套文藝片很適合你拍，但你的往績是拍動作片。是不是他知道你想轉型？當時你第一反應是怎樣的？

我當時不太懂得反應，我好像說了三次：這是我的榮譽。

喜歡文字、喜歡創作的人應該都會喜歡文藝，拍動作片對文字創作人來說或許會有些不滿足。拍《寒戰 2》拍到累了的時候，我會埋怨說，要是拍文藝片就好了，這可能傳到老闆耳中。事情就是這樣意外地開始的。沒想到拍這套文藝片比想像中辛苦，但過程中真的學了很多。我要多謝老闆。

你入行後，有沒有親身接觸過梅姐？

《半生緣》在上海拍攝時，我去過一次探班。我跟梅姐既有距離，又不是太大距離。例如關錦鵬導演、杜 sir（杜琪峯）跟她合作過，他們未必可以拍傳記，因為距離太近了。反而我這種隔了一代的電影人，有機會見過她，但又不太親近，這個距離似乎剛剛好。

籌備階段，你們做了很多資料搜集，又訪問很多人，這過程是怎樣的？有沒有哪個訪問特別印象深刻？

開拍之前，我們先做了大量資料搜集。某幾場戲，例如黎小田去酒廊找梅姐兩姐妹參加比賽那一場，就是來自你們編的《最後的蔓珠莎華》，所以要感謝你們。另外，劉培基先生的自傳《舉頭望明月》也是很重要的參考資料。

之後，我們又訪問了很多人。很神奇地，大家好像覺得梅姐還未走；大家講起她，還是會笑哈哈的。其中，曾志偉最打動我。我們在他餐廳的樓上，邊喝邊聊天。他說以前他們一群人多頑皮，玩到酒店房好像要 total loss，梅姐又會喝到大醉。他會說，哎呀她又遲到了，好像她還未走。在她的好朋友心裡，梅姐一直有個位置，仍然存在著。

草蜢的訪問也印象深刻。他們講到，梅姐教他們做人要「有頭有尾有交帶」。草蜢是我和 Jack 一起見的，我們覺得這句話很好，但真是對草蜢有點不好意思，因為電影不夠篇幅講他們。那麼，怎去用這句對白呢？我們就把它交給家姐梅愛芳講。因為她早逝，這句話出自她口中很令人動容，這後來亦成為梅姐的信念，她對 fans 對 Eddie 都是「有頭有尾有交帶」。

我們的籌備過程很艱辛。終於有天，所有部門的幾百人都已準備好，如箭在弦。但在開拍前兩個星期，江生問我準備好未，如果未準備好可以停。我回答說，如果現在就停，所有人都會恨我。而且，如果五年後、十年後有另一個導演拍梅艷芳，我會很不忿氣。他就說：那好，

既然大家上了一條船，走吧！當時，他是鼓勵我，穩住我的心。

江生這樣問，是不是因為他察覺到你當時有擔心？

要拍梅艷芳這麼大的人物，投資那麼多錢，找新人做主角，又找來動作片導演來拍，當時消息傳出去，應該是沒有人看好。這些意見，老闆也一定聽到。我覺得，他一早已預計回不了本，我也感受到他的壓力。所以，這是老闆的一個壯舉。我們是很浪漫、很有情懷地完成了這部電影。

你決定拍這部電影之後，是怎樣去找一個角度講梅姐的故事？

我其實沒想太多。第一，由香港導演去講梅艷芳的故事是對的。我不是說其他地方的電影人不優秀，但他們不在這個城市生活。第二，我們的使命是把她介紹給新一代。如果我們的目標是已經熟悉梅艷芳的人，就應該像電影《時代教主：喬布斯》（*Steve Jobs*）只拍三場發佈會，或者像《史賓莎》（*Spencer*）只拍戴安娜王妃跟皇室家人過聖誕，即是可能只集中梅姐某一兩個演唱會。那個方式比較藝術，拍出來也許評價會很高，但票房未必高，而且是要求觀眾事先對那個人物熟悉。但是，如果要介紹梅姐給新一代，就要用我們現在這個方式。有人說電影是流水帳，其實也沒錯，因為我們確實是這樣說故事。

你們寫劇本時，如何在真實與創作之間取得平衡？

我們去謝票時，有位女士看完電影後顫抖著問：開場第一句是梅姐對Eddie說「我捨不得」，這句話是不是真的？我對她說，這情感是真的，同時也經過了戲劇處理。

搜集了非常大量資料後，我們要思考用什麼方式把那些故事說出來。有觀眾或許會 fact check 每個細節，說當日事情不是這樣子，但一部劇情片沒可能百分百還原真實。所以我只能說，事件未必全是電影

所拍那樣，但裡頭的情感是真的。譬如梅姐在泰國聽小女孩唱歌那一幕，不是真的，但內裡的情感卻是真的。

又例如避難那一年，她其實去了很多地方，但我們只集中講泰國。她男友不少，我沒辦法每一段愛情都講。我和 Jack 就想，日本那一段一定是最深刻的。這不是虛構，因為她二〇〇三年做化療之前，的確特地去日本找這位舊情人。我們就在這些基礎上創作。

梅姐人生中的事業、友情、愛情，還有社會參與等，材料非常豐富，你們怎樣在劇本上作取捨？

開拍前，這個劇本有一百五十頁，這其實是不對的。一個電影劇本最好是三萬五千字之內，印出來不要超過一百一十頁。如果太多，拍完還是要丟。但我們當時拿著一百五十頁劇本，所有部門一起開會討論，但這場有人說不要丟，那場又有人說很喜歡，不能丟。

既然這樣，那就拍吧，老闆也沒有說什麼。拍完才是最痛苦的，要捨棄就像要把肉割下來。幸好後來有了電視版，讓多一點橋段曝光。其實，當日我們沒準備做劇集形式，因為拍攝文法是不一樣的。

現在這個電視版，是不是已經很接近你心目中完整的版本呢？

應該說，以當時的資源及能力，已經盡力拍出來了。那一百五十頁劇本，幾乎都在電視版的三個多小時裡面了；有些拍得不夠好的，當然就沒放進去。

所以不用期待一個更完整的版本？或者是 DVD 版？

永遠都是傳說中、未看過的版本最精彩。而且，再剪一次牽涉很多錢。音樂版權每次用都要再談，談版權那班同事都快瘋了。我也未收到消息，短期內未必會出影碟。版權賣了給串流平台，不知道到什麼時候為止。

電影中跟梅姐有關的地景，如彌敦道及利舞臺等，有推動劇情的作用，也勾起觀眾很多回憶。你們寫劇本時，是否一早鎖定這些空間元素？

我們原意是表現兩姐妹相依為命，背景就是有很多歌廳的彌敦道及佐敦道。但原來，這背景亦勾起觀眾的記憶——當時大家都很苦，可能要做兩份工，而比較有錢的人就會去歌廳消費。梅姐的人生跟一般人有這種聯繫，這不是我們一開始就想到的，而是後來各種元素加在一起，有了化學效果。

利舞臺是當時的殿堂，就像現在的紅館。它也確實漂亮，有種舊式的優雅。當時我們就想，相依為命的姐妹憧憬未來，怎麼憧憬？兩人從小唱歌，又不會做其他事情，就看著利舞臺做夢吧！我和 Jack 就慢慢把這些情節創作出來。

梅姐跟姐姐對著利舞臺做夢，之後又跟哥哥在尖東對著紅館做夢，兩場戲很對應。

哥哥自己說過，他未紅時把帽子拋到台下的故事。這場戲是融合了那段往事。

你們選歌的時候有什麼考量？剛剛提到，有些歌的版權問題頗複雜？

我們主要因應電影內容選歌。其實我很想用《夢伴》，但如果《烈焰紅唇》和《夢伴》只能選一首，就會是《烈焰紅唇》。例如《歌之女》放片尾，效果很好。她真的有很多歌可以選，可以推進劇情。

音樂方面，我相當感謝阿熹（趙增熹）。他說話很簡潔，往往一說出來就已經是答案了。他說，要訓練 Louise（王丹妮）一開口就令觀眾誤會她是梅艷芳。另外，他提起《心債》，其實梅姐一輩子就是「明明用盡了努力，明明事事都不計」，他就把音符放在她的愛情線中。觀眾不一定聽得到，但潛意識已經把你帶進她的人生；《赤的疑惑》

的音符也是，電影版中，她再去日本見後藤的時候就是用這音符。

版權的確是一個難題。尤其是外語歌更困難，有時一首歌就索價六十萬，有時又找不到版權持有人，拖很久。

電視版有一場用《裝飾的眼淚》講兩段感情，拍得很好。這段為什麼沒有放在電影版？

她有很多男朋友，但我們沒篇幅去講，所以用一首歌表現。但我們在正式公映前放了一些神秘場去詢問觀眾反應，老中青觀眾都有。當時有觀眾覺得，這場戲似乎拖慢了節奏，所以電影版刪掉了，後來在串流平台可以重見天日。

你做美術出身，電影的八、九十年代用了金黃暖色調，千禧之後用了冷色調，可以談談電影的美術部分嗎？

這是美術組及攝影師的功勞。攝影師明哥（潘耀明）處理七、八十年代時，他的啡色是包著紫色，紫色給人優雅及高尚的感覺，很漂亮。這個紫你未必會發現，但能令你進入那個世界。明哥花了很多心思去做。

到千禧之後，因為 SARS，因為哥哥去世，大家都很記得。二〇〇三年四月一日，那天是很孤寂很悲傷的，好像天塌下來了。明哥用了顏色去表現那情感，就是那種冷。

電影有個主題是傳承。Eddie 等長輩對梅姐好，她在大球場又把重任交給草蜢。這是很重要的一點，但不少觀眾似乎沒留意。

首先這一定是梅姐的性格。小時候我住彩虹邨，和街坊關係很好，有時鄰居會幫忙帶小孩。以前大家窮，如果不互相幫助，是很難過日子的。

這種後來被稱為「獅子山精神」的東西，不是研究出來的，而是生活迫出來的。這種互相幫助，其實也體現在傳承。我入行做美術，前輩教我很多，他提醒我要有自己的判斷，因為我不會永遠當助手。我跟過一個美指前輩 Bill 叔叔（雷楚雄），我問他為什麼不介意教人，別人學會了不就跟他爭飯碗？他說：我教的是我今天懂的東西，明天我自己都進步啦，怕什麼？

Bill 叔叔有一份自信，梅姐也有這種自信。她知道其他人撼動不了她，她樂於給後輩很多機會，去幫他們。梅姐有種責任，要帶他們上去，因為曾經也是有人這樣帶她。她讀書不多，但是有江湖人那種味道。

電影有不少梅姐的真實片段，為什麼會有這樣的處理？

這不是我們的原意，而是其中一位剪接師 David Richardson 的提議。他是外國人，是杜 sir 御用的剪接師。他看片後，找了很多梅姐的片段去併合，他說 Louise 的某些角度很像梅姐，可以做到真假混合。這個也是阿熹做音樂的原意，而 David 用畫面做，阿熹就用聲音做。他們沒有商量過，但這原來是可以令觀眾感動。

另外，梅姐一生牽涉了太多其他藝人，可能要找人演劉德華、楊紫瓊及杜琪峯，太困難了，我們只好取捨。我和 Jack 本來想拍她宣佈患病的記招，但當時她後面有成龍、劉德華及鄭秀文等，幾乎整個娛樂圈都在現場，怎麼找人演？但這場又太重要了，所以只能用新聞片段。真的東西是有它的威力。

Louise 的演出備受讚賞，你們是如何幫她入戲的？

她們兩姐妹很不一樣。Fish（廖子妤）是用恐懼推動自己；她一進歌廳，覺得很真實，怕自己演不來，手都在震。Louise 就相反，她看到場景很漂亮，給她穿的裙子很漂亮，就會先去享受，再說服自己是梅艷芳，然後就入戲了。

我們頭兩天先拍尖東海傍那場，因為是綠幕，她和阿謙（劉俊謙）就對著空氣演，我也怕會有問題。然後 Jack 就說給她一包煙，她一拿起煙就入戲了，像大姐一樣。她是模特兒出身，化好妝，做好髮型，穿好戲服，一有攝影機，她就自動打起精神。她很用心，不停的看梅姐的片。在現場，大家都叫她梅姐，令她有自信。整個拍攝過程，她的狀態是穩定的，阿謙也一樣。

你覺得 Louise 的演出有沒有什麼不足？

她完全不會跳舞。找人演梅姐真是太艱難，你不可能找到第二個梅艷芳。無論她怎麼學，都沒有梅姐舉手投足那種感覺。電影中的舞台表演，都要剪接幫忙。

這電影勾起了很多香港人的集體回憶及懷舊情緒，這是你創作過程中有意加入的元素嗎？

懷舊並不是電影的本意，但很多東西慢慢走在一起，就變成現在這樣子。梅姐走過六十及七十年代，在八十年代走紅。如果要把梅姐帶回來的話，也要把那個時代帶回來。我們本來是想去彌敦道拍實景，但到現場一看，建築物、燈柱、交通燈、地面所有東西都不一樣了。

我們小時候坐巴士出去尖沙咀，在上層聊天，看到「妙麗」那個招牌就知道快到碼頭了，要下車了。當時，我們不覺得那個牌有多重要，然後有天它消失了，但經過了十年、二十年、三十年，原來大家心裡還是想念的。我們重構出來，大家是會感動的。這一點，我們一開始並不知道它的威力。

剪片的時候，那些場面背景還是綠幕，我們只集中看演員表演。但一有了 CG，做了顏色之後，「妙麗」招牌、利舞臺及尖東海傍一一出現，我自己都很感動。那些場景，我們回不去了；這些回不去的時光，原來大家一直在心裡收藏起來，藏得很深。

香港變得太快了。日本也好，台灣也好，十年之後再去，很可能某個地方還在，甚至老闆還在。但在香港，可能不到半年之後你再去彌敦道，店舖不見了，所有東西都不一樣了。我們一開始可能覺得：這個沒有了，沒關係，那個沒有了，又沒關係。但是不是真的沒關係？這些「沒關係」堆積起來，就有了懷舊情緒。如果我得到這條鑰匙打開它，大家就會被打動：「哎呀，就是這個地方啊！那裡我也去過呀！」

香港電影很久沒有用一個人物講一個年代。也許，此刻的香港人是很需要這樣的一部戲。這不是拍《梅艷芳》的本意，我們只是努力創作，但很多東西是有機地走在一起，最後有了那效果。

今天，有些人為了某些原因離開香港生活，但我在不同地方遇到的香港人都仍然很愛這個地方。作品是最誠實的，你會從中看到導演的性格，電影已經展現了他是一個什麼人。因為我們都很愛這個地方，所以有意無意間，我們在創作的時候已經把這種愛香港的感情放在裡面。

你曾強調拍這部戲帶著很多使命，例如有責任記錄當年香港，有責任培育年輕演員。為什麼拍這部片特別有使命感？

這部戲很大投資，又用新人，從商業角度是很任性的。但有多任性，就要有多少責任感，要向公司負責，向觀眾負責。例如，我覺得捧新人是很重要的。很久以前的 TVB 及華星就有捧新人的機制，搞訓練班，辦新秀。我當時很天真地想，如果即將要紅的新人都曾經拍過《梅艷芳》，那就好了。像阿 Dee（何啟華），當時大家不認識他，想剪掉他的戲份，但他現在紅了。他很喜歡演戲，也很努力，拍攝當日他演得滿頭大汗。

拍戲過程中，有沒有曾經跟梅姐有某些感應？

當晚我們決定用 Louise 後，我一回到家，家裡的 iPod 就隨機播出《赤的疑惑》，我嚇了一跳。當時老婆在家中，她根本不知道我在籌備這

部戲。決定了選角，我就建議去拜梅姐，把 Louise 也帶去，跟梅姐說：
「不好意思，我們要拍你，我們會很用心，希望你幫幫我們吧！」這
是根本的禮貌與尊重。我們選了 Fish 又一起去拜 Ann 姐（梅愛芳），
選了阿謙又一起去拜哥哥，後來老闆也加入了。

你曾經形容這是你的 life time project，這部電影在你的電影生涯留下什
麼？ 這麼多年後，觀眾仍對梅姐有這麼深的感情，你有什麼感覺？

我第四部戲就拍《梅艷芳》，是很大榮譽。而且，這樣的機會還會遇
到嗎？香港導演可能未來十年都不會有這種機會。

香港是用了一百年才出到一個梅艷芳，這是福氣。鄰近地方，有沒有
出過這樣的人物？那怕她只活了四十年，但她那麼紅，演藝成就那麼
高。要多少天時地利人和，要多少歷史的偶然，才能出到一個梅艷芳？

總有觀眾想挑起矛盾，譬如問如果梅姐今天在世，她會是個怎樣的
人？其實，就算是我兒子，我都不可以幫他回答，我又怎可以為梅姐
代言？如果我有機會再見到梅姐，她可能會摸一摸我的頭，說辛苦了，
又或者說，你怎麼這麼傻，拍我。我覺得我們會以這種方式再見面，
和哥哥也是一樣。

Interview 24

江湖兒女的故事
——吳煒倫

吳煒倫寫下不少電影劇本，多次獲得香港電影金像獎最佳編劇提名。雖然是編劇，但他經常跟場拍攝，這次就從頭到尾跟導演梁樂民拍住上，合力完成《梅艷芳》。

參與《梅艷芳》編劇之前，吳煒倫的作品以動作片為主。雖然這部傳記電影跟他的前作看似風馬牛不相及，但是，他在梅姐身上找到一種近乎武俠小說中的江湖兒女味道，所以他一開始就覺得這劇本適合他寫。

跟梅姐的故事打交道好幾年，吳煒倫認為她之所以非常代表香港，正是因為她那種江湖味：她有市井一面，有能力一呼百應，但同時又可以很體面。他亦覺得梅姐有種香港人的氣節：她到了某些關鍵時刻會有堅持，寧願放棄賺錢。

你是七十後，正好見證梅艷芳從出道到走紅，她在你成長過程留下什麼記憶？

開拍《梅艷芳》之前，大家分享了很多關於梅姐的成長記憶。新秀當晚，我記得我跟很多家人一起看電視，對她印象很深，因為她唱得實在很像徐小鳳。我跟同學玩捉人遊戲的時候會唱「求求你讓我躲開」，是《赤的疑惑》歌詞。然後，《壞女孩》成了禁歌，我是介乎明白與不明白之間。這首歌真的是街知巷聞，一出街就到處聽到。當時廣東歌的力量真的很厲害。

去到初中，我很喜歡她的兩首歌。聽《傷心教堂》，我聽到流眼淚；當時我只是初中生，我都不知道為什麼有那種感動。我也很喜歡《裝飾的眼淚》，所以拍《梅艷芳》時就想把它放在電影中。

你以前寫動作片，當初電影公司找你為《梅艷芳》編劇，你的反應及心情是怎樣的？

十二月三十日是梅姐的死忌，剛巧是我的生日。當日江老闆（江志強）打電話來請我參與這部片，我很快就答應了。原因是我愛梅姐，而且梅姐有江湖兒女的味道，她的故事適合我寫。再加上，這真是一生人一次的難得機會。

你入行後，有親身接觸過梅姐嗎？

我只見過梅姐一次。好多年前，有次電影首映之後，我們在一間酒吧聚會，她也在場。我很記得，還未正式介紹，她已經拿杯酒叫我「飲咗先」。當時我還是小朋友。我跟梁樂民導演都覺得，我們這輩人可以帶點距離去看梅姐一生，可能反而比較好。

梅姐一生事跡豐富，寫這個劇本是否困難？是否工程浩大？你又如何進入梅姐的世界？

很好笑的一點是，這消息傳了出去，外面開始有人知道我寫梅姐的劇本，還以為這部戲只拍黑幫那一段。

其實，答應了寫這劇本，我從來沒有太擔心。從編劇角度，頭半部是小子成長的戲軌，中段的黑幫戲也是我喜歡寫的。我唯一最擔心的，就是關於梅姐一生的材料太豐富，一定要刪去很多事跡，要作很多困難的抉擇。例如，最終沒篇幅講她的徒弟，她拍過的電影又沒法講太多。

寫劇本時，我一直聽她的歌，把自己浸在那種感覺裡。我用了一年時間寫故事大綱，是我寫得最久的大綱。我們用了很多時間搜集資料、做訪問，一開始把好看的段落列出來，但未有次序；其實很多段落都很好看，但也要看劇情連貫性。那些材料，真的四十集電視劇也拍不完，所以一定有很多捨棄，包括歌也是。

這部戲成本很高。以前就算有預算，一部戲拍四、五十組已算多，但這部文戲拍了八十多組，真的很誇張很瘋狂。因為 Louise（王丹妮）第一次演戲，要給多些時間在現場試，摸索到可以為止。江老闆有心去做，也肯花錢去試。

整部電影有哪些地方是你最滿意的？

最滿意是整個拍攝過程，因為真是難得地開心，大家又很齊心。拍電影牽涉的人很多，要每個人都清晰自己在做什麼有時是很難的。但拍《梅艷芳》的團隊由上至下，大家都知道要為梅姐做一件事，出心出力去做。我們沒有事前開大會，叫大家好好拍一部梅姐的戲，一切都是在心中。拍戲本身是很辛苦的事，但這是很少有拍得不太辛苦的戲，因為氣氛很愉快；遇到難關，大家就很主動想辦法解決。很少電影是有這種氣氛的。

拍攝過程中，我們多次遇到很神奇的事。拍外景時，往往是準備的時候還在下雨，但在開機之前就會停，但一收工又繼續下雨。很多次都

是這樣，真的不能解釋。我們還說，灑濕了地面拍出來更好看呢。

大家那麼出心出力，是不是團隊中有人是梅姐 fans？

大部分都是！例如在選定電影要用的歌之後，就會有人說：「嘩！之前好擔心你們不用《裝飾的眼淚》！」又例如選角時，Louise 穿起婚紗一走出來，大家都靜下來，當音樂響起，很多人都哭了。

有沒有哪場戲你特別喜歡？你是怎樣把梅姐的性情在劇情中表現出來？

錄《心債》整場戲我都很喜歡。另外，講梅姐在酒廊一連唱幾首歌那場戲，真的是一鏡到底，Louise 連唱幾首歌，又唱又跳又演。這場戲我在現場也看得好爽。我很佩服梅姐出來跑江湖，那些觀眾真的是三教九流，會噓你，用粗口鬧你，你不能得罪，又要鎮得住場面，令大家看得開心，這是很需要技巧。現在的歌星根本不用面對這些事情。寫這一場戲，是表現梅姐見慣風浪，之前唱片公司高層擔心那個場品流複雜，但她幾歲就出來唱歌，別人的擔憂在她眼中根本不是一回事。我最想表現的是：梅姐好型。

梅姐的眾多愛情故事，電影選了兩段，為什麼？觀眾對於這兩段戲都有微言，你有什麼看法？

我們最初有想過寫一段梅姐的初戀，但不是 Matchy（近藤真彥）。大家知道 Matchy 不是她初戀，但站在戲劇角度，作為觀眾看到她的第一段戀情，投注在他身上是好的。有人批評事情不是這樣發生，但我們確實要兼顧很多方面，唯有避重就輕，把感覺寫出來。

至於 Ben（林國斌）那段故事牽涉很廣，不得不寫。卡啦 OK 事件是我們不想放棄的，梅姐離開了香港一段時間也是必須寫的，整個過程她確實是跟 Ben 在一起。

梅姐當時被認為「教壞細路」,但電影很少著墨她的爭議性,為什麼呢?

這點我們也有考慮過。但其實,她的爭議性只是一陣子的事,於是我們就用《壞女孩》成為禁歌去概括整件事。可能因為我是男生,爸媽從沒阻止我聽她的歌,亦沒有覺得她帶壞人,我也不覺得她很壞。也許我比較早熟,分得清形象只是為了表演。不過,那年代的確大部分演員抗拒演反派,是怕一街的人都會討厭他。

《壞女孩》那段戲,最主要是要講梅姐的義氣。其實,《壞女孩》被電台禁播,但不影響演唱會。我們只是想像,如果當日真有這事發生,梅姐會如何面對。這首歌確實將她帶到事業高峰,而她對人很講義氣,會不會對歌也講義氣?所以電影中她堅持唱這首歌,講明「如果出問題就拉我」。

劇本寫得長,一定刪減了不少場面,有沒有你刪掉了覺得可惜的?

我在劇本寫了一場,是梅姐從泰國回香港,跟林夕通電話,向他訴苦,林夕就說:「不要想太多,你都不過係個人啫。」梅姐就說這句話很好,請他寫進歌詞中,那就是《女人心》最後一句「但我始終不過是個人」。這場戲拍不成,有點可惜。

另外,有一段戲我真的好想拍。訪問草蜢時,他們提到參加新秀之後,梅姐主動接觸,想找他們伴舞。正式合作之前,梅姐提出去家訪他們。草蜢當時住在屋邨,要接待她十分緊張。然後,她去到屋邨跟他們一家食飯,傑仔(蔡一傑)一直留意她神情,但她從頭到尾沒有一絲嫌棄或介懷,表現很隨和。晚飯之後,他們送她走,鬆一口氣;經過那一晚,他們隱約知道會一直跟著這個人。

還有一段戲,我也很想拍。草蜢跟我們分享,他們跟梅姐去外國登台,傑仔感覺不舒服,好像撞鬼了。第二晚,梅姐就去他們的房間睡,跟傑仔同床,蔡一智就跟蘇智威睡另一張床。突然,傑仔似乎有異樣,

梅姐就馬上坐起身，一巴一巴打他，破口大罵，大叫「你不要搞阿傑！快點走！」過了一陣子，傑仔就沒事了，他醒過來問梅姐為什麼打他，非常好笑。

其實，這些段落獨立起來都很好看，但在電影中就未必有適合位置放，所以必須取捨。而且，因為篇幅問題，徒弟的戲份不多，我們就用了大球場那場戲講傳承，概括他們的師徒關係。

有一首歌我們也很想拍，有一稿的劇本也有寫出來，就是梅姐和哥哥合唱《芳華絕代》，那段太精彩，但也太難拍了。聽草蜢說，梅姐和哥哥上台前是不綵排的，這不是因為他們懶，而是他們享受即興，也有十足的自信去即興——你拋什麼出來，我都接得住。我們難以想像，在紅館有一萬多人看著你，竟然可以不綵排直接表演，但他們就是可以。《芳華絕代》和《冰山大火》的現場合唱演出，真的是超級精彩。

寫梅姐的故事，要創作又要顧及事實。有沒有哪段戲特別難寫難拍？

其實，梅姐從泰國回來香港之後，都是下降的戲軌，情緒一直低迷，充滿離愁別緒，很難處理。另外，哥哥的喪禮也很難拍，但這一幕對梅姐對香港人來說都很重要。因為要封路，只有兩小時拍攝，我們前一晚就什麼都準備好，然後同時用很多部機拍攝，動用很多臨時演員。有些臨演是真的哭，演也演不到這效果，因為大家都是真心掛念哥哥。

電影有很多細節很動人，例如梅姐在泰國一間餐廳聽到小女孩唱歌，聽到哭了。

當時，我們想了好多方法去寫梅姐從泰國回香港的戲。大家都知道，她一定會回來的，而解決黑幫糾紛是被動的因素，那麼有什麼主動因素令她回來？其實，哥哥跟梅姐都曾經想退出，但他們都復出了，因為他們很愛舞台。我們就用了小女孩唱歌來表現她對舞台的依戀，令她決定回香港。

梅姐有那麼多歌，你們是如何選取？如何配合劇情？

我們先列出所喜歡的歌，然後看著分場，看看什麼地方適合放進去。但我們太多歌想放，難免有遺珠。例如比起《夕陽之歌》，其實《女人心》更觸動我。梅姐的唱法不是圓潤的，而是聲嘶力竭，甚至有點粗糙，那種情感很打動人，唱出一種江湖兒女的味道。最後一句「但我始終不過是個人」，有一種「很梅姐」的感覺。

電影票房很好，觀眾普遍也喜歡，你自己是否滿意？

我們從一開始就知道，要拍梅艷芳，怎樣拍都會有人罵，但結果批評比我們預期少。這部戲的目的，是將梅姐介紹給新一代。開拍前，我們問過很多十幾歲的年輕人，他們大部分都認識梅艷芳，但對她不太熟悉。現在，電影達到這個目的，有不少年輕觀眾看完電影後去找她的歌與電影。

王丹妮演梅姐得到好評，還得了獎。你覺得她優勝之處在哪裡？她有什麼地方最像梅姐？

Louise 不怕鏡頭，是個可以跟鏡頭跳舞的人。我們一開始就想找新人演，但一直都找不到合適的，曾經想放棄。跟她見面時，第一印象是她豪爽，有江湖味。試鏡當日，她在我們辦公室叫外賣，我看她叫車仔麵，配很多料，包括豬大腸之類的肥膩東西。我問她：你一個超級模特兒竟然吃這些東西？她就笑著說她喜歡吃。我當時已覺得她有真性情。而且，她也有男仔頭的一面，中學時曾經三日不出家門不停打機。她性格很隨和，成名之後態度亦一樣，有江湖兒女的感覺，這一點是跟梅姐最接近的。

第一天開機時，我們曾經很擔心 Louise 的演出，但她後來漸入佳境。她有種狠勁，一般演員如果要 take 很多次，能量會越來越小，但她卻是越來越有勁。這一點亦很像梅姐，她生前無論有多不舒服，一上

台就充滿力量,但一下台馬上就倒下了。這種超強的意志力,電影也有呈現。當日,我們要決定選角,江老闆知道我們對她心有所屬,所以他問負責髮型的玲姐意見,她以前也經常跟梅姐合作。玲姐就說,Louise 會是未來的巨星。那天,大家都確定人選是 Louise 了。香港很久沒出現這樣的女星了,她一行出來就是女主角,而且有觀眾緣。

至於 Fish(廖子妤)演梅愛芳,難關是找不到她的相關資料,但既然難找,她的空間反而大了,亦不會有很多人質疑。結果,她演得很好,跟 Louise 亦像兩姊妹。

你是導演又是編劇,你怎麼看梅姐作為一個演員的表現?

梅姐演戲的幅度簡直大到離奇,言情文藝、笑片、動作片都可以。講梅姐的電影,多數都講《胭脂扣》,但其實她在很多電影都演得很好。她在《東方三俠》有女俠的架勢,在《英雄本色III夕陽之歌》演周英傑,很豪邁;這些角色真的找不到其他人去演。她在喜劇中演八婆角色,但不會令人反感,因為她本身有這種魅力,大家只是覺得她很有喜感。例如《一屋兩妻》及《公子多情》之類的喜劇,現在的演員未必放得開去演。梅姐當年也是偶像,但她不會覺得喜劇角色醜化自己,接了戲就豁出去演,幾八婆都可以。又好像《鍾無艷》,她真的演到角色的衰格;當時她已經是神枱級,也很貪靚,但她不會有包袱,既然拍喜劇就放盡。梅姐對電影的態度,就是去演好每個角色。有時你肯做,不一定會做到,但她肯做,而又做到,真的好難得。

拍這部戲,用了幾年時間跟梅姐的故事打交道,她在你身上留下了什麼?

是她的歌。我寫劇本,通常會選歌,然後一直聽,慢慢進入某個故事。我日後寫劇本,會用梅姐的歌來找靈感,會幫到我創作。寫《梅艷芳》的劇本時,我寫得很順,都是她的歌幫助,提供了現成素材。

這部戲令很多人懷念梅姐，同時勾起很多人的香港情懷。你覺得梅姐在香港留下了什麼？

有時，人與人之間建立的關係比血緣重要。我從小看武俠小說，很喜歡裡面的江湖兒女，行俠仗義，而梅姐正是那樣。在今天香港的娛樂圈，似乎沒人承繼她的地位，最接近的人應該是古天樂。但男人有江湖味，到處幫人，是比較理所當然，但梅姐是女人，感覺會更強烈。

香港從來是一個雜亂的社會。就好像深水埗，什麼人都有，那不是一個漂亮的地方，但很有生命力，它任何時候都在動。這種市井味與生命力，其實很代表香港。梅姐草根出身，就有這種特質，這跟香港的本質很相近。香港人出身未必很好，但到了某個關鍵時刻，香港人會有氣節；「我最多不去賺這筆錢」，其實就是這句話而已。梅姐就是這樣。

梅姐有種魅力，低下層喜歡她，有錢人也喜歡她。她有江湖味，有能力一呼百應。我說的江湖味，不是說黑社會，而是 down to earth，這是裝不出來的。但同時，她又可以很體面，不會失禮人。不囂張，又不認低威。這是很難拿捏的，但跑慣江湖的人就拿捏得到，因為他們見過世面。很代表香港的人都有這種特質，另一個例子是發哥（周潤發）。

Part Four
留下傳奇夢幻

Article

「我希望大家記得的不是我這個人，
　而是我做過的事。」

── 二〇〇一年七月訪問

Article 01

伴我們走過患難
——李照興

每個人至少都應該有三首人生主題歌，至少三首。如果說為人生主題曲略為誇張了一點，但起碼也可以是逢到卡拉 OK 必唱的飲歌吧。

到最終，你會唱哪首歌？哪一首最感動自己？這彷彿已關係到自我價值觀與身份認同的層次。尤其是當人在外地，面對大江南北的歌者酒友，各人都亮出自己的飲歌，由民族民謠到革命樣板，當輪到自己，總得在深深埋藏心底的香港流行歌書目錄撿拾。不錯，那一刻唱一首香港流行曲，一下子就變成了姿態，化作一種香港身份的強調。

但行走江湖的人不會開首就露底，必須先趕上時下潮流，絕不自認歌迷老鬼的，常常就預先學曉跟進當時得令的新手新曲，先隨大隊點唱各種青春新作，可酒過幾巡，在 K 場中唱到最後的，就一定會是經典老歌。而這時，你的輩份就露出來了。但能去到這最後階段，大家通常就不理旁人了，表情豐富十足投入地唱著要唱的主題曲。甚至乎，朋友都說我過度投入，像每句歌詞都要作自我表白，情深之處閉目歪咀，像每首主題曲都說中人生故事感懷身世。起初，那其實是我本著做什麼都認真的精神全情投入，而後來慢慢發現，所選的主題曲也真是憑歌寄意，唱著唱著，就回到當初光景，經一首歌而重拾某個逝去時刻。

當中，我最常選唱也常被打動的一首，正是梅艷芳的《夕陽之歌》。《夕陽之歌》可算是那份成長於八十年代的懷緬總結。它是關於一個我們一代人認為最美好、自豪、滿是自信，但又不失悲涼的時代，正

合了某一個階段的香港集體情懷。又因為此曲是電影《英雄本色 III 夕陽之歌》（1989）的主題曲，於是記憶的盒子中，除了歌詞歌聲音符外，更會加上那些今天回想起來都覺得難以重遇的經典片段。

自由自主的時代

瀟灑的周潤發、還帶點羞怯的梁家輝、風華正茂的梅艷芳，三人結伴，男的穿起紳士般的白衣服草帽，女的黑白相襯，同樣白色的正裝套裙，法式的闊邊帽配黑底圓白點的小領巾，雍容優雅嬌媚，街角與日子輕輕走過。這段畫面與歌曲的出現一直有所談論，基於它的調子看來跟整部電影的前文後理不太搭軌。亂世的越南，忽就來一段浪漫輕鬆的 MTV 過場，而且三人的裝扮跟外間的紛亂全不協調。可是，電影的神采往往由意外的創念延展激發，徐克這個安排，卻不經意造就了現在看來極為豁達的影音意境。我常常回看這一場戲，都感歎於它如何精準捕捉了三位演員那種獨到的 manner。它是有關於演員的微笑、扭動、走路、表情：不須問有沒有劇情關係，單單他們的 presence 已極為可觀。我們看到三人穿梭街角，梅艷芳的角色替周潤發選墨鏡（那當然就是解釋了 Mark 哥那招牌黑超的由來），周潤發是顯得倜儻一如既往，梅艷芳卻是內外複雜別有隱衷。後來她又隨手戴上一副蝴蝶型的墨鏡，相映成趣之餘，也用以遮掩她的心事重重。及後三人不約而同把頭抬向上空，望著遠方藍天的飛機略過。不遲不早，我總是在這一刻被這畫面深深的打動。當時不知道為何，日後在無數次的重看重聽中，才整理出一點頭緒。

電影中，他們處身一個不能控制自己命運的時代，人浮於世雙城流放，但自身最可以做的，即為穿起最華麗的衣服，依隨自己的步伐。在最後的愉快旅途之中，三位白衣人攜著手，再共同轉到下一場景。這三人並行的畫面可謂詮釋了香港巨星以至香港形象那無以及之的高峰標

記——而像電影中的劇情一樣，過後即迎來瘋狂的另一時代。

梅艷芳以她自信的身體語言，可豪邁可溫婉又帶點蒼涼的歌聲，記取了那個時代的精神：我可以成為我想成為的，我就是我形象以至生命的主人。

人生經歷延伸而來的百變

沒有一個同時代的香港女歌手或女演員可有這份獨到的氣場，那種複雜的故事性。這台上台下形象上的百分百匹配，當然由梅艷芳的性格與童年說起，她那迫得要早熟的成長背景，多多少少讓她在女性特質以外，又添了點江湖味、義氣、豪俠色彩。如果說「百變梅艷芳」這稱號是一頂冠——那說著的確是一個事實，就是在香港的映畫歌壇歷史中，梅艷芳的跨度之廣以及每種形象都能做到的形神俱備，確是自粵語片高峰期後絕無僅有。她亦男亦女，氣概與嬌媚合一，試想想，她最為人記取的幾個形象，都截然不同各走極端。《胭脂扣》（1988）中如花痴情，《英雄本色 III》中豪邁犧牲，《東方三俠》（1993）的仗義俠士，《審死官》（1992）、《鍾無艷》（2001）的生鬼調皮，論演出形象之廣，香港電影上一個黃金時代的經典演員中，有這個造詣的，該只出現在任劍輝那一代了。那是需要長時間修為、浸淫、磨煉的台板人生成果，跟今天隨便選秀或拍寫真而出道的藝人不可同日而語。Manner 正是箇中精髓，走路的姿勢，笑容的掌握，說話的頓挫，讓整個演出，無論是銀幕上還是舞台上，都穩健的作為重心，感染力揮發，氣場自然而來，令觀眾看得踏實心安。現場舞台上的這種 manner，最能體現的其中一次演出，我認為是在最後的八場演唱會中，當她穿著紅色旗袍撥著羽扇搖曳著身子在舞台走過，邊唱著《似是故人來》之時，那份壓場感，那種婀娜，風情而優雅，可謂頓成絕響。

不能否認的是，重溫梅艷芳的演出歷史，同時可以是三十年來，我個

人或不少香港人的聽歌歷程。甚至推而廣之，每首歌都可以編出一個有關自己和香港的故事。記得梅艷芳剛出道時唱的《赤的疑惑》，那是她以冷艷形象出現的早期，鬈曲長髮的她成了某種成熟女性美的標記，令當時中學生的自己首次感受到香港女歌星的舞台光芒。而後的《壞女孩》第一次把她的事業送到高峰，伴隨的還有今天回想起來相當可笑的道德爭議（聽《壞女孩》會教壞孩子）。隨即是一如原著中《胭脂扣》所掀動的香港本土歷史懷舊風，然後風起雲湧一切到《英雄本色 III》作分水嶺。

從娛樂圈到現實的五花八門，梅艷芳最令人動容的還包括台上台下的正義感——我們常常把現實與角色混淆，而她在電影中的豪情英氣，對比現實卻絕不為過。在需要的場合，適當的時期，堅持自己，敢於表態。

逝去的情懷

回到《夕陽之歌》，在這歌首次出現於電影時，是配合她作為一種瀟灑的女俠形象。而許多年之後，《夕陽之歌》再在我生活中響起，除了大江南北的卡拉 OK 之外，則是網絡視頻普及之後，隔一陣就可專門挑選演唱會的這一段來重溫，那是她最後演唱會的最後一首歌。

當年電影片段中，太陽底下的墨鏡沒有了，換來一襲純白而長長的婚紗，如白色花瓣的帽子讓半透明的白紗時而掩蓋著眼睛——在她唱完轉身，再緩緩上階梯，有一個小小的彎身用右手拾起婚紗腳的動作，她像勇往直前誠心致意的輕巧完成，昂首闊步地繼續走上她最後的階梯。之後，高高的白門緩緩打開相迎，就在門中央，她才快速決絕地回頭說聲「拜拜」，舉起手，以聲音、舞台、姿勢、最令人難忘的 manner 告別觀眾——今天回想起來，就在她步上長長階梯的那一刻，沒有人知道，她當時心中想著的，是否同時也是告別人生。

此刻，歌詞與意境融合得不能再合襯：

斜陽無限　無奈只一息間燦爛　　　　奔波中心灰意淡

隨雲霞漸散　逝去的光彩不復還　　　　路上紛擾波折再一彎

遲遲年月　難耐這一生的變幻　　　　一天想到歸去但已晚

如浮雲聚散　纏結這滄桑的倦顏

漫長路　驟覺光陰退減　　　　　　　啊　天生孤單的我心暗淡

歡欣總短暫未再返　　　　　　　　　路上風霜哭笑再一彎

哪個看透我夢想是平淡　　　　　　　一天想　想到歸去但已晚

曾遇上幾多風雨翻　　　　　　　　　　　　　　（陳少琪詞）

編織我交錯夢幻

曾遇你真心的臂彎

伴我走過患難

第一次感動是一九八九年的歌曲與電影，再次情緒掀動是二〇〇三年的香港。都是這個城市歷史的微妙時刻，而彼此伴隨走過患難。

後來每次再看到那慢動作的畫面，三個人在陽光下，那副墨鏡，又想到後來演唱會那婚紗，那兩個如信物般的小裝扮都有刺痛的感覺。那變成了一種提醒：原來在很久的一段日子以來，我們都彷彿忘記了她已經不在，唯有這個墨鏡，這襲婚紗，如刺針一般提醒我們這一事實：我們真的失去了她，永遠的失去。一種莫名悲慟在事隔多年才慢慢強化，甚至每年到了關鍵的紀念日子，我們都無可避免的失措起來：深怕一到這天，又會再一次失去她。

而我們知道，失去的，除了她的歌聲，還有那段過去日子。

Article 02

如花歌女・俠女豪情
——鄭政恆

梅艷芳的演藝人生，百變，精彩。在歌唱界和影藝界各有成就，她年紀小小已在荔園演唱維生，長大後繼續在台上尋覓理想，十八歲在第一屆新秀歌唱比賽奪得冠軍，一夜成名，她的衣著形象一直走在時尚尖端，令人一看難忘。她參與演出的電影超過四十部，其中以歌女（或風塵女子）和俠女（或烈女）兩種角色形象最為深入民心，前者以《胭脂扣》（1988）的如花和《半生緣》（1997）的顧曼璐兩個角色為代表，後者以《英雄本色 III 夕陽之歌》（1989）的周英傑和《東方三俠》、《現代豪俠傳》（1993）的冬冬（東東）兩個角色為代表。

八十年代的細緻

細說從頭，每段美好的片段，腦海一再閃現。黃泰來執導的電影《緣份》（1984）不單是大量實景拍攝地鐵的中產愛情電影，捉緊了都市生活的時尚脈搏，而本片也可以說是梅艷芳第一次重要演出，雖然她只是擔演女配角，但她為富家女子 Anita 一角添上自然本色，率直坦然、有情有義、果敢大方的性格表露無遺，而最後以一身黑衣加上黑帽黑眼鏡現身，也實在充滿明星魅力。結果，梅艷芳憑本片獲得香港電影金像獎最佳女配角，演技備受肯定。她和張國榮合唱的同名電影主題曲，也成為金曲。

梅艷芳影藝生涯的真正代表作是《胭脂扣》，她憑如花一角登上香港

電影金像獎和金馬獎最佳女主角的寶座。《胭脂扣》一開始以三個鏡頭（近鏡、特寫、近鏡，如花在右方角落），拍攝如花化妝和塗口紅，身上黑色蝶紋的旗袍，正是她死時和重回人間時穿的衣服，三個鏡頭表明，女為悅己者容，這是歌女如花的故事。

然後是煙花之地金陵酒家，鏡中的如花唱南音《客途秋恨》，她女扮男裝，雌雄莫辨。如花和十二少在此相遇，二人一見鍾情的關係，多情妓女的形象在此確立，梅艷芳不單以歌聲寄意，更以眼目傳情，鏡頭徘徊流連二人身影，彷彿註定是難分難解的浮世情緣。

另一些值得細味的片段是，如花哭了。片中如花喜怒形於色，但總略為低調，恰如其分。如花和袁永定走在石塘咀，可是物換星移，什麼都變了，金陵酒樓沒有了，香港是一個消失的城市命運，有梅艷芳為如花作感性的注釋。另外兩段，如花被十二少的母親冷嘲熱諷過後，側身面對十二少，獨自偷偷飲泣，而五十多年後，如花在天橋下未能與十二少隔世重逢，回袁永定家對窗流淚。風塵女子的淒涼命運，自此開展，而且是一而再的失落。最後，如花和潦倒不堪的十二少在片場相見，如花沒有哭，而且冷靜又堅強地了卻心事，退還信物胭脂扣，離開人間世。電影以如花的微笑作結，梅艷芳的風采教人心折。

梅艷芳以相對於張國榮低調的作風、幽怨的眼神、細緻的動作，帶出民國時期一個香港妓女的壓抑、尋覓和惆悵，教人訝異的是，梅艷芳在舞台上和在電影《緣份》中的自我張揚，在《胭脂扣》中已是洗盡浮華，一轉身卻是服服貼貼的民國女子，形象百變背後正是老練──對世情的穿透觀察，令梅艷芳可以演什麼，都自然入戲。（唯一缺憾，現在流通的《胭脂扣》都是經他人配音的版本。）

從歌女到烈女。《胭脂扣》的如花成為經典形象，《英雄本色 III 夕陽之歌》的周英傑卻是一百八十度轉變。

吳宇森執導的《英雄本色》系列，至第三集改由徐克執導，在內涵上，吳宇森承接張徹以降的陽剛氣盛傳統，女性角色相對邊緣化，徐克卻要略為顛覆，加入豪邁的女主角，而且由張叔平設計梅艷芳的造型，梅艷芳也成功飾演一個巾幗不讓鬚眉的烈女。《英雄本色 III 夕陽之歌》在「六四」事件後推出，電影趕上時代的快車，加以昭然若揭的影射，而更為突出的，興許是梅艷芳主唱的電影主題曲《夕陽之歌》。《夕陽之歌》是當年的熱門金曲，其作用好比第一集裡面的《當年情》，可以提綱挈領，渲染感情。

九十年代的跳脫

進入九十年代，方令正導演、李碧華編劇的《川島芳子》（1990），讓梅艷芳有很大的發揮空間，特別是電影關乎女性角色和感情、民族身份和角力，需要富於經驗的女演員呈現當中的複雜性，從天真爛漫的格格到風塵世故的間諜再到面對死刑的漢奸，梅艷芳都可以將愛與恨、情與欲的神緒一一捕捉。

區丁平的《何日君再來》（1991）中，梅艷芳重拾歌女形象，徘徊於中日戰爭背景下的家國恩仇，最終歌女梅伊落戶日本，恰恰回應了當時部份人在移民潮下的去國心理，最終梅伊的自白也相當動情，終於梅艷芳憑梅伊一角，再度獲得香港電影金像獎最佳女主角的提名。

隨著香港的過渡期進入倒數階段，後現代文化跟當時的香港電影結合，諧謔、混雜、互涉、無厘頭、時空壓縮等特色，屢試不爽，梅艷芳主演的《九一神鵰俠侶》（1991）和《審死官》（1992）都是例子（同樣將原文本大幅度改動），而梅艷芳的演出也相當跳脫，或莊或諧，特別是《審死官》中宋世傑夫人一角，令人印象深刻，梅艷芳也再獲金像獎提名。

一九九三年的梅艷芳也有不錯成績,繼《審死官》後再跟杜琪峯合作,在《東方三俠》和《現代豪俠傳》兩部電影中打造俠女形象,同年的《新仙鶴神針》也不例外。可是,自從一九九四年,梅艷芳拍攝電影的數量漸次減少,而香港電影製作,也確實不及八十年代般風光。梅艷芳的角色即使是要角,也開始轉為襯托,當中包括將成龍打入北美市場的《紅番區》(1995),跟張國榮再度合作的《金枝玉葉 II》(1996),梅艷芳的發揮空間都略為不如從前。

然而,梅艷芳的演藝生涯從來沒有原地踏步,自一九九七年到二〇〇三年她的人生遽然告別,她的每一次電影演出都充滿神采,而且打破了過去的形象限制,憑豐富的幕前經驗在文藝片中發揮個性。

在許鞍華的《半生緣》中,梅艷芳飾演的顧曼璐,是負責養家的舞女,在第一次出鏡時,她跟妹妹顧曼楨一邊談天,一邊抽煙,世故的滄桑感相當突出,涉世還未算太深的曼楨截然不同。另一方面,她先後跟祝鴻才和母親的對話中,就展現出年華難再的焦慮,而曼璐跟舊情人張豫瑾重逢,張豫瑾一句「想起以前的那些事,我就覺得幼稚,也很可笑。」曼璐獨自蒼涼,梅艷芳就把握得相當中肯,而更複雜而扭曲的心理,莫過於曼璐跟丈夫祝鴻才不睦,又未能生兒育女,終於破壞了妹妹曼楨的終身大事。兩姊妹的一生教人感到蒼涼,演出者也受到相當肯定,梅艷芳再度奪得香港電影金像獎最佳女配角。

洗盡鉛華的深沉

踏入新世紀,梅艷芳在二〇〇一年參演了多部電影,一方面她可以在韋家輝和杜琪峯合導的《鍾無艷》中,反串飾演昏君,諧趣的演出令人捧腹,另一方面她在張之亮執導的《慌心假期》中,卻展現出相當複雜的女性心理。

梅艷芳最後一部參與演出的電影，是許鞍華的《男人四十》（2002）。在片中她飾演中學老師林耀國的妻子陳文靖，是相當典型的香港中產家庭主婦，過著二十年如一日的生活，跟丈夫的感情已相對平淡（對照女學生胡彩藍為林耀國帶來的感情波瀾），而在過去，陳文靖跟盛老師有一段師生戀，而且懷有孩子（即長子安然的生父），隨著盛老師人生快要走到終結，安然長大成人，陳文靖也要坦誠面對自己的感受。

梅艷芳的演出，可以說是洗盡鉛華，以非常低調的方法，展現中年主婦的內心波折，而電影的結尾尤其出色，林耀國、陳文靖和安然以蘇東坡的《前赤壁賦》送別病床上的盛老師，古典的世界一方面似水流年終將逝去，但另一方面也為臨終的人帶來最後的安慰。而在最後一段，夫妻兩人終於坦白對話，家庭主婦的真感情和壓力一下子釋放，梅艷芳的演出不單相當具說服力，這一段也是她整個電影演藝生涯的最後一幕。

經過二十年的道路，梅艷芳確立了風塵女子和豪邁烈女這兩個重要的銀幕形象，而她在人生較後的階段，再次尋求突破，兩度跟許鞍華合作拍攝文藝電影，都有上佳的發揮，將女性心理把握得淋漓盡致，《男人四十》的演出，可以說是相當卓越的夕陽之歌。斯人已去，我們面對如花似霧的電影世界，都知道不可以留住昨天，留下只有思念，一串串永遠纏，在我們心裡。

電影《半生緣》劇照

Article 03

與《胭脂扣》有關的事：
梅艷芳與香港身份
——李政亮

電影在香港，有個很特別的位置，一九九〇年之前香港的中學歷史科並不會觸及香港歷史，香港的歷史反而是在諸如電影、電視劇當中得到呈現。

幾部經典作品，可以看出香港社會的轉變。一九六〇年的《南北和》，講了香港本地與上海出身的兩位西裝店老闆毗鄰而居，卻為西裝生意你爭我奪的故事，故事最終，為了子女的愛情，兩位老闆化敵為友。這齣喜劇是個香港縮影，戰後有著大量移民，如同電影片名所示，南北如何合作相處是個社會議題。

經過時間的推移，一九七〇年代的香港已逐漸形成香港意識，南北的差異已轉化為如何胼手胝足求生存的香港故事。一九七〇年代以草根階層為背景的《獅子山下》就是這樣的代表，《獅子山下》甚至也成為一代香港人的集體記憶。

香港故事之《胭脂扣》

一九七〇年代末期，香港電影新浪潮出現，值得注意的是，導演們不約而同透過影像反思自身成長的生命經歷。一九八一年，方育平的《父子情》是個代表。電影緊鎖父子情感。父親跟那一代人一樣，有著重男輕女的觀念，胼手胝足養家，其實最期待望子成龍。電影當中沒有煽情之處，只有許多尋常人家的日常生活片段，但這些卻足以帶出戰

後一代香港人的集體記憶。

從一九八〇年代中期開始，也出現從其他面向切入香港身份認同的電影，例如一九八七年的《秋天的童話》。這部電影以紐約為背景，演繹香港年輕人在海外的愛情故事，與此類似的，則是一九九一年的《雙城故事》，年輕人的友情與愛情在香港與美國之間。如同阿巴斯（Ackbar Abbas）所說的，在這些電影當中，可以看到一種「反幻覺」的特徵，也就是看不見存在的東西，香港的故事只有在海外才會呈現。

討論香港身份認同是否還有其他形式？一九八五年，作家李碧華的小說《胭脂扣》出版。李碧華是香港相當獨特的作家，她的作品是通俗取向，而其內容經常涉及香港與整個中國歷史之間的溝連。最為特別的是，她的作品經常被搬上銀幕，例如《胭脂扣》、《霸王別姬》、《潘金蓮之前世今生》等。一九八八年，《胭脂扣》搬上銀幕，梅艷芳與張國榮的合作，迄今仍為經典。

如果放在香港身份認同的角度來看，這部帶著懷舊與頹廢美感的電影，其實帶著一定程度的挑戰：無論是《南北和》或是《獅子山下》，說的都是戰後香港的故事，而在《秋天的童話》與《雙城故事》那裡，則是描述當下年輕人的故事。香港歷史的界線僅只於戰後嗎？

《胭脂扣》帶出兩段香港時空：三十年代與八十年代的香港。三十年代青樓女子如花與富貴之家公子十二少的戀情未被十二少家人接受，兩人相約殉情並相約來世再見，代表他們殉情時辰的「3811」成為相見的代碼。成為鬼魂的如花出現在八十年代的香港找尋十二少。在報社工作的袁永定與擔任記者的女友凌楚絹經過一番掙扎，決定協助如花找尋十二少。尋找的過程，恰是三十年代的如花引領袁永定與凌楚絹兩位年輕人進入昔日香港歷史之旅，太平戲院、塘西乃至古董店裡描述塘西風情的《骨子報》等。

議論《胭脂扣》

《胭脂扣》上映之後，在台灣與香港都分別獲得金馬獎與金像獎多個獎項。不過，更值得注意的，應當是香港新浪潮出現之後，文化評論者不約而同就電影解析香港的身份認同，《胭脂扣》也不例外地成為討論焦點，幾篇重要的評論文章包括周蕾的〈愛情信物〉（收錄於《寫國家之外》，1995，牛津大學出版社）、藤井省三的〈小說為何與如何讓人「記憶」香港〉、毛尖的〈香港時態〉以及危令敦的〈不記來時路〉（三篇文章收錄於《文學香港與李碧華》，2000，麥田出版社）等。

在周蕾的文章當中，她一針見血地指出《胭脂扣》正是從為人鄙視的行業的社會細節建構一種民俗學，而這正是本土文化的佐證。在藤井省三的文章當中，透過社會史的考古（例如香港一九〇四年的電車開通，戰後人口變化、中產階級意識的形成等）為背景分析《胭脂扣》。在他看來，《胭脂扣》成書於一九八四年《中英聯合聲明》香港回歸確定之後，面對不確定的九七大限，「小說《胭脂扣》讓八十年代的讀者記憶三十年代的香港，藉此給香港意識創造出假想的五十年歷史」（93 頁）。

周蕾與藤井省三儘管切入點不同，不過，基本上都同意《胭脂扣》對於香港身份想像的重要性。不過，對於《胭脂扣》當中的歷史懷舊，毛尖與危令敦則直指歷史面向，兩人所指的層面有所不同，危令敦從三十年代與八十年代的二元對立當中，指出電影中欠缺的中介正是香港意識逐漸形成、大眾媒體也開始發展的六十年代，欠缺對六十年代的中介使得《胭脂扣》當中對香港身份的詮釋顯得空洞。與危令敦從歷史面向切入相同，毛尖著重的是《胭脂扣》當中三十年代與八十年代的二元對立，三十年代男女愛情叫人生死相許，八十年代則是平平淡淡，小說與電影當中的三十年代與八十年代對照皆是如此，過去永

遠美好，現實確實乏善可陳欠缺激情，「這個故事與其說是『給香港
意識創造出假想的五十年歷史』，倒不如說是把香港意識推入了歷史
和文化的際遇的危機裡」（頁 201），「如花的『身份』……是『未
完成』的，也是永遠無法完成的。而在某種意義上，『香港意識』也
是如此，而或許，香港的活力也正是包蘊在這種未完成的時態裡」（頁
208）。

這些對《胭脂扣》所提出的評論與觀點之間交鋒，其實都圍繞著想像
共同體而來的問題。在想像的共同體那裡，以印刷資本主義為中介，
大眾小說（就像李碧華的諸多作品）、報紙成為想像的基礎。但是，
歷史的空洞構不構成想像的內容？在筆者看來，歷史懷舊是一種主體
確認後的行為，一種遭逢精神危機下的症狀。

香港，在什麼樣的架構下浮現？

關於香港身份，筆者倒以為另外一個重點在於香港這樣的主體被放置
在什麼樣的架構下討論。九十年代初期到中期的香港電影，堪稱香港
電影的黃金時期，不僅作品多，不少經典作品也在這段期間問世。這
段黃金時期當中，也建立很多組我者／他者的參照，在香港人與內地
人的參照，一九九〇年開始問世的《表姐妳好嘢》系列是一個代表，
其中，文明香港與野蠻內地形象的對照，成為這系列電影的爭議之處。
此外，黃飛鴻雖是廣東佛山人，與香港無涉，不過，在徐克之前，香
港已有一百部以黃飛鴻為題材的電影，黃飛鴻儼然是輾轉而來的香港
象徵，在《黃飛鴻二之男兒當自強》（1992）當中，黃飛鴻北上北京
力抗白蓮教並協助孫文脫離清廷追捕，這似乎也是一重香港參與到中
國近代史的政治寓言。

香港與三十年代上海的相互參照，幾部經典作品在此背景下出現，例
如《阮玲玉》（1992）、《紅玫瑰白玫瑰》（1994）、《半生緣》

（1997），香港電影的上海鏡像風潮，就連周星馳的《賭俠2之上海灘賭聖》（1991）也加入其中。此外，香港自身的故事也佳作不斷，王家衛的經典作品《阿飛正傳》（1991）也在這個時間點問世。

一九九七年香港回歸前後，香港故事傾瀉而出，其中，陳果是個重要的代表。他的「九七三部曲」──《香港製造》（1997）、《去年煙花特別多》（1998）、《細路祥》（1999）以及未完的「妓女三部曲」──《榴槤飄飄》（2000）、《香港有個荷里活》（2002）等，在這些電影當中，不僅觸及香港青少年的處境，更從香港底層與同為底層的外來者之間帶出不同視角的香港。

一九九七年除了是香港回歸的一年，也是亞洲金融風暴發生的一年，原本蓬勃的香港電影受到重大的打擊。二○○三年內地與香港政府簽訂《內地與香港關於建立更緊密貿易關係的安排》當中，對香港電影較有影響的規定有二：香港與內地合作攝製的電影享有國產片待遇以及香港電影不再列入進口電影。這些規定使得不少香港電影工作者北上發展，非常有趣的是，一如《黃飛鴻二之男兒當自強》當中黃飛鴻加入中國近代政治當中，《十月圍城》（2009）與《聽風者》（2012）分別連結了香港與孫文革命以及中國建國之後的諜戰，然而，這樣的連結卻也帶著主旋律味道。

與八、九十年代香港電影蓬勃相較，本土電影聲勢微弱不少，近年的佳作是許鞍華的《天水圍的日與夜》（2008）、《天水圍的夜與霧》（2009）、《歲月神偷》（2010）、《月滿軒尼詩》（2010）與《桃姐》（2011）。

香港故事除了自我言說之外，放在什麼樣的架構下討論更變得至為重要，多重對照下講述香港自身的故事，讓筆者聯想到的，又是李碧華原著、梅艷芳主演的作品《川島芳子》（1990），那又是一則香港的政治寓言。

川島芳子，滿清貴族肅親王之女愛新覺羅・顯玗，漢名金璧輝，一九一二年民國建立、滿清覆滅之際，為謀滿清復興之大業，赴日隨養父川島浪速接受軍事訓練，川島芳子，也正是她的日本名字。一九三二年滿洲國建立前後，她已活躍在日軍的情報系統當中。戰爭結束之後，川島芳子受到漢奸罪的死刑判決。

從原著到電影，川島芳子是不是漢奸並非重點。所謂的漢奸，是在一個國族正史下忠／奸的判斷，原著與電影所表達的是一個年輕女性在眾多國族符號（滿清、民國、滿洲國、日本）甚至性別當中的游移與猶豫。

本文的主要脈絡是香港電影中的身份認同，其中，梅艷芳所主演的電影恰好是八十年代中後期與九十年代的重要代表。香港人曾以「香港的女兒」形容梅艷芳，這個稱號的來由除了她在影藝事業的影響力之外，從事各種捐助慈善事業更是不落人後，其中，也包括一九八九年「六四」事件學運人士的協助。

放在香港電影的脈絡來看，「香港的女兒」也清晰地展現在身份認同上：她一九八五年奠定歌壇地位的《壞女孩》代表的是香港經濟成長之後年輕人的次文化，那年她二十二歲。很難想像，兩、三年後，她扮演電影銀幕裡三十年代殉死的如花；四、五年後她則離開香港，成為三十年代周旋在各方政治勢力當中的川島芳子。她加入了香港的現在與過去。

而那個未來呢？香港人正在複雜的環境中找答案。

Article 04

尋找女兒的香港——
梅艷芳所代表的港式文化
——李展鵬

二○○三年香港出了兩個「香港的女兒」，一個是在「沙士」疫情中殉職的醫生謝婉雯，另一個是梅艷芳。事隔多年，謝婉雯鮮有被提起，梅艷芳卻仍時刻被紀念。二○一三年底是梅艷芳逝世十周年，紀念活動從展覽、演唱會到慈善活動，此起彼落。為何在二○○三這一年，香港人突然渴望「香港的女兒」？社會又何以重梅艷芳而輕謝婉雯？那幾年有好幾位重要藝人離世，為何唯獨梅艷芳緊扣一種香港精神與香港論述，而成為「香港的女兒」？

謝婉雯固然可敬，但梅艷芳畢竟是在香港家喻戶曉的巨星。在去世前的幾個月裡，從她開記招宣佈病情，到最後的演唱會，及遠赴日本拍廣告，最後在數十位藝人好友相伴下離世，這過程一一在鎂光燈下呈現。如果梅艷芳的一生是一部電視劇，那個大結局是每刻抓住觀眾的目光與情緒的。更重要的是，在廿一年演藝人生中，她參加新秀、上電視、出唱片、拍電影、開演唱會、做善事，全是全城焦點。她陪伴幾代香港人成長，與觀眾關係密切。

香港故事：流行文化的故事

梅艷芳與觀眾的密切關係背後，是流行文化與香港人的唇齒相依。曾經，歌影視作品是香港文化輸出的最大強項，亦是香港本土認同的最重要寄託。無論是社會學者馬傑偉或文化學者洛楓都曾指出，流行文

化是香港文化的核心，是香港人認同的基礎，甚至是香港歷史的銘刻之處。至於政治，尤其在殖民時代，並非香港人的關注重點。回望過去，的確如是：以往的周潤發、成龍、梅艷芳、張國榮，都是對外代表香港，對內凝聚香港人的精神。

香港歌影作品曾經的輝煌，港式流行文化曾經的遠征四海，不是一門成功生意那麼簡單。梅艷芳是個很好的例子，她的百變形象一方面代表了當年蓬勃的娛樂事業，另一方面也說明了某種香港的獨特性。我們可以聚焦一個特別的年份：一九八五。梅艷芳的歌后地位，就是奠定於當年的唱片《壞女孩》。一九八四年《中英聯合聲明》簽署之後，香港的命運塵埃落定，時鐘開始倒數九七。在這之前，有七十年代廣東話文化與香港本土身份的確立；在這之後，面對九七回歸，香港未知何去何從。在回歸之前，香港似乎更努力地作出文化上的自我書寫，一種對於自身獨特性的強調。

恰巧在一九八五這一年，《壞女孩》出版。這張香港史上最暢銷的唱片，賣了四十萬張，把梅艷芳送上歌后地位。這張唱片奠下了此後廣東唱片的某種成功模式：首先是對形象的重視，在《壞女孩》之後，其他女歌手亦越來越重視形象：林憶蓮剪短一頭長髮唱《滴汗》，陳慧嫻以懷舊造型唱《跳舞街》。再來是勁歌熱舞的抬頭，《壞女孩》突破了廣東歌以抒情慢歌為主的路線，一張唱片內《壞女孩》、《夢伴》及《冰山大火》首首強勁，在華語歌壇前所未有，發展到九十年代，甚至是完全不懂跳舞的黎明、鄭伊健都要排舞唱快歌。

跟形象與快歌密不可分的，是改編歌曲的主導地位。《壞女孩》一碟有大量改編歌：《夢伴》、《冰山大火》、《孤身走我路》改編自日本歌，《抱你十個世紀》、《點都要愛》改編自英文歌，而《不了情》則是國語老歌翻唱，再加上黎小田的兩首原創歌曲，組成了這張經典唱片。改編歌曲也許懶惰，但這其實是那個時代的某種「必然」：當

時的原創歌曲並不足以讓百變梅艷芳去把她的妖、壞、性感、西洋味、
東洋味展現出來。

外求是一種必然

在《壞女孩》以前，無論是顧嘉煇或黎小田等創作人都擅長寫抒情慢
歌（甚至是中國小調），但梅艷芳卻需要不同類型的歌來配合她的百
變形象，因此外求是很自然的事；當時，美國的麥當娜與米高積遜重
新定義舞台，而日本的流行音樂亦已相當成熟。外求不只是梅艷芳的
選擇，而是香港的選擇：打從七十年代起，香港接觸大量西方文化，
學者稱之為一個「雜嘜」或「半唐番」時代。到了八十年代，香港經
濟火紅，跟西方文化亦步亦趨；香港跟中國內地迥異的文化與生活形
態，正在呼喚一種新的文化自我表述方式。

香港沒有傳統的中國文化或純正的西方文化，而從歌路到形象，《壞
女孩》這唱片正是一種文化混雜體。然而，雖然有西方與日本的影子，
但梅艷芳卻一直甚有個人風格。她對外來文化的挪用，不是懶惰的「拿
來主義」，而是「手到拿來」的揮灑自如，創出的是別無分家的「梅
艷芳風格」──一種香港商標。

梅艷芳的百變形象既是設計劉培基的功勞，也與梅艷芳的高度可塑性
有關。她唱《蔓珠莎華》的男裝是借鏡自 Marlene Dietrich 的西裝造型，
唱《夏日戀人》時化身巴西森巴女郎，唱《似是故人來》穿的是中國
旗袍，而妖女形象則有阿拉伯風味。梅艷芳既是「東方麥當娜」，但
她有非常東洋味的時候，她翻唱了不少日文歌，她的造型也曾受日本
殿堂巨星澤田研二的影響，而她穿起旗袍唱歌時也有濃濃的中國味。

這種難以歸類的特質，一度是香港流行文化的最傲人之處。當年香港
在政治與文化上的邊陲感與無根性，對於梅艷芳來說是優勢而非缺陷

——既然沒多少傳統可尋，既然本土文化的根不深，就不如來一招吸星大法，美國的、日本的、中國的，甚至是巴西的、阿拉伯的，都是借鏡對象，而激出無窮創意。

那種透過借用的自我建立，正是當時香港文化的表徵。香港人喜歡梅艷芳，除了是被她的聲色藝迷倒，大眾其實還在參與一種香港身份的建立，在「why why tell me why，夜會令禁忌分解」的洋化歌詞與舞台動作中，觀眾找到的是一種城市認同，一種有別於中華母體的香港文化。這種文化，在七十年代已經萌芽：許冠傑一時輕唱有如古詩的「曳搖共對輕舟飄」，一時又大唱英文歌。這種混雜的特質，由梅艷芳透過其百變形象發揚光大。

電影中的百變：歌女的愛情與政治

電影方面又如何？梅艷芳的銀幕形象也是百變的：科幻世界的打女（《東方三俠》1993）、三十年代的妓女（《胭脂扣》1988）、清朝的婦女（《審死官》1992）及現代獨立女性（《慌心假期》2001）。她戲路縱橫，可以哀怨可以搞笑可以武打，幾乎是香港過去三十年來絕無僅有。而在演技之外，她的電影角色亦暗藏某種香港意識。那種香港意識不是今天定義下的「本土」，而是迂迴地以重訪及重塑歷史的方式去表明的一種香港身份。

區丁平導演的《何日君再來》（1991）的背景是被日軍侵略的上海，劇情主軸是一段亂世的三角戀：梅艷芳是個歌女，愛上了抗日義士梁家輝，而一位日本文官則愛著梅艷芳。在兵荒馬亂的時局中，梁自感沒法給梅承諾與幸福，捨她而去，而梅則懷著他的兒子，跟隨日本文官赴日本定居。跟《葉問》這種抗敵電影不同的是，電影透過一個愛情故事道出了在敵我分明的時局中人情與人性的複雜：日本文官不但情深義重，更懂得尊重抗日的梁家輝；亂世中，日本人有好有壞，中國

人也有壞人。

梅艷芳飾演的歌女雖然曾參與抗日活動，亦痛恨侵華日軍，但在整部
電影中，她卻始終沒有在政治上表現出敵我分明。電影有這樣一幕：
上海淪陷時，在一個學生宿舍中，一群憤怒的中國人對一個手無寸鐵
的日本女學生施以暴力，梅艷芳激動地衝上前，緊緊抱住那日本同學，
阻止眾人向她動粗，她聲淚俱下大喊：「我也是人，我是有感情的！」

電影處理的是複雜人性，而非簡化的國仇家恨。梁家輝離去後，她的
家庭破裂，國家亂成一團，而她又珠胎暗結，為了安定的生活，她便
隨著日本文官遠走日本。在一個國仇家恨的時代，她始終為了情義，
為了生存，在中日對立中處於曖昧不明的位置上。劇終，日軍投降，
梁家輝到日本找她，希望重修舊好，但她卻念及日本文官的舊情，拒
絕了梁。這個亂世歌女絕非不愛國，但她在動盪時局中，選擇了與日
本人廝守，也選擇了在日本定居。

《何日君再來》表現出一種另類歷史觀：在微觀的層面，人民的故事
不盡是民族抗爭故事，而是充滿了矛盾與曖昧──這恰恰是九七前香
港的一種集體意識。而巧合的是，梅艷芳本身從小就是一個跑江湖的
歌女，她的滄桑味與眉目間對世情的洞悉，讓這個在亂世中身心漂流
的歌女有了更大的說服力，這個角色其實代表了香港人。

川島芳子的國族身份

方令正導演的《川島芳子》也甚具代表性，主角川島芳子活在種種夾
縫中，始終身份不明。身為滿清皇族後代，她不是漢人，而自小於日
本長大，又令她的身份增添複雜性。電影首幕，因漢奸罪名被審，她
自辯：「我是日本人，不是中國人，怎樣當漢奸？」但鏡頭一轉，回
到她的童年，當滿清皇帝要把她送到日本，她卻哭著說：「我是中國

人，不是日本人。」這個對比，說明了身份認同的游移，它往往是建立在一種實利之上（她不認自己是中國人就有可能洗脫漢奸之名），表明了香港人從八、九十年代至今的複雜心態。

川島芳子不只在國族認同上非常模糊，她在性別特質，甚至性取向方面都是多變的。她是軍官，時常一身男裝出場；她又是嫵媚的女性，常利用色相達到目的。她深愛一個日本軍官，性取向不成疑問；但在帶走婉容皇后的任務中，她卻跟她有大膽的同性戀行為。而無論是否中國人，是否女人，是否異性戀者，她的多變特質始終是視時局的實際需要而定：要恢復滿清皇朝，她跟日軍合作並當上軍官，作男性打扮；要帶走婉容皇后，她又當上女同志騙她。

電影說明了國族身份有時不是什麼愛國激情，而是很實際的權宜產物——為了生存，身份可以變動。梅艷芳的多變特質，給《川島芳子》畫龍點睛；百變背後，其實是種複雜的香港身份。

香港文化：一種邊陲的力量

近十年的香港流行文化為何沒落？原因當然有很多。然而，很多人忽略了文化因素：以前的香港，曾經有海納百川的包容性。處在中西的夾縫中，最懂得生存之道的香港人吸納了不同文化，最沒有政治包袱的香港人創造了迷人的混雜性。最後，政治的邊陲反而成了流行文化的中心。

九七之後的香港，在經濟上有內地的後盾，事事必北望神州。在今天，當香港電影總要遷就內地市場，當藝人最怕得罪內地網民，香港的整個文化性格亦隨之改變：當年，香港面向的是世界，今天，香港面向的是內地。於是，香港也就好像一隻曾經狂放曾經迷惘的小鳥終於著地；在文化上，香港失去了當年那種來自邊緣來自無根的混雜性——

這一方面好像很可憐很無依，但另一方面卻潛藏無限的可能性、革命性與創造力。但是，隨著梅艷芳的離世，這種充滿活力的混雜性已經在香港消亡了。

這大概就是香港在二○○三這特別的年份努力尋找「香港的女兒」的原因。九七後的某種低迷氣氛，在二○○三年更是跌入谷底：沙士襲港、七一遊行、哥哥去世，不安、傷心與混亂，夾雜著前路茫茫的徬徨。政治環境與社會氣氛的低氣壓，對應著在九七後江河日下的香港影視產業。這種氣氛下，梅艷芳的去世就如關錦鵬在她的喪禮中所言，代表了一個時代的結束。把梅艷芳封為「香港的女兒」，是對好時光的哀悼，甚至是對香港一個歷史階段的總結。

而在那一兩年去世的藝人中，唯獨是梅艷芳被提升到代表香港的高度，這除了因為她的歌影作品顯示了香港的獨特性外，她的身世以及參與社會的事蹟亦加強了她的社會意義：六十年代，當香港仍是貧窮，她在荔園開始了小歌女生涯；七十年代，當香港在麥理浩時代蓄勢待發，她輟學成為全職歌星，穿梭在酒樓歌廳中；八十年代，當香港成為國際知名的亞洲四小龍之一，她躍升成香港首席女星，並揚名國際；九十年代，當香港在不安中迎接九七，她淡出舞台而收斂光芒。

另外，無論是「六四」、華東水災、台灣地震、沙士抗疫等事件，都見梅艷芳站在最前線的堅定身影。她又創立「四海一心基金會」行善，並擔任演藝人協會會長，作出了一個藝人積極參與社會的示範。在香港，梅艷芳這三個字的意義早已超出歌后影后，而兼具了一種社會人格。而二○○三年恰恰是一個分界線。梅艷芳離世後，有合拍片的盛行與自由行的政策，無論是娛樂事業與經濟大勢，香港已踏上了截然不同的路。

流行文化退位讓賢

絕非巧合的是，隨著梅艷芳的去世，流行文化退位讓賢，不再是香港文化的核心。馬傑偉就在《後九七香港認同》一書中指出，以往靠流行文化建構的香港身份已漸漸褪色，在九七之後的香港身份表現在一連串的城市運動中——包括保護維港、保育灣仔、保衛天星與皇后碼頭等。另一學者羅永生則一針見血地指出香港文化身份的「政治轉向」，即是說，今天的香港身份與政治議題（如內地跟香港的關係與城市政策）密不可分，已不是電影與流行音樂的迂迴表達可以滿足。

流行文化作為香港本土身份的展示窗口的歷史任務，某程度上已經完成。用馬傑偉及羅永生的觀點推論，今天的香港身份是在反高鐵的「五區苦行」畫面中，在反國教的學民思潮身影中，在群情洶湧的本土運動中。香港身份沒有淡化，香港的本土論述仍在發展，只是那平台再不是音樂與電影。今天，在梅艷芳身上，我們可找到當年香港的本土文化書寫痕跡；而那些華麗、大膽、令人目不轉睛的畫面，已經遠去。

如是，梅艷芳的故事成了一種香港論述。然而，在肯定梅艷芳的重要性與代表性之餘，我們仍得反思：如果梅艷芳只代表香港的昔日光輝，它如何化為當下香港的社會文化資源？

如果動輒借用梅艷芳來想當年，一方面批評時下藝人，另一方面感歎香港時勢，這不見得有正面作用。其實，梅艷芳既可代表一種斷裂（昨日光輝與今日黯淡），也可代表一種延續。究竟，香港文化中可貴的多元混雜如何得以傳承？梅艷芳對社會公義的執著如何連結今日香港的公民覺醒？梅艷芳身上的混雜性如何幫我們反思今日一些頗為狹隘的本土觀？只有這樣延續，梅艷芳這種港式文化遺產才會免於被「博物館化」，而繼續發揮它的力量。

梅艷芳去世後，她身邊的好友拍檔不約而同表示她有一種「梅艷芳精

神」，一種對專業、朋友、社會的百分百奉獻精神。這種精神，並不同於獅子山下精神。如果獅子山精神之所以為人反感，是因為它抹殺了制度不公與經濟剝奪，並提供一種「肯拚搏就能成功」的迷思，頗有由上而下的瞞騙味道，是一種虛的論述，那麼，梅艷芳是真真實實地用她的一生展示了她成功後不忘回饋社會，不因名利放棄對公義的追求，以及到生命最後一刻仍堅持最專業的態度。這種「梅艷芳精神」不是博物館內的靜態展品，而應該是在今天仍然風雨飄搖的香港，作為某種思考與行動的資源，鮮活地延續下去。

Article 05

你的臂彎，伴我走過患難：
《梅艷芳》的溫柔香港歷史
——吳子瑜

「曾遇上幾多風雨翻，編織我交錯夢幻，曾遇你真心的臂彎，伴我走過患難。」梅艷芳在《英雄本色 III 夕陽之歌》飾演周英傑，在炮火連天的越南不顧自身安全，奮身為愛人 Mark 覓一生路。最後，英傑始終難逃跌宕命運，平淡幸福的夢想只能在 Mark 懷內實現半刻。

電影在此段的背景歌曲就是《夕陽之歌》，歌曲揭示英傑就算平時如何在三山五嶽之地表現得遊刃有餘，最讓她牽掛的依然是感情。《夕陽之歌》除了是英傑在動盪時勢的自白之歌，也是梅艷芳的個人寫照。

梅艷芳在臨終前的演唱會中演唱《夕陽之歌》之前，提到此歌就是她的心聲。她認為命運往往弄人，動人時刻總是驟間即逝，所以活著最重要的是珍惜眼前想愛的人。縱使梅艷芳走過了多種人生難關，也締造過無數流行經典，她最在乎的還是感情；甚至到了最後一刻，她感謝觀眾的愛，同時感嘆自己未能圓滿的愛情。梅艷芳對生命的理解，就是如此敏感、脆弱、溫柔。

電影《梅艷芳》節錄了梅艷芳四十年來的演藝歷程，濃縮了她的起起跌跌。同時，電影中的梅艷芳經歷過八十年代到千禧年初的香港，亦是對於香港歷史的回應，對比過去慣常只重視工業轉型、經濟發展和政治爭議的香港論述，多了一種溫柔的解讀。

學者吳俊雄認為，香港故事論述常常是男人的故事，講衝勁、奮鬥、勝利，但梅艷芳卻把香港人 caring 的女性特質發揮出來。電影以香港

編年史的方式呈現梅艷芳的故事，交織著香港各個年代的卻是一段段的感情：先是她與梅愛芳的姊妹之情，後來到了華星遇上了蘇先生、Eddie 及契爺何先生的知遇之恩，當然也少不了後藤、Ben 的愛情，以及與一眾徒弟的師徒之情，種種感情都成就了梅艷芳生命中對人的感恩、扶持和愛護。

自幼登台賣唱的梅艷芳，成長於各種場合，本來可以變得世故，幸有姐姐梅愛芳陪伴，讓她成長以來都得到扶持和關愛。《相思河畔》便是電影中代表姊妹之情的主題曲，歌曲由二人從小在荔園演出，到愛芳臨終一刻，都依然哼唱著。歌詞「自從相思河畔見了你，就像那春風吹進心窩裡，我要輕輕的告訴你，不要把我忘記」，讓人不能忘記的就是一份感情，就如愛芳每每在妹妹低潮時，總會用手緊握著對方，又會在電話中留下一句想念，讓妹妹感受到愛和扶持。有愛的人才願意關懷別人，理解別人之痛。

除了姐姐自幼的身教，梅艷芳從前輩身上也學習到人與人之間的互相扶持，樂於提攜後輩。電影中的她自成名之後，便收納了一眾徒弟，讓徒弟監製自己的唱片和籌劃大型慈善演唱會，將自己得到的機會給予年輕一輩繼揮發揮。更甚，梅艷芳對別人的扶持絕不限於娛樂圈中人，也惠及到香港社會的各界人士。電影中從一九九七年到二〇〇三年間，用不同的新聞片段強調了梅艷芳投入慈善工作的一面；而且她還在香港沙士剛完結之時，為醫護人員及社會大眾舉辦了一次「1:99音樂會」，足證梅艷芳無論對家人、朋友還是同在一地的香港人，都有無盡的愛和關懷。

梅艷芳與香港興衰史

學者李展鵬曾形容梅艷芳的故事，彷彿就是香港的興衰史。電影從六十年代開始敍述故事，背景是香港的不同重要時期，例如七、八十

年代的工業轉型，八、九十年代的政治爭論及千禧年初的疫症肆虐。不過，電影沒有將梅艷芳比喻為某段香港歷史，而似乎更重視她「香港的女兒」的稱號。梅艷芳代表的香港，是充滿女性特質的香港，與繁榮發展、機遇處處的主流香港論述，始終仍有一種距離。

梅艷芳成名前遊走各大夜場宴會賣唱之時，她重視的是自己的歌唱夢想，鄙視別人為了錢財出賣自己。所以，她不聽從醫生的勸告，繼續唱歌，亦以歌聲阻止酒樓老闆對愛芳獻殷勤。後來到了八十年代，當梅艷芳乘著時勢和才華得到了事業成就，她卻醉心愛情，尋找自己的幸福。直到九十年代，當香港人心惶惶，各走前程之時，她反而振振有詞的說自己會留在香港，安撫一眾焦慮的香港人。最後，梅艷芳在香港沙士結束不久，為了鼓勵香港醫護和大眾，抵抗著政府部門的刁難，舉行慈善音樂會。

直到電影的最後一刻，梅艷芳在告別演唱會上依然強調只要有信心，就一定可以做到。她對自己的信心，並非像男性一樣要逞強和好勝，而是要照顧自己和別人的感情；隨著社會發展而逐漸變得冷漠的香港，仍然有一位明星散發著人性的光芒。

當一個城市長期籠罩著各種焦慮、恐懼和不穩定時，生活在這個城市的人就會對自己的地方失去信心，只求短利，渴望他日能遠走他鄉。不過電影中的梅艷芳無論身處在香港的哪一個時代，她都對自己充滿信心。因為她深信別人不看好自己時，你更要相信自己，所以她跟張國榮說：「邊個唔拍手掌，就望住佢唱，唱到佢服！唱到佢拍手掌！」

電影中梅艷芳在錄《心債》時，眾人都認為她不能一夜之內完成，但她卻深信自己可以。雖然出身窮苦，但她深信自己的經歷是無可取替，所以她也樂於取代 Johnny Ip 到夜場表演。後來，她的《壞女孩》遭到媒體封殺，她也堅持演唱會上演唱此歌，因為她不能放棄成就自己的歌，也不能因為自己抱恙而失場。梅艷芳的自信來自她在香港的成

長和香港觀眾對她的支持和愛護。

電影中梅艷芳因為小女孩的願望而決定抱恙舉行演唱會，就算知道自己命不久矣，但仍然努力完成最後的演唱會，源於她相信「做人要有頭有尾」，臨離開前也要跟香港觀眾好好告別。縱使她曾經在海外屢獲殊榮，又有過異地戀情和移民到加拿大的機會，但她始於還是回來了香港，回到了她出身成長的地方。因為她在香港得到了成功，也讓自卑的自己找到了自信。

電影《梅艷芳》利用了梅艷芳的事跡，以另一種角度重新論述了香港的故事，使近年歷經變幻的香港人，可以在過去冰冷的歷史中找到甚少被描述、而又曾經存在過的一份溫柔。《梅艷芳》的浪潮在各地發酵，也吸引到錯過了八、九十年代的香港年輕人，重新認識昔日的美好年華，甚至現今的偶像明星姜濤亦特意在演唱會上翻唱《夕陽之歌》。在梅艷芳去世多年後的今日，她的關懷特質仍然一直被傳唱下去。

獨立媒體網　2021 年 12 月 30 日

Article 06

《梅艷芳》：香港的感覺結構與社會學事件
——李展鵬

「一部電影極度成功，往往跟藝術成就無關，它已成了社會學事件。」[1]
影評人出身的法國導演杜魯福曾經這樣說。無論從票房成績到社會效
應，《梅艷芳》已是香港的社會學事件。

電影在香港票房收入超過六千萬，當時成為史上最賣座華語片第二位；
成為話題之餘，戲院頻傳拿紙巾擦眼淚的聲音，不少觀眾入場一看再
看。但同時，電影亦引來批評：有人不接受電影敍述梅艷芳事跡有重
要遺漏，亦有影評人說電影技法平庸，人物刻畫欠深刻。

雖然傳記電影仍是「劇情片」，對事實從來是選擇性呈現、戲劇化處
理，不一定要把人物「還原」，而就算是紀錄片，也其實是對真實的
建構，但無論如何，跳過一九八九年及梅媽，梅艷芳的傳記的確有欠
完整。另外，電影敍事亦頗平淡，描繪的梅艷芳沒有超出大眾一向對
她的理解，亦沒有從她的故事去提煉更多思考。

如此情況，很容易墮入一種論述：評論人能看穿電影的問題，觀眾則
是缺乏判斷力，純粹沉醉在電影的情懷中。這種精英論調，正是討論
流行文化的大忌。

談論《梅艷芳》，不能把它看成純粹的電影文本，而是要把它視為杜
魯福口中的社會學事件。電影引起轟動，因為它切中了香港的社會情
緒，捕捉了香港人的「感覺結構」（Structure of feeling）──這是
Raymond Williams 創出的概念，指的是情緒與感覺往往並非只是「個

人」的事，而是連繫著某個歷史時刻的社會環境結構[2]。

過去十多年來，梅艷芳這明星文本的意義在各種論述中早已超越歌星影星。在二〇〇三年底去世時，很多評論都把她的一生結合整個香港的社會、文化、歷史——導演關錦鵬說她的去世是「一個時代的終結」，作家馬家輝稱她的傳奇寫下香港「殖民史的下半部」，另一作家陶傑說她是「香港品牌」，標誌著麥理浩時代的社會流動與八十年代的生命力，還有報章社論（如《明報》）稱她代表了「香港精神」。最廣為流傳的，則是「香港的女兒」稱號[3]。

電影的宣傳緊緊結合了以上論述。電影公司深知拍梅艷芳傳記不易討好，早在公映半年前就開始宣傳，起初備受質疑。轉捩點是三分鐘的國際版預告既顯示大製作規模，也濃縮梅艷芳傳奇一生，再附送荔園及利舞臺等舊香港地景，成功挽回觀眾信心，更有人說「看預告已經哭了」。之後推出的製作特輯講述電腦特技如何重構舊香港，強調集體回憶，更吸引了並非梅迷的潛在觀眾。

再來，名人繼續拓展《梅艷芳》的主題：黃子華說電影是香港少有的「史詩式」電影，陶傑說電影的男主角是香港，再次製造一種期待：入場既是看梅艷芳，也是追憶香港。長達幾星期的優先場形成好口碑，舊景物再加上從《心債》、《壞女孩》到《夕陽之歌》首首金曲，讓觀眾滿足地從梅艷芳一生回看昔日香港。

集體情緒被引爆

這種情緒，同時連結著過去多年來的《金雞》系列、《歲月神偷》及《打擂台》等本土題材的懷舊電影。懷舊從來不只是關於過去，而是反映了當下社會的迷惘——越是不安，越想逃到過往。同時，電影對二〇〇三年的描繪亦映照當下：當年的疫情與低迷社會氣氛，令今天

觀眾投射了很多情感。屬於二〇二一年的種種集體情緒，就被這部電影引爆。觀眾從中找到同呼同吸的共鳴，也就對電影相對寬容。

儘管《梅艷芳》的成功跟社會脈絡有莫大關係，但電影從劇本到影像處理都絕非一無是處；説電影只是流水帳，或是純粹賣弄情懷，都有欠公允。首先，梅艷芳雖然是個突破傳統的藝人（學者吳俊雄曾言當年她一上台的眼神、姿態、形象，已跟舊世界告別），但電影很強調傳承——荔園的姐姐教她「台上十分鐘、台下十年功」，任劍輝教她保養聲線，劉培基教她「前輩提拔後輩是天經地義」，唱片公司的蘇生教她「慢歌要唱出唏噓，快歌要唱出反叛」。

電影一再提醒：梅艷芳成功的背後，是香港演藝界的累積，是一些好前輩的傳承。於是，錄《心債》那場戲才會如此好看：蘇生教她投入情感，黎小田陪伴錄音，TVB編導講解電視劇故事，還有不可或缺的，就是特寫鏡頭中歌詞上的顧家輝、黃霑兩個巨匠的名字。

梅艷芳要求先了解《香城浪子》的故事，她投入感情，拭去眼淚，然後以磁性聲音唱出「重重心中痴債，原是欠下你一世……」。《心債》傳世，不是歌者一人功勞；香港流行文化也不是冷冰冰的工業，而是滿載情感。傳承前人之餘，梅艷芳當然也有突破；她小時候覺得鄭少秋很厲害，但她後來的成就卻是遠超這位前輩。

這個傳承的主題，配合著舊歌、舊電影、舊MV、舊香港，延續到電影中後段。梅愛芳去世前跟她説「我走不完的路，你要幫我繼續」，她在大球場把「1:99音樂會」的監製重任交給徒弟，叫他們不要理會那些對新人「阿吱阿咗」的人，説世界是屬於新一代的。因此，電影的懷舊並非只是「今非昔比」的失落，而是「把前人留下的東西傳到未來，為新一代鋪路」，那是一種有前瞻性的懷舊（forward looking nostalgia）[4]。

這種懷舊接通今日社會氣氛。片首,聲帶出問題的梅艷芳在歌廳中唱《命運》:「不肯!絕對不肯接受命運,寧願一生與它對抗。」電影用前輩(黃霑與甄妮)的作品去描述她的性格,亦令觀眾聯想到今日香港境況。這是電視劇《火鳳凰》主題曲,講浴火重生。難怪有人說,看著電影感覺梅艷芳回來了;她選擇二〇二一年回來,是要鼓勵此刻的香港人。

除了本土的傳承,電影亦點出香港流行文化的跨地域特性。頗受讚賞的酒廊一場中,梅艷芳以廣東歌、國語歌、日本歌技驚四座。之後,她在東京得獎,與日本紅星拍拖;在她的演唱會中,鏡頭又特別展示日本歌迷到場;做化療之前,她堅持赴日本見男友最後一面;去世之前,她向觀眾道別前唱的《夕陽之歌》就是日文歌改編。電影強調的不只是她跟日本的種種緣份,還有香港流行文化跟日本的親密關係。除了日本,電影亦提及她在台灣得金馬影后,後來發起為台灣九二一地震籌款。這些細節,呈現了香港流行文化的混雜特質與跨地域影響力。

兩個時代,兩種顏色

視覺方面,美術出身的導演梁樂民對比了八十年代的美好與千禧之後的低迷。八十年代的場景,無論是荔園、歌廳、彌敦道都是暖色調再加金光閃閃;千禧之後,氣氛被死亡籠罩,主場景轉成醫院(病危的梅愛芳與做檢查的梅艷芳)及兩次喪禮(梅愛芳及張國榮),色調一下子變成灰白黑的冷調,而梅艷芳的家與大球場的座位亦是一片灰。兩個時代,兩種顏色,兩種社會氣氛。

電影兩個主要街景亦形成強烈對比:上半部,梅氏姊妹走在擁擠繁華的彌敦道上,整個城市充滿力量;下半部的街卻是張國榮出殯,萬人空巷但愁雲慘霧。色調與場景的運用,亦是《梅艷芳》對時代氛圍與集體情緒的捕捉。

劇本方面，電影的感情戲頗為人垢病。除了跟後藤的愛情故事被批評為「洗白」近藤真彥，梅艷芳在夜店風波之後跟男友 Ben 遠走泰國，也被認為是不明所以的一段戲。其實，逃亡雖是狼狽焦慮，但亡命駕鴦共患難，理應有甜蜜或深情時刻，尤其電影中的她情感寂寞。然而，整段戲沒什麼甜蜜，配上的是憂怨的《裝飾的眼淚》。她心神恍惚，不只因為夜店事件的餘波，更重要的她在這次旅程中思考自我與人生，而終於在小女孩唱的 *Whatever Will be, Will be* 中得到某種頓悟。這些內心小劇場，她沒有跟 Ben 分享。

風波平息之後，她拒絕移民，重回香港，重心從演藝移到社會事務。現實中的她有結婚生子之夢，而傳媒亦樂於放大「成功女人是愛情失敗者」的性別論述。因此，這段可能是全片最無聊的泰國戲份，卻反而是饒富趣味：重視愛情的她，在二人世界時竟然心不在焉，只因她有高於愛情的思考與困擾。有了這段戲，結尾穿上婚紗嫁給舞台，就不再只是愛情遺憾，而是她用盡最後一口氣把自己獻給舞台及香港——婚姻只是她用的隱喻。

電影尾聲插入閃回鏡頭：十八歲參加新秀之前，她聲帶出問題，醫生勸她轉行；在招聘工廠女工的廣告前，她有過一刻的掙扎，但當聽到街上傳來那首在荔園陪伴她成長的日本歌 *Sukiyaki*，她毅然轉身——這首歌，就是她的初心。然後，一個俯瞰鏡頭展示她在人群中逆流而上，走向跟所有人相反的方向。這個鏡頭，令人想起黃偉文以她為題寫的《妮歌》中的一句：「旁人後退中，她偏繼續上」。一個簡單的動作，一個重大的人生決定；這場戲寫她不認命的性格，也似乎為今日身處逆境的人打氣。因此，觀眾為《梅艷芳》流的眼淚其實頗為複雜，那既是為了梅艷芳，也是為了香港，既是為了過去，也是為了當下；而除了悲傷，淚中還有昇華。

從這個脈絡去看，電影另一備受爭議之處——眾多的真實片段——就

值得細味。喜歡的人，認為是增強電影的感染力；批評的人，認為削弱電影用千挑萬選出來的王丹妮努力經營的梅艷芳，越是對比，越覺不像。的確，尤其到電影後段，真實片段用得太多，甚至有點雜亂。但是，導演不可能沒想到梅艷芳真身會令王丹妮的扮演顯得尷尬，說服力大減。他更不可能天真地相信，真假梅艷芳可以融為一體。

但是，為何仍有這些片段？版權費恐怕不便宜吧。導演的用意，也許正正就是要觀眾「出戲」。重構當年香港的同時，電影仍借用梅艷芳真身去製造時間上的距離感；當觀眾正要投入，開始信服王丹妮、信服眼前的舊香港時，這些真實片段一再提醒：《梅艷芳》是創作，電影重構的梅艷芳與香港全是二〇二一年的事後書寫。這一點，暗藏電影的謙遜與自省，也表現了它作為一部傳記片的時間觀。

導演版的得與失

由於票房成功，在香港開展業務不久的串流平台 Disney Plus 買下《梅艷芳》導演版作獨家播放。這版本比戲院版多出一個多小時，補充了後者因片長所限的遺漏。例如，在導演版中，梅艷芳手握新秀獎座時，並非全是興奮欣喜，鏡頭捕捉了她低頭看獎座，有過一刻的沉默與出神；她隱約知道這獎項會改變她一生。另外，導演版也加插她在空盪盪的場地練唱《裝飾的眼淚》，同時並置她兩段沒結果的愛情，表現名利雙收為她帶來情感煩惱；她的男友或感到跟她距離太遠，或只是從她身上獲得利益。這些片段都豐富了電影的敘事與情感。

但是，導演版也曝露了劇本的局限。梅艷芳與 Ben 的泰國戲份加重了，突出兩人相處上的問題，卻沒加深刻劃他們的關係，反而沖淡了戲院版中梅艷芳在泰國反思人生的主題。另外，導演版過多的時空穿插，只為敘事徒添凌亂，沒法提升電影的主題。

在第四十屆香港電影金像獎中，《梅艷芳》奪得五獎，成為大贏家。電影的兩個女演員、造型設計、音響效果及視覺效果都得到肯定，但卻跟最佳電影及最佳導演等大獎無緣。這樣的賽果是意料中事，而無論是戲院版或導演版，《梅艷芳》肯定仍有諸多不足。但如果跳脫出傳統影評的慣常角度，擴大視野，用文化現象、明星研究及社會集體情緒等不同的切入點去看，《梅艷芳》仍然深具討論價值。

在社會低迷之時，我們得見一個奇妙的香港：這邊廂，香港人狂追MIRROR、MC、林家謙等新星；另一邊廂，《梅艷芳》橫掃香港，成為社會熱話。新的舊的，並駕齊驅；二〇二一年的香港，街上到處是梅姐，到處是姜濤與教主。八、九十年的香港本土身份，是透過流行文化去迂迴表達，但學者馬傑偉及羅永生早在十多年前就指出，當流行文化退潮，新一波香港身份是在城市運動及政治議題中形塑。如今，香港形勢劇變，同時，廣東歌復興，港片再受注目，這是否意味著流行文化再次成為迂迴地建構並延續香港身份的主要平台？在這大議題中，《梅艷芳》肯定是關鍵文本。

《香港電影 2021：世界是你們的還是我們的》　2022 年

1　引自 Schatz, Thomas 著，李亞梅譯（1999）：《好萊塢類型電影：公式、電影製作與片廠制度》，台北：遠流。

2　Williams, Raymond (1977), *Marxism and Literature*, Oxford: Oxford University Press.

3　關於梅艷芳去世後傳媒對她生平的論述，請參閱李展鵬（2019）：《夢伴此城：梅艷芳與香港流行文化》，香港：三聯書店（香港）有限公司。

4　這概念是借用以下論文關於《打擂台》的討論：Szeto, Mirana M. and Chen, Yun-Chung (2012), "Mainlandization or Sinophone Translocality? Challenges for Hong Kong Sar New Wave Cinema," *Journal of Chinese Cinemas* 6(2): 115–34.

5　馬傑偉（2007），《後九七香港認同》，香港：Voice。

Article 07

《梅艷芳》裡缺席的母親與幾位義父
——卓男

梅艷芳成名於香港社會及經濟急速發展的八十年代，離世於沙士重創香港後的二〇〇三年，她高低起跌的人生經歷和演藝道路，短暫卻傳奇、艱苦卻燦爛的一生，對很多伴隨著她成長的香港人來說，在當下飽受疫情困擾的年代，份外帶有鼓舞人心的作用。《梅艷芳》要藉梅艷芳重情重義、俠骨柔腸的「香港女兒」身份，為近年低氣壓的香港加油打氣，編導的心思路人皆見。

編導最技巧的一點，是將「香港女兒」的親生母親（梅媽媽）的部分淡化，取而代之放大自小陪伴且一路看顧她的姊姊（梅愛芳）的影響；同時，又強化幾位在其演藝事業上一直扶持她的男性人物，他們儼如義父般時刻提點和鼓勵，這些設計在戲中別有意義。

梅媽在《梅艷芳》裡並非全無出現，她三次「出現」都是在別人的口中。第一次是兩姊妹童年時準備出場登台，最後一秒才見蹤影，同場歌手緊張地說：「你阿媽到處揾你哋！」第二次和第三次是在廖子好飾演的梅愛芳口中述及，包括提醒阿梅（梅艷芳，由王丹妮飾演）要留票給她和梅媽去利舞臺觀賞新秀歌唱大賽以示支持，以及她反問阿梅是否母親提及自己將要結婚一事。

為何編導刻意淡化母親在梅艷芳的人生的參與度？在我看來有兩個原因。首先，從現實角度看，真實生活中梅媽一直給大眾的印象是個將金錢和利益看得很重的人，甚至從小就強要姊妹二人為養家糊口而出

賣勞力登台賺錢。為了避免這種現實的負面印象，編導淡化梅媽的存在，反倒是幫了她一把忙。另一個原因，是在作出戲劇化的處理時，可以更加強化幾位男性在梅艷芳的生命（包括演藝生命）的重要性和地位。

電影中出現了幾位影響著梅艷芳事業和生命的前輩男性，包括華星唱片公司第一任總經理蘇孝良（林家棟飾）、時裝及造型設計師劉培基（古天樂飾）和嘉禾電影公司老闆兼契爺何冠昌（李子雄飾），他們是梅姐事業上的伯樂，在唱歌、造型／形象／路線、電影演出方面時加提攜，甚至在待人處事方面也有不少醍醐灌頂的提醒，恍如人生中指路明燈。對自幼喪父的梅姐來說，這幾位長輩儼如義父般存在。

這幾位義父全程貫穿梅姐整個演藝事業的不同時刻，給予她莫大的啟迪和支持。從她初出茅廬、不知道天高地厚，到她因太過投入異地戀情致無心事業，及後決定告別舞台、因掌摑事件避走泰國、復出演藝圈並矢志藉自己的影響力多行善事，為業界和香港社會發聲等，三位義父都在旁一直提點，時刻支援。

例如當梅姐第一次進入錄音室灌錄《心債》時，蘇孝良對梅艷芳的提點是「快歌要唱出反叛，慢歌要唱出唏噓」（大意），非常一針見血。當梅姐差點失聲致失場，劉培基給她接通前輩任姐（任劍輝）的來電，讓她直接得到開嗓的秘方，帶出「前輩提攜後輩是天經地義的事」這句影響後來梅姐致力栽培新人的座右銘。當梅姐要在形象上作出重大突破，劉以一句「女藝人最重要的是 sex appeal ！那是由七情六慾而來」來點醒她。到梅姐對告別舞台的決定感到猶豫時，何冠昌勉勵她一句：「最重要是自己喜歡，不用理會別人怎麼看。」當然，當梅姐避走泰國清邁面對人生與事業低潮的時候，劉培基的探訪自然是強烈的安慰劑，他提醒梅姐「花無百日紅」及「歷練是唱歌及演戲以外最重要的得著」，都扭轉了她往後人生的路向：回香港後「重新開始，

不想只當一個藝人」。這一切一切，孕育出後來那個不問回報，一心為演藝業界、為香港、為貧苦大眾賣力的梅艷芳。

編導在電影接近尾聲的部分，加插了多段梅艷芳真正人生的片段，包括她到內地山區探訪、為沙士中捐軀的醫護人員舉辦慈善騷等等，又節錄她的訪問片段，讓觀眾親耳聽到她說：「香港是我的家」、「我作為一個香港人，不會這麼容易認輸」和「一九九七年我一定會喺香港」。這幾句說話不但進一步打造她「香港女兒」的身份，同時也鼓勵港人毋忘自己香港人的身份，面對困境不要認輸氣餒。

特別一提，戲中有個情節輕描淡寫地流露出梅姐心目中的理想母親形象，那是在她避走清邁的一段。那段戲說梅姐見過親來探訪的劉培基後，被他「一言驚醒夢中人」，有了回香港重新出發的念頭。當晚她跟男朋友 Ben 來到一家餐廳晚餐，席間一個恍如她當年年紀小小就登台表演的泰國小歌女，在台上唱出 Doris Day 於一九五六年的名曲 *Que sera sera*，歌詞的第一段：

When I was just a little girl I asked my mother,

"What will I be?"

"Will I be pretty?

Will I be rich?"

Here's what she said to me,

"Que será, será

Whatever will be, will be

The future's not ours to see

Que será, será

What will be, will be"

（當我還是個小女孩，我問媽媽：「我將來會變成什麼樣子？會漂亮嗎？會富有嗎？」媽媽這樣回答我：「順著命運的安排，該來的總會

到來，我們無法預知未來，就順著命運的安排，該來的總會到來。」）

大特寫鏡頭影著浸淫在歌曲中的梅姐雙目盈淚，弦外之音暗示了這位曾經也是小歌女的巨星，心坎裡對歌詞中那位儼如人生明燈的理想母親的渴求。她內心需要的是一個可以教導她以平常心面對未知的未來的母親，能夠帶給她力量和勇氣，而不是只要她為養家而登台掙錢的勢利媽媽。聽完這首歌後，她痛定思痛，勇敢地返回香港，重新面對自己和群眾。

淡化利字當頭的「親母」，強化有情有義的「義父」，更刻意強調香港人「女兒」的本位，這在我看來都可以再作非常有趣的政治延伸閱讀。不過現在世局敏感，這一層的閱讀我就藉這篇文章來個拋磚引玉，讓讀者自個探尋箇中解讀吧。

《香港電影 2021：世界是你們的還是我們的》　2022 年

一九八七至一九八八年百變梅艷芳再展光華演唱會

Part Five
心中追憶無限
Column

「假如問我，到了百年歸老那天，
有什麼可以帶進棺材，
我可以肯定的只有一樣東西，
就是真情。」

—— 二〇〇二年四月六日訪問

Column 01

留給世人最美麗一面

——張敏儀

梅艷芳是真正的香港傳奇，她公佈有病的時候，她曾經講過，我一定要打贏這場仗，她打贏了，而且贏得好漂亮。許多人悼念梅艷芳不單因為她的聲、色、藝，她有情有義，有始有終，她把最美麗一面留給世人。她在短短四十年的人生路上有許多波折、失意。但她最終成為一位非常值得尊敬的演藝人協會會長。梅艷芳和成龍一樣，由無到有，在成功之後不斷回饋社會。

梅艷芳一直堅持立場，一直鮮明表示立場，支持民運，支持賑災。香港是一個小地方，但香港演藝界的影響力和凝聚力是全世界獨一無二。她為爭取公平、公義，亦不在乎付出代價。但私底下，她自己都說自己是一個很傳統的女人，像《胭脂扣》（1988）的如花。其實台前幕後，她還可以演無數的角色，可以是茶花女、紅拂女、秋瑾、貝隆夫人、昂山素姬，但她有一個情意結，總是想做山口百惠，一個平凡的願望——結婚生子，卻是遙不可及。一個可以把冰山劈開的女人，偏偏在最平凡的地方跌倒。

梅艷芳的百變形象，超越了性別，更超越國界，但她一直在香港成長，也許正因為如此，她的光芒更難能可貴，她是香港女兒，在荔園長大的 Edith Piaf。我一直希望等到看她演張藝謀的電影，看到她演歌舞劇，也希望她拋開心結，拋開滿身彩，終於穿上一身黑衣，瀟灑地唱：To all the Boys I've Loved Before，誰配？

梅艷芳在離開前三星期，劉培基帶我去看她，我告訴她穿上劉培基做的婚紗很美，全世界也會記得。全世界也知道她的心意，雖然全世界都幫不了她。梅艷芳已經去到一個更好的地方，她和張國榮一起，他們為世界增添色彩，留下無數思念。

梅艷芳喪禮悼詞　2004 年 1 月 12 日

Column 02

花開有時，夢醒有時
——李碧華

梅艷芳穿上一襲象牙白色絲綢晚裝壽衣，領結白蝶，身披白紗，高雅而潔淨地遠去，二〇〇四年一月十二日設靈出殯火化，從此天各一方。之前，在她迸發最後光熱的八場個人演唱會中，已穿過一次白色婚紗，曳地綿延，伴她踏上紅毯長梯，走進一道白色大門，驀然回首一笑：「拜拜！」——她不但嫁給舞台，還從容地策劃了喪禮，親口道別。

因為她是與我們同唱同和同呼同吸同喜同悲「香港的女兒」，她走了，肯定也帶走了大家部份心魂一腔離淚，哀悼的聲音和文字圖冊鋪天蓋地，讚揚她的「藝」、她的「情」、「義」和「俠氣」，那獨特的在舞台上「雄霸天下」的風采。還有她對民運和大是大非的堅執，對公益不遺餘力（用歌聲為華東水災籌款、《1：99音樂會》鼓舞抗沙士疫潮、對老人福利和癌病患者的關注⋯⋯）她在四十歲盛年走了，再等十年百載，也出不了另一個梅艷芳。或如花。

四歲起在荔園遊樂場賣唱，十八歲贏「新秀」冠軍，天涯飄泊江湖險惡，大姐大經歷委屈與風光，又因她是天后，身邊除了一群好的和壞的朋友外，還有一堆金錢、權力、是非的轇轕。恩恩怨怨不重要了，萬般帶不走，「歷劫以來一切冤恩親債主父母師長六親眷屬水族毛群等」亦已超薦，質本潔來還潔去，往生淨土。

像個未經人事的小孩。

小妹妹 。

別看她是「大姐大」，有時還真「小妹妹」。喜歡被男人疼錫，會撒嬌、駁嘴、任性。你罵她不惜身時她幾乎沒扭耳仔。子宮頸癌化療時很辛苦，醫生花了幾小時從大腿內側動手術翻尋靜脈血管，插滿了管子儀器時忽然想上廁所，護士哄她乖，死忍。化療後嚴重脫髮，憔悴痛楚，又死忍。那天向我「詳述」，我還安慰：「下回化療不用『找』血管那麼辛苦了。」她沒好氣：「你真沒經驗，下回就要做另一邊了！」又道：「好痛呀！行唔安坐唔樂，求生不得求死不能⋯⋯」我聽

得難過，她説著説著，便要為演唱會忙碌了。為了養顏護膚和滋補，每天吃一碗燕窩。我苦勸：「患癌不要吃燕窩，因為會同時令癌細胞增生的。你要乖乖聽醫生話。」

她面對「不做便冇得做」的演唱會：「我的心願是死在舞台上。我不避忌。」

這是有「前因」的。在一九九四、九五年間，我在籌拍《小明星》。除了因阿梅的形神俱似，不作他人想之外，小明星亦是二、三十年代出身寒微的小歌女，唱平喉，擅南音，一生風雨飄搖情路坎坷病染肺癆（當年是絕症），廿九歲那年在廣州獻唱《秋墳》，一曲未終，台上吐血玉殞香消。坊間有些不盡不實的傳說，後來我找到幾位年邁故人作深入採訪，其中還有為她終生不娶的痴人雷伯伯（已過世了），得到珍貴資料。但在寫作過程中，總覺有點「不祥」。比她早走八個月，自殺身故的哥哥張國榮（原找他演王心帆）曾同我説：「阿梅本身命苦，應該演些開心的戲。你不怕『一語成讖』嗎？不要拍啦。」後來我把它擱置。誰又料到哥哥是突然消失，而阿梅是漸漸的漸漸的消失？

阿梅走了，再無命運和技藝匹配，那麼悽艷又悽厲的演員了，其他的只是二線、次選。小明星哀歎人生如一場風流夢，

也唱道：「思往事，記惺忪，看燈人異去年容，只恨鶯兒頻喚夢，情絲輕裊斷魂風……」

若干年後，半生佻健任情縱的梅艷芳也給劉培基寫：「人生在世只是夢一場，一切皆有天意，我只希望和我的最好朋友歡度可能是短暫但多姿多采及豐富的時光。」──做了該做的事，見了該見的人，唱了該唱的歌，在生命最後三個月，竟可憑堅毅意志和積德的福報，一切策劃得圓滿燦爛，作出最美麗的告別，還留下人人驚艷的夕陽紅葉花魂寫真。絕症難不倒她，真的打贏這場仗。

阿梅給我們的啟示，是人若堅強、不屈、自信，可以：
把壞事變成好事
把不幸化作大幸
把有限延至無限
把自己回向他人
她讓我們更懂得活在當下，珍惜眼前人，還展示一個把時間、精神、氣力、才藝和艷麗「透支」的奇蹟。

我們並不常見面，記得每年過年時總會收到留言，其中一把幽幽的溫柔的聲音：「碧華，祝你身體健康，心想事成。我是阿梅。沒什麼特別的事，只是拜個年。」我回電時會説：「我們最想要的是快樂，不過健康更重要些。」

自知她得病後，我把一串已開光的佛珠送給她護身，也常通電話談心事，和做一些功德。但自十二月起她已住院聯絡不上了。為免影響休息，我只好傳真祝福和支持，希望看得到。我給她最後的一個傳真，是聖誕節。那時她大量出血無奈辭演張藝謀的《十面埋伏》。

「阿梅：你好，我剛自上海回港，雖知你病情反覆，但請安心靜養，暫時不要勞累工作，相信一定絕處逢生。就當放一個長假吧。上海大劇院、北京『國家話劇團』、日本的製作公司都有派人與我談過 Musical 的事，還有香港『藝術節』亦初步接觸。劇目待定。因為你說這是你最大的『心願』，所以我把《胭脂扣》留下來，等你康復後，體力可以了，再合作（徐克已一口答應當『香港版』的舞台監督）。你必會在舞台大顯光芒，風華再現──我們都不爭朝夕，你放心治療吧。保重。等你！」

後來我才從連炎輝口中得悉，她看信時已不能起床、進食，甚至活動。醫生用最平和的語氣告訴她，癌細胞擴散至腦部，以後再也不能唱歌、演戲了。她氣若游絲：「是但給我做一樣也好呀？」又道：「既是這樣，我便走了。」

之後昏迷，一直無言。

她的好友相伴，一一見了最後一面，那時阿梅每小時打一針嗎啡，只靠儀器插喉維持心跳呼吸，眼珠轉動，默然心領。

二〇〇三年十二月三十日凌晨二時五十分大去，過不了新年。

世事短如春夢。

夢裡繁花似錦，金玉滿堂，崇拜者眾，食客三千，華燈璀璨，掌聲雷動，揮霍縱情，男歡女愛，如痴如醉，欲仙欲死……就是不願醒來。

夢裡不知身是客，不知醒後要歸去──醒後歸去，是孤身上路。但有喇嘛誦經，一群冷靜成熟真心真意的親朋好友為她治喪，根本再無牽掛。此後清風明月，純真無垢。

在一個遙遠的地方，安詳地微笑。

（後記：早在九月時，請一位修密宗研易經的朋友陳先生，在午夜代起一卦，曰「雷澤歸妹」。十二月三十日我央他再問，竟同樣是「歸妹」。俗塵渺渺，天意茫茫。花開有時，夢醒有時。沒有早一分，不能遲一秒……）

Column 03

娛圈奇女子梅艷芳

——黃霑

「梅艷芳的確是香港的一代傳奇！」本刊編輯在電話中說：「你無論如何，都寫她一段吧！」

想想他的話，也委實有道理。

梅艷芳實在是此地娛樂圈的傳奇人物。這位小姐奇行奇事之多，以這個小欄的篇幅，真要寫，不知要何年何月才寫得完。

我曾經戲稱她為「女新馬」。因為祥叔新馬師曾和梅艷芳，有極多相似的地方。

都是此地藝壇重量級人馬；天才橫溢，在舞台表演方面，難找人出其右。

顧嘉煇只扣她一分

初登台板的梅艷芳，比新馬師曾出道時，還要年輕。在別人可能還沒有脫下開襠褲的年紀，梅艷芳就已經踏上舞台，又唱又跳的做表演了。所以，第一次見她，我們一群寫歌的音樂人，馬上驚為天人。

是「華星娛樂」舉辦的第一屆《新秀歌唱比賽》。那夜，她穿了件又裙又褲，金光閃閃的歌衫出場。青春的臉，帶著點不知哪裡來的慓悍，好像胸有成竹，把握十足似的。「哈！很有信心！」我看見她在台上一站，先擺姿勢，心中忍不住讚賞：「鎮得住台呢！」

然後，她開腔了；唱徐小鳳名曲《風的季節》。聲音低沉，和青春形象，絕不相稱。但嗓子共鳴極好，節奏感亦佳，感情也濃烈，連咬字吐句都很有法度。我越聽越高興，深受吸引。

看看資料：「一九六三出生」，那麼年輕，已經功夫這樣好，分明是個天才，每項各寫個「十」字，全部計分項目，都給滿分！自己當歌唱比賽評判多年，絕少給參賽者滿分。但當前這位新人，實在令人眼前一亮。歌藝和台風都一流，不給滿分，對她不公平。

「你給多少？」問坐在身旁的主席評判

煇哥。

「四十九!」顧嘉煇説:「本來想給五十;但藝術沒有滿分的,只好扣她一分!」

我們到後來才知道,這位天賦奇高的女孩子,早有十多年表演經驗。

養起男朋友

跟著有一兩年,傳媒不知為什麼對阿梅很有偏見。那時,她因為人瘦,覺得自己的手臂像竹枝,不好看,所以絕少穿露肩露臂服裝。於是就有傳聞説她是癮君子道姑,兩臂滿佈吸毒針孔。

她對這類無風三尺浪的煲水新聞,自然感到不開心,但她性格,有極堅毅的一面,絕不肯認輸。本來要澄清,十分容易,穿一件袒肩露臂的時裝亮相,一切謠言馬上不攻自破。但她偏不就範,仍然天天密密裹著自己,大有「橫眉冷對千夫指」的氣派。

梅艷芳這種「包拗頸」性格,為她帶來過不少不方便。一九九五年廣州演唱會,主辦者已經不知勸喻過多少次,叫她千萬不要唱《壞女孩》。臨出場,在舞台邊的摯友還百囑千叮,可是一走出台前,她就引觀眾起哄,結果在廣州高官面前,

高歌她不該唱的歌!

一時之快,引來多年無法在內地再開演唱會的遺憾。但她全無悔意。至少,誰也沒有從她口裡,聽過她覺得那次行為不對的話。「但求過癮,不管後果」的牛脾氣,阿梅的朋友,人人都知道得很清楚。

其實,梅艷芳是位非常極端的人。生為女身,卻一身男人性格。在家中,她是小妹,卻一直喜歡當大姐。加入「華星娛樂」不久,收入開始增多,就馬上養成了替朋友在飯館埋單找數的習慣。豪氣干雲的態度,令不少娛圈女士,甘拜下風。

我們一輩小男人,聽過一個令大家艷羨不已的傳聞。傳聞阿梅喜歡對男朋友説:「你別那麼辛苦吧!我一個人辛苦就夠了!」傳聞認為,阿梅言下之意,是叫男人安心不動,在家中享福,一切生活所需,她會殷勤供養!記得我們那陣子,都常常怨自己福薄,碰不到像梅艷芳那樣的女友!

天分補救遲到習慣

但一切奉獻的好習慣旁邊,阿梅也有些很不好的習慣。她時常工作遲到。而且,在高峰時期,一遲五六小時,或七八小

時不等。「等阿梅」變成和梅艷芳開工的例牌工序。

「你怎麼忍她這種習慣？」有次問成龍。

「大家都慣了！」成龍說：「預咗佢咁！用阿梅，就要預佢咁！咁點解咁多人用佢呢？因為佢好！有啲嘢，係佢至得！」

梅艷芳不但在歌唱方面，天分高不可測，在表演方面，也是全才。有次，記不起是什麼大型節目了，她要和羅文合唱，原定三點排的，她人到已七時五十分，節目十分鐘後直播出街，才施施然來到 TVB。歌自然沒有排，完全空槍上陣。但好個梅艷芳，兵來將擋，水來土掩，羅文怎麼跳，她怎麼跟，你出左腳，她動右腿；你抬頭她就昂首，一曲下來，全場掌聲雷動。我們在旁抹一把汗的，不禁罵自己杞人憂天！

她銀幕上的演技，同樣叫人佩服。

在她拍電影經驗尚淺的日子，曾和她合演過余允抗導演的《歌舞昇平》（1985）。那時就已經覺得她內心戲尺寸掌握得極準，是天生會演戲的。每次拍完戲，回家便對女友說阿梅如何如何好，差些令枕邊人誤會我對這位有天分的小妹妹另有圖謀。

才藝征服傳媒群眾

她過人的才藝，征服了所有傳媒。圈內外人士，不論老幼大小，都自動自覺稱她為「梅姐」。本來，她在十多年前就公開宣佈不再領取音樂獎項的了，但偏偏電台電視台就要將獎座向她身上堆，而且挖空心思，巧立名目，什麼「致敬大獎」、「銀禧榮譽大獎」、「鑽石偶像大獎」、「最高榮譽大獎」等等等等，不一而足。

她也確實成就輝煌璀璨，傳媒的獎賞，只不過反映了大家對她的肯定和愛護而已。

沒有人，可以開過那麼多演唱會。也沒有人，會在身患重病的時候，再在紅館連唱八場。然後赴零下溫度的日本，拍露肩廣告。她的鬥志，令人肅然起敬。雖然我們未必人人同意她這樣做。

不過，梅艷芳從未要求過我們同意。她只要求我們寵她。愛她。這我們全做過了。

此後，我們會記得，香港出過位娛樂圈奇女子。

她的名字，叫梅艷芳！

《東周刊》　2004 年 1 月 7 日

Column 04

可愛的極端
與一個不收數尾的女人
————張五常

梅艷芳謝世了。《蘋果日報》以開頭二十大版報道，其他香港的綜合報章也差不太遠。篇幅破了紀錄。這是應該的。梅艷芳是我聽過的、讀過的最極端的人。是可愛的極端。沒有機會認識她引以為憾。

能歌、能舞、能演，盡皆精絕——是百年難得一見的表演天才了。朋友，男女中西不論，你想得出哪位有這三者合併的 virtuosity 呢？我好奇地在紙上寫下幾個西洋鬼子的名字，想了一陣還是放棄了。有機會要問問陶傑怎樣選。此乃梅艷芳的極端之一也。

四歲半在一個連小猴子與大笨象都餓得皮黃骨瘦的遊樂場賣唱，沒有機會讀書，但長大後雄視炎黃子孫的舞台。此乃極端之二也。

登場無論打扮、服飾、動作，盡皆刺激。這是二十世紀發明的誇張藝術，彷彿要做到宇宙容之下不似的。這方面，她近於天下第一把手了。此乃極端之三也。

在使人擔心她會心臟病發的激歌暴舞中，數秒之間往往變作柔情似水，唱得如怨如慕，如泣如訴。此乃極端之四也。

豪氣迫人。什麼賑災搶救、仗義執言，她屢次身先士卒。此乃極端之五也。

情深似海。同行如敵國，但在她彌留之際，蜂擁而親之的藝人破了紀錄。此乃極端之六也。

幾方面的報道，梅艷芳對自己的病情很清楚，更明白她那種激動演出是患病者的大忌。她知道自己的選擇：要多活三幾個月呢，還是多演八大場？選得好！選得好！沒有色彩的日子，不要算了。是的，梅艷芳是個不收數尾的女人。此乃極端之七也。

我的太太說，梅艷芳之死，今後會影響好些人對死的看法。一位自稱不哭的同學，聽到梅艷芳謝世哭了半天。我的妹妹說，梅艷芳的一生是一枝蠟燭從頭不

斷地燒到尾。書法老師周慧珺是多年的
梅艷芳迷,年多前有機會在上海一睹後
者演出的風采,拍案叫絕。周老師對書
法吹毛求疵,知名天下,她説梅艷芳的
演藝半點瑕疵也沒有。老師比我知很多。
她和陳佩秋是同道,對京劇、崑劇等很
有研究。

梅艷芳是個現象。我認為這現象的發生,
起於一個得到上蒼賜予無與倫比的天賦
與倔強的個性的人,生長於凡事極端的
時代與地方。二十世紀後期的香港與中
國內地,緊張刺激的事無日無之。你可
以麻木地過日子,可以馴服如羊,也可
以站起來吶喊——雖然你的聲音不會有
多少人聽到。但如果你有超人幾級的歌、
舞、演的天賦,站起來,頑強地對抗著
極端的時與事,以演藝發洩,你就是梅
艷芳。

不久前要動筆大罵何志平,因作為文娛
的頭頭他竟然不懂得天天送花給病重的
香港文娛的中心人物,也不懂得叫特首
立刻頒發一個特別獎。想不到梅艷芳走
得那麼快。

走是走了,但餘音裊裊,不絕如縷!

《蘋果日報》　2004 年 1 月 3 日

Column 05

梅艷芳

——吳靄儀

對梅艷芳一向有好感，她四十而逝，令人傷感惋惜。我不是歌迷，也不是戲迷，她的歌我只熟悉一首《似水流年》，覺得唱得非常動聽，但在我模模糊糊的印象中，她是個有義氣和敬業樂業的女子，有內容，有真性情，看她站在「六四」的台上，不會覺得是造作，一點點的陌生和不自在，反而見得真心。

我喜歡她的味道，「梅艷芳」，一個俗艷的名字，但俗得深入民間，艷得camp，粗線條但不是粗糙的華麗，她高䠷的身材表達得正好。我看過她在《半生緣》(1997)演的風塵女子，那是她的戲路，好像演的是自己。「百變天后」，江湖地位背後大概有很多不為外人道的承擔與辛酸。看報道，她臨終時一大堆朋友逐一道別，就知道故人情重。

傷感之中，也認同她最後的一程走得撇脱，不拖泥帶水，工作到差不多最後一刻，沒有自憐自怨，不讓人哭哭啼啼。這樣的女子教人敬重。

她逝世的早上，有線電視新聞推出了她一段訪問，大概問她假如從頭活一次，她會有什麼不同的選擇。她説，如果她從五歲起的生活可以重過，她最重要的就是讀好書，她的志願是做律師。

我感到惻然。律師這個行業給那麼多人理想化了，連她這樣有智慧的女子也不例外。我想，她對律師執業的嚮往，必然是基於她個性裡的正義感，她的俠女精神；但是，在這方面，梅艷芳早已做到了，而且一定比很多法律界中人做得多，真的。

《蘋果日報》　2004年1月2日

Column 06

一個喪禮，兩點體會

——梁款

二〇〇三年，我出席了許多喪禮。對於喪禮，我的感覺一直很矛盾。我害怕亡人永別的陣痛，卻珍惜未亡人牽手的溫暖。年尾出席的一個喪禮，感覺特別深。亡人我素未謀面，未亡人為至親寫下記憶，留住感覺，我在靈堂字字細讀。我讀到亡人生前的片言隻語，瑣碎事跡，它讓我重新認識了一個人。我也讀到思念、恩愛和一種未亡人要把亡人那一份都一併活下去的勇氣。那一天，我在靈堂呆了很久，我感受到每一個喪禮都有雙重意義，它為離去的人求安息，也給留下的人存感覺，徬徨之後，是希望，是團結，以更新更強的力量去面對明天。

我是以這樣的心情度過了梅艷芳的喪禮。

梅艷芳的喪禮，萬人圍觀，電視連日直播，媒介專輯此起彼落，一開始已經是一個全民參與的聚會。上星期，我躲在家中，翻看影帶，細讀未亡人為她寫下的文字，確認了一些舊想法，也開始了一些新記憶。

時代的陣痛

我跟梅艷芳素未謀面，也談不上是她的擁躉。但她離世那一天，我的確很傷感。過去二十多年，她一直是我生命的一部份。上星期，《壹週刊》和張敏儀異口同聲說梅艷芳是「香港傳奇」，說出了我的心聲，也印證了本地學者吳俊雄這幾年反覆提出的兩點觀察：

一、香港人對香港有情，這份情一直靠本土演藝事業聚焦推動；

二、香港人肯為香港說故事，這些故事許多時在本土演藝巨星身上全數顯現。

梅艷芳的身世，大家耳熟能詳，這次喪禮幫我重溫了她由荔園爬上紅館、跨過東洋、再面向世界的傳奇。在梅艷芳面上，我看到由低做起、力求百變、不斷自強、劈爛冰山的港式蠻勁。在梅艷芳身上，我找到一種因成熟而來的傲氣和林奕華說的師承海外但無限地青出於藍

的港式 showmanship。看見梅艷芳，我看見香港。

演藝巨星扯著香港心情，梅艷芳的喪禮纏著香港二〇〇三年以至整個後九七時期的憂鬱，更掀起種種劃時代式的欷歔。關錦鵬一向鍾情捕捉眉頭眼額，不屑亂講時代巨輪，此時此刻也難禁湧出一代人的悲情：「阿梅的逝世，讓我感到『一個時代的終結』這句說話的悲痛。」

真人的跌蕩

梅艷芳的喪禮為我挑起了一個時代的記憶，她的喪禮也翻弄了一些我以前沒有好好放在心上的感覺。這幾天細讀她的至親好友為她記下的片言隻語和瑣碎事跡，我好像重新認識了梅艷芳。

喪禮之前，我認識的梅艷芳是一個精心設計的百變形象，一個身不由己的集體符號。喪禮之後，我知道梅艷芳符號背後有血有肉，百變之外還有一顆熾熱不變的心。劉培基告訴我，梅艷芳受過傷害、對人失望，但始終生性善良、重情重義。張敏儀提醒我這個在荔園長大的 Edith Piaf 能力超凡、理想平凡，屢遇波折，但一直瀟灑做人。讀《明報周刊》的特輯相片，我看見她傳奇的 showmanship，更看見眾多跟她合照的同僚後輩是如此真誠地眉目傳情，那些跟她或淺或深的親密

同性異性朋友是如此忘我地一往情深。在這些文字，我讀到思念，在那些面孔，我見到恩愛。

梅艷芳不是聖人。她是一個妖女。她更加是一個肯為自己生命做抉擇的真人。因為她是真人，她在事業上有「辛酸」、在感情生活上試過「跌倒」、做人會「任性」、對人會「猜疑」。她來自一個自覺不美滿的家庭，臨終時也沒有給世人示範過一段神話般的婚姻。但正如馬傑偉說，她並不孤獨。她愛熱鬧，也成功地擁有一大群跟她開心時一起熱鬧、不開心時含淚相送的好朋友，套用柴門文的說法，梅艷芳雖然「非婚」，但其實擁有「家族」，人間種種的親密關係她曾切實地擁抱過，這是她的福份。

你不孤獨

梅艷芳過身，我傷感，這當中有時代的陣痛，也有因為失去一個傑出的真人的痛苦。在梅艷芳身上，我看到香港，也看到比香港故事更豐富動人的真人真事。

社會學家說，在八十年代的過往，香港人的議程是集體的社會成就，在二〇〇四年的當下，你我的憂戚是每一個人如何為自己貼身的人情生活做好思量，作出實驗。梅艷芳生命短促，卻橫跨兩個時代的關注，活得精彩。她在香港舞台

上肆意光輝，在個人生活上大膽闖蕩。
她「讀的書少」（「李炳中學」中一肆
業），對自己歡欣和遺憾，有比大學教
授還要老實深刻的回顧（見她接受鳳凰
衛視的訪問），她越界橫行，敢愛敢恨，
無悔這一生。

梅艷芳告別塵世的演唱會，我本來買了
票，但因為實在要出席太多的喪禮，沒
能到場欣賞送別，至今一直後悔。這大
概就是我們這個時代的縮影。喪禮過後，
願你安息，也願我們這群未亡人留住溫
暖，以更新更強的力量面對明天。

《信報》　2004 年 1 月 19 日

Column 07

Icon 之死

——劉天賜

外國報章標題「香港麥當娜病逝，享年四十！」大篇幅登梅艷芳小姐的遺照。

很多人不以為然，梅艷芳即梅艷芳，不是「香港的麥當娜」，風馬牛不相及。儘管梅小姐台上曾穿「相似麥當娜」的戲裝，然而，梅、麥二姝基本上的作風及商業重點不可相提並論。唯一相同的是，梅、麥兩位可算是二十世紀八十年代始至今天的「普及文化」icon。

即是說，她們足以代表這個年代的「普及文化」，不只於流行音樂界，而且於服裝樣式、生活品味、電影電視，甚至代表普羅大眾市民的生活模式以及思想。

香港開埠以來，直至今天，最黃金的一段時期，莫過於上世紀八十至九十年代（或可算至九七年），此十多廿年間，經濟起飛，到達某一個高度，經濟發達，又逢內地改革開放，美國在列根主義之下，平衡世界兩方權力。

香港在此「歷史最輝煌的時刻」國泰民安，五穀豐登。國泰民安，自然歌舞昇平，吃喝玩樂，聲色犬馬的事業突然蓬勃起來。周邊的市場，也適逢太平盛世，接受並追隨香港帶頭的「吃喝玩樂」文化。

筆者當其時也服務娛樂行業，知道這行業正在「當老行」（行大運），一分耕耘，可以十分收穫，何況十分耕耘，更可幾倍收穫。

進入這行工業的人，憑實力，加上「大潮流形勢」，扶搖直上，不知凡幾。梅艷芳小姐適逢這個大氣候、大潮流，憑努力出人頭地，短短十多年成為了這個時代icon。她受觀眾愛戴，受同業敬重，不因在業內成績出眾，而是憑個人的努力成為大潮流中一個有代表性的傳奇人物。

傳奇色彩，適合大眾欣賞的技術（歌舞、演藝），個人受公眾認同的品格，就是成為八十至九十年代香港icon的因素。可惜，一去不返，icon成為歷史的一部份矣。

梅艷芳小姐是香港「黃金時代」的icon，她的死亡，同時意味著這一個「黃金時代」正式結束。亦告訴大家一個壞消息，「黃金時代」隨icon的消失只能永遠留在歷史之頁上。

每一個「時代」都有icon的，不一定是人物，五十年代「荔園遊樂場」便是該時代的icon，邱德根先生將上海的遊樂場概念轉植荔枝角沙灘旁邊，為當時的工人、小市民帶來各種「小農趣味」的娛樂。

梅艷芳小時候，便在這處「平民娛樂場」獻藝，訓練她開創她幼小的腦袋，如何成為舞台上出色的表演者。當然，五十年代至六十年代經濟轉型，社會也在轉型，香港人的適應力強大，恰好隨著轉型而「轉身」。

到了八十年代，梅艷芳繼承十多年普羅大眾演出技巧的經驗，跳躍到電子媒介演出，以她的天才，充分吸收及轉化「小農趣味」到「中產趣味」，也配合了當此時代的服飾、姿態、消費者的心理、投資者的願望。一半主動，一半被動地塑造自己成為一個「有特色的潮流歌手」，同時也是一個「消費者渴望的商品」。

筆者推崇她成為難得的「黃金時代」icon，不因為梅艷芳的「商品價值」，而是她勇敢地表達出「個人價值」。

這個「個人價值」的表現，清晰地代表了八十年代至九七年回歸前香港社會的一個狀態，這個「黃金時代」，有機緣、有衝動、有點幸運、便可以「上位」，在「拜金主義」氾濫之下人們渴望有權、有勢、有名、有影響力的人主持公道，也羨慕、佩服在此跌宕波濤闊大的社會中，有人可以頂得住衝擊，平安度過危機。

以上諸點，梅艷芳小姐都得到高分，她有資格成為此時代的icon也。可惜的是，這種icon「絕後」，她敲響「黃金時代」終結的喪禮，我們默默哀悼她吧！

《東方日報》 2004年1月3日及12日

Column 08

向香港的
品牌霸權時代告別
—— 陶傑

張國榮之死，固然全港哀慟，象徵了香港中產階級的自憐，梅艷芳之逝，全民同哭，在集體意識之中，象徵的是草根階層向上攀登社會梯階的希望的幻滅。

梅艷芳在一場華麗的葬禮之後，化為一縷輕煙走了。香港進入了「後梅艷芳時代」，換句話說，香港進入一個「沒有品牌的時代」。

香港沒有自然資源，除了有限的土地，香港最大的資源就是「人」。香港的演藝人，是香港人才資源的一個重要環節。香港的演藝人，三十年來擁有向鄰近國家地區的「輸出強勢」。香港的演藝人由李小龍開始，成龍、周潤發、張曼玉、張國榮，到最近逝世的梅艷芳，向大陸、台灣、日本、韓國、東南亞，遠至歐美的主流社會，像一支孤獨的品牌船隊，沒有政府支持、沒有商人贊助，憑奮鬥的實力乘風破浪，有如當年鄭和下西洋的旅程，去到很遠很遠的地方。

不要小看這支演藝人的大使隊伍。當今世界的文化強權大國，無論是物資還是人才，都擁有「輸出力」強大的品牌。美國的品牌輸出可口可樂、麥當勞、迪士尼，影藝人才的「軟工業」有麥當娜、湯告魯斯；英國本來也有勞斯萊斯，但英國的工業沒落了，工黨上台，文化形象重新包裝，向世界輸出了球星碧咸、明星祖迪羅、小說人物哈利波特、喜劇明星「戇豆先生」。影藝的人力資源，雖然不是愛恩斯坦一類的科學天才，對人類的文明沒有決定性的革新建樹，但在一個消費經濟的地球村，哪一個國家擁有演藝人才的輸出優勢，就在世界上有舉足輕重的影響力。影響力也是一種無形的權力和財富，能提高這個國家的形象，吸引全世界的投資和旅遊，就像聖城麥加，沒有工業資源，但在伊斯蘭世界中地位十分崇高，令沙地阿拉伯成為伊斯蘭世界的喜馬拉雅山一樣萬民瞻仰。

香港擁有對外輸出優勢的演藝品牌，現在只剩下電影業的幾位人在中年的「前

輩」：演員成龍和周潤發；導演吳宇森、武術指導袁和平。他們的成就，令國際社會的消費者知道：一件有 Made In Hong Kong 標籤的產品。不止成衣玩具，還有獨特的中國功夫和成一家之言的暴力美學的創意巨匠。他們的作品無可取代，他們的名字是香港僅餘的一點點品牌的財富。

比起電影工作者，香港的歌星難以打進西方市場，因為香港歌星的形象模仿東西洋風格的斧鑿痕太深，香港的流行曲，伴奏樂器是西方的鋼琴和管弦樂，缺乏鮮明的地區風格，但對於日韓、大陸、台灣和東南亞，還有巨大的吸引力。為什麼張國榮和梅艷芳逝世，有遠道來自日本和新加坡的歌迷飛來拜祭，而日本或新加坡的一位歌星夭亡，不會有香港歌迷去含淚獻花？除了那些地方的影迷歌迷比較癡情，不可否認的是，香港的演藝界是創意和魅力的基地。張國榮的歌星形象，富有香港八十年代中產階級的氣質，這種氣質特色，在大陸和台灣都沒有，與日本和新加坡的中產階級不同。鄰近地區的觀眾欣賞我們的影藝偶像，往往更能發現他們的獨特之美，只緣香港人身在此山中。

梅艷芳逝世的社會效應，比張國榮更加哄動，因為梅艷芳不來自中產階級，誕生自草根階層。在梅艷芳之前的歌星，多少有一點知識的教育的資歷——許冠傑是港大畢業生，林子祥留學美國，關正傑以畢業於聖保羅男女中學為榮，葉麗儀的流利英語令小市民敬畏，連羅文也出身於廣州音樂學院的正統訓練，是半個所謂 Academic。

但是梅艷芳卻不同，她是八十年代初無綫電視第一屆新秀比賽的得獎人，她開創了草根貧民不必讀書受教育，也可以投身銀色事業而名利兼收的神話。正是八十年代的初期，香港經濟出現前所未有的強大生命力，麥理浩的本地化政治培育了香港人的歸屬感，草根階層加入了他們一直以為可望而不可即的星藝事業。在那個年代，一個賣雲吞的小販有機會成為地產巨富，不必像精英一樣擁有學位，因為社會有一股噴薄蒸騰的「向上流動力」（Upward Social Mobility）。住在木屋區的人，只要肯奮鬥，就像梅艷芳一樣從荔園為起點，登上利舞臺和紅館，有一天也能住進山頂的豪宅。張國榮之死，固然全港哀慟，象徵了香港中產階級的自憐，梅艷芳之逝，全民同哭，在集體意識之中，象徵的是草根階層向上攀登社會梯階的希望的幻滅。張國榮是香港的白雪公主，梅艷芳是香港的灰姑娘。白雪公主死了，只要等來王子的一吻還可以復活；灰姑娘回了家，華麗的宮廷舞會都不會重來。

梅艷芳之死更令人傷痛。香港的品牌時
代開始結束了。時鐘真正敲響了十二下。
香港人也許真正的心死了。金馬車變成
了南瓜燈，梅艷芳穿上她的婚紗，走進
了一個夢境，但香港人卻剩下了襤褸的
衣衫，和灰姑娘遺下的一隻玻璃鞋。

《蘋果日報》　2004 年 1 月 13 日

Column 09

梅艷芳的死亡美學
與表演藝術
——洛楓

梅艷芳實踐的是一種死亡的美學，以燦爛的舞台歸葬自己的身影，以淒美的鏡頭凝住即將消逝的容貌。

死亡的美學

「誰自願獨立於天地　痛了也讓人看
你我卻須要　在人前被仰望
連造夢亦未敢想像　我會這樣硬朗
但是又怎可　使你或我失望」

這是梅艷芳主唱和主演的電影《東方三俠》（1992）及《現代豪俠傳》（1993）的主題曲《女人心》，道盡了一個活於被觀看的世界裡的女子的生命處境——從公開患病到完成演唱會及美容廣告，以燦爛的舞台歸葬自己的身影，以淒美的鏡頭凝住即將消逝的容貌。或許有人會認為這無疑於慢性自殺，但無可否認環顧香港的演藝歷史，沒有一個女子能像她那樣，在明知的大限裡仍堅持走完演藝生命中最後一步，就如她在最後的演唱會上穿上婚紗步上台階的頂端，回

眸向凡塵揮手作別，雖然不無依依，但從容、撇脫，而且餘音裊裊。如果說哥哥張國榮在二〇〇三年四月的一躍而下，是帶著震動和決絕的死亡姿勢，那麼梅艷芳的獨立人前，向死亡的緩緩推進，體現的卻是對生命和舞台的義無反顧。

雙性形象與雌雄同體

梅艷芳的舞台成就，在於她的「百變形象」，而她的百變形象，亦確立了香港「形象文化」（image culture）的先河；當然，在她之前，我們有羅文在舞台上層出不窮的歌衫舞影，但直到八十年代中期梅艷芳的現身，在劉培基舞台服飾與形象設計的推波助瀾下，香港流行音樂的形象性才以巔峰的姿態從此落地生根。梅艷芳的形象能夠百變的原因，在於她外形的可塑性極高，五官長得並不標致的她，容許她免除了擔當「玉女」、「美人」的責任，卻可以肆意地實驗各類濃淡極端的化妝，而五呎五吋半的身高，亦能讓她架起任何複雜和誇張的舞

台衣飾——從壞女孩、淑女、黑寡婦、卡邦女郎與埃及妖后，到電影中的女鬼、女俠、武俠與戲曲反串；從男性西裝、軍服、懷舊旗袍、迷你裙，到各種顏色假髮和重金屬配件，梅艷芳穿在身上，都別具風格，揮灑自如，成就她在舞台上、鏡頭下的可觀性。

在梅艷芳二十多年來萬千變化的形象中，最能體現性別跨界的是她的「雙性形象」與「雌雄同體」，從早年《蔓珠莎華》時期的男性西裝與領帶，到晚近在電影《鍾無艷》（2001）裡反串好色昏庸的齊宣王，梅艷芳低沉的聲線、高的骨架、戲內戲外豪邁的性情，都使她能出入於女性與男性衣飾混合裝扮的遊戲中；例如在電影《胭脂扣》的開首，她易裝與張國榮對唱一段《客途秋恨》，就充滿了酷異色彩，而在《東方三俠》及《現代豪俠傳》的女飛俠角色，以黑色的緊身衣、金屬的面罩，配合矯健的身手和鋤強扶弱的正義感，塑造了女性的男性英氣；此外，在《鍾無艷》裡，梅艷芳以反串身份出任「男主角」，飾演嗜色如命的齊宣王，借用卡通化的表情與身體語言，造就了活潑生動的喜劇元素，解除了這部電影如以男演員演出會造成「猥瑣男人」的危機。

女性情誼與同性情慾

梅艷芳的性別越界，在她後期唱片的製作中有更跨步的顯示，例如在她的《Anita Mui With》大碟中，她與十一位不同風格的男女歌手，實驗不同類型的歌曲；她與張國榮合唱的《芳華絕代》是對女性姿容及「紅顏禍水」的觀念重新的翻案、定義和認同，她與王菲的《花生騷》道出了作為時刻被觀看、偷窺和欲望的女性處境，她與林憶蓮的《兩個女人》及鄭秀文的《單身女人》，則肯定了女人與女人之間相濡以沫的情誼，最重要的還是她與陳慧琳合作演繹的《夏娃夏娃》，改寫了聖經「創世紀」的故事，唱出「就算天國／沒有阿當／有兩個夏娃」的宣言，歌詞中不乏女性身體兩鬚廝磨、情慾交合的描繪與暗示，梅艷芳唱來豪邁奔放，充分表現對女性同情慾的自我圓足。

梅艷芳的女色景觀，早在電影《金枝玉葉2》（1996）裡的時候已有所呈示，到了二〇〇二年的《極夢幻演唱會》上，她與女性舞蹈者及女性歌迷的貼身撫摸和對嘴，更進一步將女同性慾的表演性（performativity）推向高峰。作為舞台的藝術表演者，善／擅變的梅艷芳從來沒有規限自我的形象，她的「百變」，在於勇於嘗試和創新。

女性傳奇

梅艷芳幼年坎坷，自小在荔園賣唱養家，
二十歲成名後經歷無數感情挫傷，她的
生命，本身已是一齣傳奇，並在身死之
後留給許多人無限的緬懷和感歎——回顧
歷史，能夠成為人前仰望的流行「聖像」
（icon），總必須具備超卓獨特的演藝風
格和奇異不凡的生活經歷，從阮玲玉、張
國榮到梅艷芳，他／她們的早夭或突然
離逝，造就了連串年代記憶與文化話題，
而大眾對這些 icon 的崇拜、慾望和追思，
當中或許有自我投映的功能，但更多的
時候是因為這些 icon 象徵了只屬於某個
年代的文化價值、美學風格和集體意識。
梅艷芳的電影成就或許未能如哥哥張國
榮那般多姿多彩和富有深度，但唱過卞
之琳詩歌《斷章》的她，留在舞上、歌
影裡獨立人前的女性形態，仍是香港這
個影像城市無何代替的典範。

《明報》 2004 年 1 月 11 日

Column 10

她的生命比戲劇更傳奇
——林沛理

梅艷芳之死充滿戲劇色彩，不僅因為她是光芒四射的明星，更由於其過程緊湊如結構嚴謹的電影，並高度透明。張國榮之死像一首詩，留下不可解的謎；梅艷芳留下卻是有情有義的勵志演義。她的戲外有戲，戲中有戲，以生命的力量，在戲裡戲外感動觀眾。

梅艷芳的生命劇本，比她演過的劇本更富戲劇性。她的戲如人生，她的人生卻比戲更戲劇化。她在四十年的生命中，展現戲劇與現實之間巨大的戲劇張力。戲外有戲，戲中有戲，最後以公開的死亡宣告，一步一步走向高潮，留下光影中不滅的傳奇。

如果二〇〇三年香港娛樂圈有什麼中心事件的話，那就是死亡。張國榮在四月一日死亡的一躍所引起的震撼，到今日依然餘波蕩漾。他的好友梅艷芳在〇三年結束前兩日逝世，使過去一年蜚短流長，無聊瑣事的香港娛樂新聞，一下子有了一個一以貫之、但沉重得連最好的創作人都無法把握的主題——死亡。

梅艷芳之死充滿戲劇色彩，不僅因為她本人是一顆光芒的明星，更由於其過程緊湊如一套首尾呼應，結構嚴謹的電影，並在向公眾張揚，傳媒廣泛報道的情況下進行。

這清晰可辨的敘事模式，隨著九月初梅艷芳在群星伴月的記者會中公開自己的病情，並發表要戰勝病魔的豪語展開；其後她於十一月舉行一連八場演唱會，及於演唱會後到日本拍攝廣告，便是她坐言起行、對病魔實行的挑戰（以患重病之身到以櫻花的美而聞名於世的京都拍一個美容廣告，其中的反諷、悲情、挑釁、真與假的衝突、現實與戲劇的距離，比〇三年任何一部港產片都發人深省、惹人遐思），到十二月三十日凌晨傳來她的死訊，前後不足四個月，當中沒有拖泥帶水，沒有糾纏不清，十足是高度濃縮的戲劇。

傳媒在這宗戲劇事件中扮演的角色舉足輕重，梅艷芳由發病到逝世的過程相對公開、透明，與張國榮之死的神秘，突然和令人措手不及，恰成強烈的對比。張國榮之死留下的是一個不可解的謎，梅艷芳留下的卻是一個勵志的演義。倘若張國榮選擇結束自己生命的方式，反映了他要為自己保留最後的一點隱私的決心；梅艷芳選擇在記者會公佈自己的病情，便反映了她對傳媒要報道真相的堅持。

流露對真相的堅持

從這角度看，梅艷芳公佈病情的記者會不是推廣演唱會和美容廣告的「宣傳特技」，也不止是梅艷芳向無孔不入的傳媒讓步，甚至講和，而是要給予傳媒一個發揮報道真相的功能的機會。姑勿論梅艷芳生前與傳媒的愛恨關係怎樣錯綜複雜，單是這對真相的堅持，事實的執著，便值得所有傳媒工作者的尊重。

只有真正勇敢的人才有講出真相的勇氣。梅艷芳在銀幕上最令人難忘的角色是《胭脂扣》（1988）的多情女鬼，但她演得最多的卻是義氣干雲，豪情蓋天的巾幗英雄。然而，不論是《東方三俠》（1992）裡善用飛鏢的女俠，還是《英雄本色 III 夕陽之歌》（1989）裡在槍林彈雨中帶領周潤發和梁家輝出死入生的黑社會首領，柔弱、纖瘦、略帶神經質的梅艷芳的英雄形象總是誇張的、造作的，欠缺令觀眾暫且拋開懷疑的說服力。如果梅艷芳最後成為一個香港娛樂圈幾乎是絕無僅有的勇氣的象徵，那不會是因為她在電影或舞台上的演出，而是因為她在現實生活中的行為表現。

對很多人來說，梅艷芳最動人的一次「演出」，是她以香港演藝人協會會長的身份，就女星裸照事件在記者會上譴責娛樂傳媒新聞道德的墮落。這挺身而出、不向惡勢力屈服的道德勇氣，以及不肯視若無睹、同流合污的填膺義憤，使社會地位一向不高的香港演藝界佔據了道德的高地。這絕對是演藝界也是梅艷芳本人的光輝時刻。西諺有云：「真事往往比創作還離奇」（Life is often stranger than fiction），但以梅艷芳的例子而言，卻是「真人往往比角色還堅強」（People are often stronger than characters）。梅艷芳的真人比她扮演的角色更勇敢，也許就是對梅艷芳最公允的評價。她在記者會上說「我會打勝這場仗」，問題是沒有人可以戰勝死神，勇敢如梅艷芳的也不可以。

然而死神最後只能攫取她的生命，而不能奪走她的勇氣。海明威說懦夫一生要死無數次，而勇敢的人只死一次。梅艷芳面對死亡毫無懼色的勇氣，在生命最

後的日子仍堅持奮鬥的求生意志，對她
的歌迷、影迷，特別是香港自殺率偏高
的年輕一代來說，是難得的生命課程和
道德教育，正如評論家貝克（Kenneth
Burke）所說的「用來對付生活的裝備」
（equipment for living）。

在這重意義上，張國榮的死是一首詩，
因為它是個性的表現；而梅艷芳的死卻
是有情有義的演義。她要盡責（堅持要
完成一切手頭上的工作）、盡忠（堅持
要在死前見摯友的最後一面）。一個演
員的演技再好，在舞台上的表現再出色，
他感動的也只是觀眾；但唯有生命才可
以改變生命。王爾德說過，他只將他的
才幹（talent）用於寫作，而將他的天才
（genius）用於生活。或者我們可以說，
梅艷芳只將她的膽識（guts）用於她的演
藝事業，而將她的勇氣（courage）用於
生活。也許這樣說不是對一個表演者的
最大恭維，卻是對一個人最崇高的致敬。

《亞洲週刊》　2004 年 1 月 11 日

Column 11

自我 無我 真我 忘我

——畢明

有時會想，她會否是另一枚風中之燭，像 Norma Jean、像戴妃，都是 Candle in the Wind。「Seems to me you lived your life like a candle in the wind, never knowing who to cling to when the rain set in」。無以名狀地心疼的情境，瑟縮風中，東歪西倒，七零八落，一點嶙峋燭火，偏偏堅強。「Loneliness was tough, the toughest role you ever played」，但和瑪麗蓮夢露及戴安娜王妃不同，在都被雨打風吹去的時候，這燭火仍把光和熱分出去，人所共知。興許是德蘭修女說，大愛像燭火，你分幾多出去點亮他人，自己的光和熱都不會少，世界更亮更暖。借火，仗義，一生。名利愛戴權力都排遣不了的寂寞暗黑暴風中，鏗鏘發亮。所以她耀眼，她優秀。一場十年思念音樂會，幾代人面，終於發現她為何比誰都優秀，她為何比生命更大——梅艷芳。

是江湖太早歷，太幼嫩世道莽蒼中飄零，還未上小學已經天涯淪落，淬煉出她的傳奇，鍛造出她的異麗？差矣。在不溫柔的時代，苦海孤雛多的是，思念音樂會裡面就有一位大哥，幾歲孩童就成了戲子，當年他在荔園一邊做戲，她在另一邊唱歌。他不也江湖早歷嗎？有令他早慧，還是晚慧都談不上，活到這把年紀，每次說屁話都是個笑話，國際級的。大哥把兄弟當跟班，用完掉棄；大姐扶助師弟徒弟獨當一面，情義相待。如果說是苦命成就了她，就太低估了她的難得。人生每一個挫折不幸都令人多一次誘惑，去變得刻薄；每一種自衛都令人多一個藉口，去變得虛偽；每一次受傷害都令人多一個理由，去變得無情；每一個打擊都令人多一個關口，去變得自私，但她沒有。世上有幾多苦命童星，可煉出同樣的靈魂，梅艷芳得一個，江湖俠骨已無多。

一場音樂會，看見幾多人可以自在真誠，幾多人有幾多歌唱功力。她的歌，不是誰都唱得來。常說音域很廣，她「情域」太闊。由《IQ 博士》到《似水流年》，由《壞女孩》的反叛到《淑女》的玩世，

由《胭脂扣》的幽邃到《夕陽之歌》的蒼勁,有時是江湖夜雨一盞青燈,有時是灰飛煙滅的一道眼神,有時孤單像絲綢般美麗,但唱起《親密愛人》,溫柔甜膩,聽多幾次連耳朵都惹蟻。

那夜,沒有對白,沒有角色,做自己,看質地,很現形。曾志偉、梁朝偉、劉德華、林子祥,他們都是來好好懷念一個好朋友,心裡面都是故人,沒想過介意自己表現得好不好,自我,放在故人之後。阿 Lam 更見風範,幾句話,最後一次和她合唱穿的皮外褸,十年都沒穿了,今夜再穿物是人非,簡單的「我好 miss 佢」,勝過人間無數。說到演唱,可能是最沒包袱,已臻另一境界的林憶蓮是煙花般驚喜,唱透了《蔓珠莎華》的孤冷絕艷,歌中看得見梅艷芳,也有林憶蓮,她用最好的演繹給她最大的致敬。有說郭富城的《夢伴》是另一亮點,但他沒有明白到那首歌,夢伴的孤單是瀟灑的,舒琪說得好「沒有了那份瀟灑,和瀟灑背後的苦澀,錯誤地把歌曲解成為只是一場肢體表演」,變成表面的視覺華麗,且用力過度。梅艷芳令你看見她風中反起衣領,不帶走一片雲彩的背影走遠。

原來百變來自:「自我,無我,真我,忘我」。藝人必須個性自我,但化入歌曲角色中,要變得無我,用心表演時要拿出真我,進入狀態渾然忘我。沒有見過梅艷芳 chok,她真,人前人後,戲裡戲外,對情對義。眼下香港樂壇影壇都是 chok,真誠 chok 出來,謙卑 chok 出來。她獨特,她有大部份人沒有的 fearless 和揮灑自如。像張國榮。

這是香港許多年沒見過最真誠的音樂會,最不抽水的懷念。希望下一次不再是悼念的傷感,卻慶祝她成就的繽紛。

《蘋果日報》 2014 年 1 月 5 日

Part Six
附錄

Appendix

Appendix 01

梅艷芳唱片一覽

年份	唱片	種類
1982	心債	粵語
1983	赤色梅艷芳	粵語
	唇を奪う前に（強吻之前）	日語單曲
	白い花嫁（白色新娘）	日語單曲
1984	飛躍舞台	粵語
1985	梅艷芳（似水流年）	粵語
	壞女孩	粵語
1986	梅艷芳（妖女）	粵語
	蔓珠莎華	國語
1987	梅艷芳（似火探戈）	粵語
	梅艷芳（烈燄紅唇）	粵語
1988	夢裡共醉	粵語
	百變梅艷芳之烈燄紅唇	國語
	We'll be together	粵語單曲
	醉人情懷	粵語單曲
	百變梅艷芳再展光華 87-88 演唱會	演唱會專輯
1989	淑女	粵語
	In Brasil	粵語
	愛我便説愛我吧	粵語單曲
1990	封面女郎	粵語
	百變梅艷芳夏日耀光華演唱會 90	演唱會專輯
1991	梅艷芳（慾望野獸街）	粵語
	親密愛人	國語
1992	The Legend of the Pop Queen Part I & Part II	粵語

年份	唱片	種類
1993	鑽石旅程系列精選:情幻一生	精選專輯
	鑽石旅程系列精選:變	精選專輯
	鑽石旅程系列精選:皇者之風	精選專輯
	鑽石旅程系列精選:戲劇人生	精選專輯
1994	是這樣的	粵語
	小心	國語
1995	歌之女	粵語
	梅艷芳一個美麗的迴響演唱會	演唱會專輯
1996	我們不哭了	粵語單曲
1997	鏡花水月	粵語
	女人花	國語
	芳蹤乍現台北演唱實錄	演唱會專輯
1998	變奏	粵語
	床前明月光	國語
	情歌精選 I & II	精選專輯
1999	Larger Than Life	粵語
	沒話説	國語
2000	I'm So Happy	粵語
2001	眾裡尋芳 45 首	精選專輯
2002	With	粵語
	梅艷芳極夢幻演唱會	演唱會專輯
2003	梅艷芳經典金曲演唱會	演唱會專輯
2004	梅‧憶錄	精選專輯
	永遠的梅艷芳	精選專輯
2009	Faithfully	精選專輯
	Super Master Anita Mui LPCD	精選專輯
2011	Super Master Anita Mui LPCD II	精選專輯
2013	追憶似水芳華	精選專輯

Appendix 02

梅艷芳香港演唱會一覽

年份	演唱會	場數	場地
1985 1986	梅艷芳盡顯光華	15	香港紅磡體育館
1987 1988	百變梅艷芳再展光華	28	香港紅磡體育館
1990	百變梅艷芳夏日耀光華	30	香港紅磡體育館
1991 1992	百變梅艷芳告別舞台演唱會	30	香港紅磡體育館
1995	梅艷芳一個美麗的迴響演唱會	15	香港紅磡體育館
1999	百變梅艷芳演唱會 1999	7	香港紅磡體育館
1999	百變梅艷芳演唱會 99 延續篇	4	香港紅磡體育館
2002	梅艷芳極夢幻演唱會	10	香港紅磡體育館
2003	梅艷芳經典金曲演唱會	8	香港紅磡體育館

編者按：梅艷芳在中國大陸、台灣、澳門、馬來西亞、新加坡、美國、加拿大、澳洲、英國、德國、荷蘭、法國等地舉行超過一百四十場演唱會。

Appendix 03
梅艷芳電影及得獎紀錄

1983

瘋狂 83 | **角色** 客串：紅線女　**導演** 楚原

表錯七日情 | **角色** 客串：阿芳　**導演** 張堅庭

1984

緣份 | **角色** Anita　**導演** 黃泰來
獎項 榮獲第 4 屆香港電影金像獎最佳女配角

1985

歌舞昇平 | **角色** 方傲兒（方帶金，Jannie）　**導演** 余允抗

祝您好運 | **角色** 阿芝　**導演** 袁祥仁

青春差館 | **角色** 溫柔英　**導演** 邱家雄

1986

壞女孩 | **角色** 方艷梅（阿芳）　**導演** 蕭嘉榮

偶然 | **角色** Anita Chou　**導演** 楚原

殺妻二人組 | **角色** 阿 B 太太　**導演** 鍾鎮濤

神探朱古力 | **角色** 喬嬌嬌　**導演** 陳欣健

歡樂叮噹 | **角色** 客串：夜總會歌星　**導演** 許冠文

1987

小生夢驚魂 | **角色** 梅小姐　**導演** 劉家榮

一屋兩妻 | **角色** 百佳（阿佳）　**導演** 陳友

開心勿語 | **角色** 梅大香　**導演** 曾志偉

1988

胭脂扣 | **角色** 如花　**導演** 關錦鵬
獎項 榮獲第 24 屆金馬獎最佳女主角
　　　榮獲第 8 屆香港電影金像獎最佳女主角
　　　榮獲第 1 屆金龍獎最佳女主角
　　　榮獲亞太影展最佳女主角

一妻兩夫 | **角色** 客串：百佳　**導演** 陳友

公子多情 | **角色** Anita Ko（TA 姐）　**導演** 霍耀良

黑心鬼 | **角色** 梅賽花，梅蘭花　**導演** 陳會毅

1989

奇蹟 | **角色** 楊露明　**導演** 成龍

英雄本色 III 夕陽之歌 | **角色** 周英傑（阿傑）　**導演** 徐克

富貴兵團 | **角色** 草木蘭　**導演** 鄭則士

1990

亂世兒女 | **角色** 宋家璧（Mary Sung）　**導演** 泰迪羅賓

川島芳子 | **角色** 川島芳子（金碧輝，東珍）　**導演** 方令正
獎項 入圍亞太影展最佳女主角

1991

賭聖延續篇：賭霸 | **角色** 梅姊（妹頭，妹姐）　**導演** 劉鎮偉

何日君再來 | **角色** 吳梅伊　**導演** 區丁平
獎項 入圍第 28 屆金馬獎最佳女主角
　　　入圍第 11 屆香港電影金像獎最佳女主角
　　　入圍東京影展最佳女主角

豪門夜宴 | **角色** 梅艷芳　**導演** 徐克、高志森、張堅庭、張同祖

九一神鵰俠侶 | **角色** 美君及其家姐　**導演** 元奎、黎大煒

1992

審死官 | **角色** 宋李氏（宋夫人） **導演** 杜琪峯
獎項 入圍第 12 屆香港電影金像獎最佳女主角

戰神傳說 | **角色** 月牙兒 **導演** 洪金寶

1993

東方三俠 | **角色** 東東（女飛俠） **導演** 杜琪峯、程小東

濟公 | **角色** 觀音大士 **導演** 杜琪峯

新仙鶴神針 | **角色** 白雲飛 **導演** 陳木勝

現代豪俠傳 | **角色** 東東（女飛俠） **導演** 杜琪峯、程小東

逃學威龍三之龍過雞年 | **角色** 湯朱迪（Judy） **導演** 王晶

1994

醉拳 II | **角色** 黃飛鴻小媽 **導演** 劉家良

1995

紅番區 | **角色** Elaine **導演** 唐季禮
獎項 入圍第 15 屆香港電影金像獎最佳女主角

給爸爸的信 | **角色** 方逸華（女警 Madam Fong） **導演** 元奎

1996

金枝玉葉 II | **角色** 方艷梅（方姐） **導演** 陳可辛

1997

半生緣 | **角色** 顧曼璐 **導演** 許鞍華
獎項 榮獲第 17 屆香港電影金像獎最佳女配角
　　　榮獲第 3 屆香港電影金紫荊獎最佳女配角

2000

煙飛煙滅 | **角色** Gladys **導演** 張國榮

2001

鍾無艷 | **角色** 齊宣王　**導演** 杜琪峯，韋家輝
獎項 榮獲《明報周刊》第 2 屆演藝動力大獎頒獎禮：最突出電影女演員

慌心假期 | **角色** Michelle　**導演** 張之亮
獎項 入圍第 38 屆金馬獎最佳女主角

男歌女唱 | **角色** 朱維德　**導演** 鄒凱光

愛君如夢 | **角色** 張天娜（Tina 姐，張小姐）　**導演** 劉偉強

2002

男人四十 | **角色** 陳文靖　**導演** 許鞍華
獎項 榮獲第 2 屆華語電影傳媒大獎最佳女主角
　　　　榮獲第 6 屆長春電影節最佳女主角
　　　　入圍第 39 屆金馬獎最佳女主角
　　　　入圍第 21 屆香港電影金像獎最佳女主角

2004

獎項 第 23 屆香港電影金像獎「演藝光輝永恆大獎」

2005

獎項 中國百大影星光耀百年「百年影星獎」

　　　　第 5 屆華語電影傳媒大獎：百大演員獎

　　　　第 25 屆香港電影金像獎銀禧影后

　　　　UA 院線舉辦「全港最高票房電影頒獎典禮 1985-2005」20 年最高票房女演員第 3 位，累積票房紀錄逾 6 億元票房

Appendix 04

梅艷芳歌曲得獎紀錄

音樂獎項

1982

第一屆新秀歌唱大賽冠軍

1983

東京音樂節：第 12 屆東京音樂節亞洲特別獎、TBS 獎

IFPI 香港唱片年會新人獎

第 6 屆十大中文金曲：《赤的疑惑》

第 1 屆十大勁歌金曲：《赤的疑惑》、《交出我的心》

第 5 屆中文歌曲擂台獎：《赤的疑惑》

第 7 屆金唱片頒獎典禮：《心債》白金唱片大獎

1984

第 7 屆十大中文金曲：《似水流年》

第 2 屆十大勁歌金曲：《似水流年》

第 6 屆中文歌曲擂台獎：《飛躍舞臺》

第 8 屆金唱片頒獎典禮：《赤色梅艷芳》白金唱片大獎

1985

第 3 屆十大勁歌金曲：《壞女孩》、最受歡迎女歌星獎

第 8 屆十大中文金曲：《蔓珠莎華》

第 6 屆中文歌曲擂台獎：《梅艷芳》

商台：最受歡迎女藝人獎

第 9 屆金唱片頒獎典禮：《飛躍舞台》白金唱片大獎、《蔓珠莎華》

1986

IFPI 全年最佳銷量獎：《壞女孩》（累積銷量達 72 萬張 14 白金）

第 4 屆十大勁歌金曲：《夢伴》、《將冰山劈開》、最受歡迎女歌星獎

第 9 屆十大中文金曲：《愛將》

第 7 屆中文歌曲擂台獎：《壞女孩》

商台：最受歡迎女藝人獎

港台：十大最受歡迎人物

1987

第 5 屆十大勁歌金曲：《烈燄紅唇》、最佳音樂錄影帶演出獎《似火探戈》、最受
歡迎女歌星獎

第 10 屆十大中文金曲：《烈燄紅唇》

商台：最受歡迎女藝人獎

港台：十大最受歡迎人物

1988

第 6 屆十大勁歌金曲：《Stand By Me》、《胭脂扣》、最受歡迎女歌星獎、最佳
音樂錄影帶演出獎《夢裡共醉》

第 11 屆十大中文金曲：《Stand By Me》

港台：十大最受歡迎人物

韓國漢城奧運前奏音樂會紀念獎牌：梅艷芳是唯一亞洲女歌手被邀往韓國參加奧運
會前奏大匯演，與 Janet Jackson 同台演出

第 10 屆金唱片頒獎典禮：《壞女孩》、《妖女》、《似火探戈》、《烈焰紅唇》、
《百變梅艷芳 87：88 再展光華演唱會》白金唱片大獎

1989

第 7 屆十大勁歌金曲：《夕陽之歌》、最受歡迎女歌星獎、金曲金獎《夕陽之歌》

第 12 屆十大中文金曲：《淑女》、《夕陽之歌》、IFPI 大獎

港台：十大最受歡迎人物

叱咤樂壇流行榜：叱咤樂壇女歌手金獎

香港藝術家年獎：歌唱家獎

第 8 屆香港電影金像獎最佳電影歌曲：《胭脂扣》

第 11 屆金唱片頒獎典禮：《夢裡共醉》白金唱片大獎

1990

第 8 屆十大勁歌金曲：《心仍是冷》

韓國十大最受歡迎外國女歌手

香港電台八十年代十大最受歡迎演藝紅人

第 11 屆金唱片頒獎典禮：《淑女》、《In Brazil》白金唱片大獎

1991

叱咤樂壇流行榜：叱咤樂壇女歌手銀獎

第 27 屆金馬獎最佳電影歌曲：《何日》

第 10 屆香港電影金像獎最佳電影歌曲：《似是故人來》

1992

第 14 屆十大中文金曲：鑽石偶像大獎

第 10 屆十大勁歌金曲：榮譽大獎

1994

香港最佳音樂選：最佳女歌手、最佳唱片《是這樣的》、最佳歌曲《情歸何處》

第 1 屆十大金彩虹演藝紅人獎

第 13 屆香港電影金像獎最佳電影歌曲：《女人心》

1995

香港最佳音樂選：最佳女歌手、最佳現場演繹女歌手

新加坡音樂頒獎禮：舞台至尊大獎

1996

香港最佳音樂選：最佳女歌手

1998

香港最佳音樂選：最佳女歌手

香港電台廿載金曲十大最愛：《似水流年》

第 21 屆十大中文金曲最高榮譽：金針獎（香港樂壇終身成就獎，梅艷芳是至今最
年輕得主）

1999

香港最佳音樂選：最佳女歌手、最佳現場演繹女歌手、最突破風格歌曲《電話謀殺
案》、最佳新唱舊曲《長藤掛銅鈴》

日本網上最受歡迎香港女藝人五甲

2000

香港最佳音樂選：最佳女歌手、最佳唱片《I'm so happy》、最佳歌曲演繹《床阿！床》

2001

香港最佳音樂選：最佳歌曲版本《芳華絕代亂世佳人》（Lego Version）

第 18 屆十大勁歌金曲：致敬大獎

2002

香港最佳音樂選：最佳女歌手、最佳唱片《With》、最突破風格歌曲《路人甲乙》、
最佳歌曲演繹《路人甲乙》、最佳歌曲版本《路人甲乙》（獨唱版）

第 25 屆十大中文金曲：最愛歡迎卡拉 ok 歌曲獎合唱歌《相愛很難》、金曲銀禧榮
譽大獎

第 4 屆 CCTV：MTV 音樂盛典：港台音樂特殊貢獻獎

2002MTV 風尚亞洲女歌手獎

2003

香港最佳音樂選：十年最佳女歌手（1994-2003）（梅艷芳十年內七次獲得香港最
佳音樂選最佳女歌手）

第 4 屆中國金唱片獎：藝術成就獎

中國原創歌曲獎頒獎禮：傑出成就獎

日本媒體評選：香港十大明星

2004

IFPI 全年最高銷量唱片《Anita Classic Moment Live 2003》

IFPI 全年十大最高銷量唱片《Anita Classic Moment Live 2003》、《梅。憶錄》

MTV 亞洲大獎：啟發精神大獎

第四屆百事音樂風雲榜頒獎盛典：突破渴望大獎

2010

IFPI 香港唱片銷量大獎 2009 頒獎禮「十大銷量廣東唱片」：《Faithfully》

華語金曲獎：華語樂壇 30 年 30 人

其他紀錄

1993

十大最佳衣著人士獎

加拿大多倫多定下 4 月 18 日為梅艷芳日

美國舊金山定下 10 月 23 日為梅艷芳日

2002

加州州長頒發「傑出慈善藝人」榮譽，奧克蘭（Oakland）市長更定 6 月 23 日為梅艷芳日

2003

抗 SARS 傑出獎「非醫護科技人員組」入選首第五傑出獎

明報周刊演藝動力「致敬大獎」

2004

搜狐網站 2003 年度十大新聞評選：娛樂界十大年度人物獎

「星光大道」揭幕典禮：尖東星光大道留名

2005

香港杜莎夫人蠟像館為梅艷芳蠟像揭幕

香港首次發行以香港流行歌星為題的特別郵票《梅艷芳紀念郵票》（面值 5 元）

2007

新浪「粵港十年網娛盛典」：最懷念明星獎

2009

網易「六十年中國風尚影響力女性」：最終 60 位候選人

2014

香港星光大道樹立梅艷芳銅像，是繼李小龍後第二位華人藝人獲此殊榮。

「我覺得人生來過一次就好了，
　精彩地活過一次就夠了。
　我覺得下輩子可以做一隻小鳥，
　可以自由自在地飛。」

—— 二〇〇三年一月八日訪問

特別鳴謝

P.265 唱片封面由 Capital Artists Ltd 授權使用。
P.114-115 及 P.126《半生緣》劇照由天馬電影出品（香港）有限公司授權使用。
P.136《審死官》劇照由天映娛樂有限公司授權使用。
P.278《胭脂扣》劇照由 Fortune Star Media Ltd 授權使用。

P.102-103、P.158-159 拍攝者：木星
P.311 拍攝者：Eddie Lau

協力單位
MUI
Nation
芳心蕾

本書插圖除部份版權持有者無法追尋，均經授權刊載。
倘有合法申索，當會遵照現行慣例辦理。

最後的蔓珠莎華

梅艷芳的演藝人生（增訂版）

李展鵬　卓男　主編

責任編輯　莊櫻妮
書籍設計　Kacey Wong
協　　力　寧礎鋒

出　　版　三聯書店（香港）有限公司
　　　　　香港北角英皇道四九九號北角工業大廈二十樓
　　　　　Joint Publishing (Hong Kong) Co., Ltd.
　　　　　20/F., North Point Industrial Building,
　　　　　499 King's Road, North Point, Hong Kong

香港發行　香港聯合書刊物流有限公司
　　　　　香港新界荃灣德士古道二二〇至二四八號十六樓

印　　刷　陽光（彩美）印刷有限公司
　　　　　香港柴灣祥利街七號十一樓 B 十五室

版　　次　二〇一四年七月香港第一版第一次印刷
　　　　　二〇二三年十二月香港增訂版第一次印刷

規　　格　十六開（165mm × 232mm）三六〇面

國際書號　ISBN 978-962-04-5393-9

© 2014, 2023 Joint Publishing (Hong Kong) Co., Ltd.
Published in Hong Kong, China.